日本「終戰」80年修訂版

レイテ沖海戦

燃燒的海洋

——雷伊泰灣海戰與日本帝國的末日——

半藤一利

許哲睿——譯

日本海軍將領

豐田副武

小澤治三郎

栗田健男

西村祥知

志摩清英

宇垣纏

大西瀧治郎

美國海軍將領

海爾賽

尼米茲

金凱德

密茲契

奧登道夫

克利夫頓

離開汶萊的日軍群英，右起：長門、武藏、大和戰艦；摩耶、鳥海、高雄、愛宕、羽黑、妙高等巡洋艦。

汶萊灣，停泊於港灣的長門與兩艘大和級戰艦，他們將會是雷伊泰灣海戰中的重要角色，對美國海軍實施重砲攻擊。長門號寶塔式桅樓是日本海軍戰艦的特徵，不會搞錯的。

改裝成航空戰艦的日向號，諷刺的是，日向並沒有安排裝載飛機，卻還是帶著他的飛機維修人員到戰場去。

大和號戰艦，日本海軍從建造到服役最神祕的超無畏型戰艦，雷伊泰灣是讓敵人見識他46公分主砲威力的難得機會。

那智號重巡洋艦，志摩艦隊的旗艦，蘇里高海戰中一度把友艦——嚴重受損的重巡洋艦最上號當成敵人，最後甚至不慎與最上號相撞，作者形容那智號的失誤是悲劇式戰鬥中的喜劇。

五十鈴號，是常被人稱為「5500噸」的輕巡洋艦，特徵是像用尺畫出來的平坦上甲板，還有隔著相等距離聳立的三根煙囪。因為被改裝成防空巡洋艦，主要武器因此是12.7公分的高射砲。

千代田號輕型航空母艦，被美軍4艘巡洋艦和12艘驅逐艦圍攻沉沒，成為最後被水面軍艦擊沉的日軍航空母艦。

大淀號的設計條件，是滿足旗艦司令部必須要有的強大無線電通訊能力，以及可搭載多架水上偵察機。艦尾甲板可以看到明顯的飛機彈射器結構以及吊掛飛機用的吊臂。

艦容壯麗的最上號重巡洋艦，歷經中途島與三隈號巡洋艦相撞，如今在蘇里高夜戰又再次與那智號相撞，厄運似乎不斷地找上這艘不幸的軍艦。最後還是在美機圍剿的情況下，不得不由日軍驅逐艦擊沉於菲律賓帕納翁島附近海域。

不幸的重巡洋艦鈴谷號，從受損的姊妹艦熊野號那邊接過第七戰隊司令部旗艦的任務沒有多久，就遭到轟炸、造成魚雷殉爆，彷彿司令部就是瘟神一般，換乘過去的重巡洋艦一艘接一艘遭逢不幸。

隸屬栗田艦隊的羽黑號重巡洋艦，在薩馬島海戰持續奮戰到最後一刻，導致戰後殉職官兵水葬時所需，用來壓艙的砲彈都無法提供。

摩耶號重巡洋艦，擁有尖聳的船首、捲曲得不像樣的煙囪，還有狂野地堆疊起來的艦橋，這是艘不協調中卻有著奇妙協調以及陽剛美感的軍艦。

艦首揚起白浪，被飛沫濺濕著高速前進，才是驅逐艦的真本事。艦首一個大大的數字7，代表了曙號驅逐艦來自的第七驅逐隊。曙號帶領志摩艦隊，衝進蘇里高海峽的狹窄水道，之後還負責護衛嚴重受損的最上號巡洋艦。

「旗艦愛宕遭到攻擊，正在冒煙。」出師未捷的愛宕號重巡洋艦，深夜在巴拉望水道被美軍潛艦襲擊，成為雷伊泰灣海戰的最早一批受難者。艦上的天皇、皇后玉照有依規定撤離，最後回到了吳港。

如同「吳的雪風」名號，號稱太平洋戰爭中唯一一艘好武運的軍艦，不管在多困難的戰鬥中都能生存、歸來，是與「佐世保的時雨」齊名、武運奇佳的軍艦。戰後作為賠償艦成為中華民國海軍的一員。

跟戰艦或重巡洋艦相比，驅逐艦最適合「船」這個詞。驅逐艦負責作戰、護航、救援等所有任務，他們頑強、不輕易屈服，一個命令就趕赴任何的戰場。

聖羅號是在栗田艦隊的猛烈砲擊下，沒被一枚砲彈打中而奇蹟似存活。面對特攻後變得跟噴出火焰和黑煙的火山一樣，艦長不禁大喊：「艦尾還連著我艦嗎？」

美艦赫爾曼號驅逐艦以及其他負責護衛的船艦，施放大量的煙霧，試圖掩護「塔菲三號」支隊往東撤退。期間，赫爾曼號還曾衝向日艦大和號發動魚雷攻擊，毫不畏懼日艦46公分主砲的火力。

海爾賽的座艦，美軍最後一代戰艦紐澤西號。在雷伊泰灣海戰期間，紐澤西號及其所屬遠離了薩馬島，讓栗田艦隊衝入戰場宛如狐狸抓小雞，對「塔菲三號」支隊肆意發動攻擊。

通過塔布拉斯海峽，進入錫布延海的栗田艦隊，10月24日美軍艦載機發現了他們的蹤影。很快地，雷伊泰灣海戰其中一部分的錫布延海戰即將上演。

圖左　薩馬島海戰中受傷落隊的甘比爾灣號護航航艦，透過主隊的掩護煙霧，依稀可以看到該艦被日艦火砲射擊後的水柱給包圍，是這一輪砲戰損傷最慘重的船艦。

圖右　錫布延海戰中，美軍艦載機共發動五波空襲。長門號戰艦利用主砲發射防空作戰用的三式彈，是專為日本海軍主砲生產的對空射擊砲彈，射擊時的砲煙及聲響驚人。

護航航空母艦，雖然冠有航艦之名，但與諸如威風八面的企業號等級不同，這類航艦噸位小，裝甲防護及搭載的飛機數量也有限，通常擔負支援性任務，不管是戰力或速度與艦隊型航艦都有落差。有時候會稱為小嬰兒、吉普車，圖中薩馬島海戰的苦主之一，範肖灣號護航航艦，最後逃過神風特攻隊的攻擊。

正當薛曼支隊擊退了來自陸上航空隊的來襲，著手準備對栗田艦隊發動攻擊的時候，一架彗星艦載轟炸機像盯上兔子的禿鷹那樣，鎖定普林斯頓號航艦，炸彈砸到美軍航艦甲板正中央，引起大爆炸。

恩加尼奧角海戰中的小澤艦隊，兩艘分別是伊勢號航空戰艦和秋月級驅逐艦的船艦（很可能是若月號），同時大幅度轉左，伊勢號左舷的大片煙霧，很可能是防空砲射擊後硝煙。依美機翼尖蒙受的損傷來看，也是曾經歷過一場苦戰的痕跡。

圖左　伊勢級航空戰艦的奮戰，擔任誘餌的角色，完成日本曾經威壓四海的機動部隊最後一次作戰任務。恩加尼奧角海戰最後失去所有的航空母艦以後，主要是由伊勢號航空戰艦負責擔任攻擊主力。

圖右　栗田艦隊一艘在薩馬島海戰中受損停航的重巡洋艦，海面上布滿船上流出的油料，一旁有驅逐艦前來護航與拖救。

瑞鳳號航空母艦於恩加尼奧角海戰，雖然被兩發炸彈命中導致操舵裝置故障、機庫起火，還冒出大大的濃煙。但依然快速前進，其特殊的綠色迷彩塗裝，是辨識瑞鳳號的醒目特徵。

圖左　10月24日，美軍第38特遣艦隊的飛機，在錫布延海發現栗田艦隊，集中火力攻打武藏號戰艦，武藏號艦身後半段及左舷都被煙霧及水柱包圍，承受多次的炸彈、魚雷的打擊。

圖右　面對美軍四波攻擊，瑞鳳號的末日到了。小澤艦隊，最後一艘航空母艦，在10月25日下午遭受多次的攻勢，後方被一枚魚雷擊中，第二鍋爐室浸水，陷入無法航行的狀態，終於在3點27分沉沒。

錫布延海戰中的大和號，這也是非日本官方拍攝到大和號本尊最接近的一次。大和號戰艦是日本大艦巨砲或艦隊決戰思想的產物，其主砲在薩馬島海戰終於派上用場。

圖左　11點27分，小澤治三郎親自率領司令部同仁，從損傷嚴重的瑞鶴號遷往大淀號巡洋艦。最後艦長貝塚少將向小澤中將發出訣別的手旗信號：「本艦傾斜四十度，沒有機會保住。全體官兵奮勇戰鬥到最後。祈求長官武運長久」後棄船。

圖右　堪稱日本機動部隊榮光的航空母艦瑞鶴號，終於耗盡力量。到了她結束擔任誘餌艦隊旗艦，極度悲壯任務的時候了。在陽光刺眼的南海午後，官兵於傾斜四十度的飛行甲板上列隊向軍艦旗敬禮、降旗。

滿身油汙的日本水兵，顏面痛苦地拒絕被美軍救起。由於上級的錯誤觀念與教育，使得日軍對於投降與被俘虜有深刻的負面觀念。即使面對救援，還是採取違反人性的求生意識，拒絕被救起。

圖左　瑞鶴號下午2點40分沉沒前，飛行甲板已經傾斜到無法直線步行了。官兵一個接一個的，走到左舷靠近水面的位置，眾官兵一舉躍入太平洋，等待友艦來把人救起。

圖右　傷上加傷的熊野號重巡洋艦，在薩馬島海戰中熊野號被勇敢的約翰斯頓號驅逐艦的魚雷擊中左舷艦首開了大洞。單艦踉蹌撤退回科隆灣途中，熊野號被趕回戰場的密茲契特遣艦隊給逮到，最後雖然倖免於難，但也只是苟延殘喘。

艦容壯盛的高雄號重巡洋艦，右起部位是艦橋、桅杆、煙囪以及防空砲火。左下方可以看到伸出的四聯裝魚雷發射管。

圖左　大和級18.1吋砲彈彈頭，這種超大尺寸砲彈是栗田艦隊在薩馬島海戰一開始時對美軍「塔菲三號」幾近於全數殲滅的一大利器。但指揮官的誤判與錯誤解讀情勢，最後還是人而不是武器決定了戰役結果。

圖右　為拍電影復刻的大和號25公分三聯裝機搶座，沒有加裝裝甲保護就直接暴露在甲板上。面對反覆來襲的敵機掃射，暴露的機槍兵是一個接著一個倒下。（hamilton）

日軍摩耶號重巡洋艦兩座聯裝20.3公分主砲，是自日本海海戰以來，要跟強大敵軍一決勝負，作艦隊決戰的武器。前方可見的是船錨甲板。

日本海軍捷號作戰兵力

- 聯合艦隊　豐田副武大將
  - 第一游擊部隊（栗田艦隊）栗田健男中將
    - 第一部隊　栗田健男中將
      - 第一戰隊　戰艦3
      - 第四戰隊　重巡4
      - 第五戰隊　重巡2
      - 第二水雷戰隊　輕巡1驅逐艦9
    - 第二部隊　鈴木義尾中將
      - 第三戰隊　戰艦2
      - 第七戰隊　重巡4
      - 第十戰隊　輕巡1驅逐艦6
    - 第三部隊（西村艦隊）西村祥治中將
      - 第二戰隊　戰艦2　重巡1　驅逐艦4
  - 機動部隊（小澤艦隊）小澤治三郎中將
    - 第三航空戰隊　小澤治三郎中將 — 航艦4
    - 第四航空戰隊　松田千秋少將 — 航空戰艦2　巡洋艦艦隊輕巡2
    - 警戒隊　江戶兵太郎少將 — 輕巡1驅逐艦8
  - 第二游擊部隊（志摩艦隊）志摩清英中將
    - 第二十一戰隊　志摩清英中將 — 重巡2
    - 第一水雷戰隊　木村昌福少將 — 輕巡1驅逐艦4
  - 先遣部隊（第六艦隊）三輪茂義中將 — 潛艦12
  - 第五基地航空部隊（第一航空艦隊）大西瀧治郎中將 — 克拉克、馬巴拉卡特　約30架堪用各式飛機
  - 第六基地航空部隊（第二航空艦隊）福留繁中將 — 呂宋島上7個基地　約300架飛機

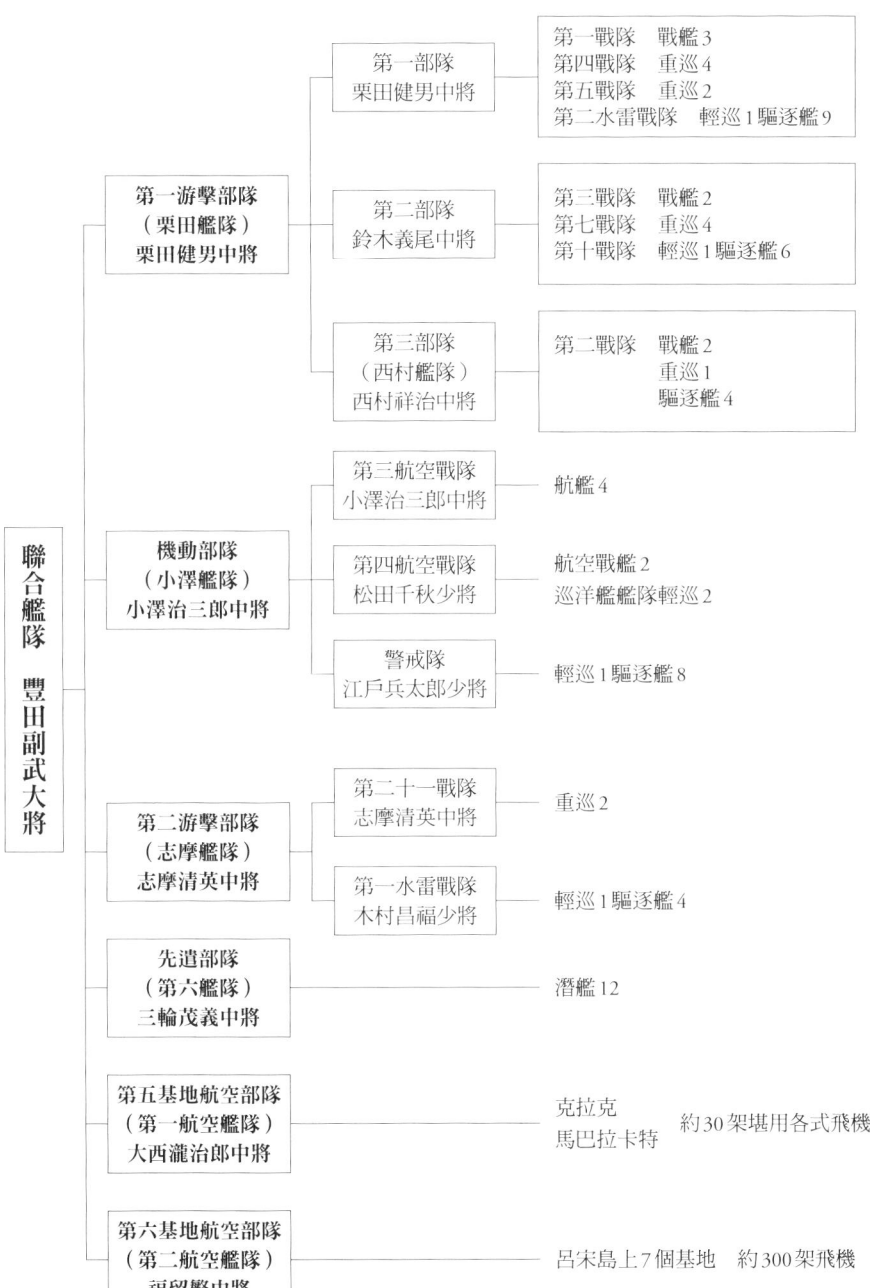

目次

序章

發生在昭和十九年（一九四四年）十月的雷伊泰灣海戰，是史上規模最大的海戰。從字面意義而言，這場海戰空前而且絕後，恐怕也將是世界上最後一次發生的艦隊決戰。敵我雙方總共一百九十八艘驅逐艦等級以上的艦艇、二千架飛機，在北起沖繩，南迄菲律賓南端的西里伯斯海，以及東起薩馬島近海，西至巴拉望水道的廣闊戰場上，以在雷伊泰灣的七百艘以上軍艦、運輸艦，登陸雷伊泰島的十幾萬名麥克阿瑟率領的美軍為中心，反覆展開生死搏鬥。

不管付出多大犧牲，日本聯合艦隊都不能讓美軍登陸菲律賓。美軍若是登陸成功，日本本土的生命線將被截斷。聯合艦隊下了慘痛的決心，為了阻止美軍登陸，即便失去了整個艦隊也在所不惜。日本為何會被逼到如此地步呢？要了解這個問題，必須稍微回溯一下歷史。

在昭和十九年六月十九日開打，歷經二天戰鬥的馬里亞納海戰中（阿號作戰），聯合艦隊投入了經過二年多時間韜光養晦、鍛鍊而成的全部戰力，向登陸塞班島的美軍挑起海空決戰，然而結果慘敗。馬里亞納群島是昭和十八年（一九四三年）九月御前會議決定、日本軍應傾盡全力建立防衛線的最重要據點。失去此處據點，日本繼續作戰的行動會受到最大程度的打擊。不，此役戰敗，就意味著日本已完全不可能在這場戰爭中取勝。事態極為嚴重。

如同曾任聯合艦隊參謀長的草鹿龍之介少將（之後晉升中將）戰後所寫，「在阿號作戰之後的戰役，都是聽天由命。若是敵人攻過來，就集結在當地的陸海軍全部力量反擊，召集全部的航空部隊攻擊這些敵人。若有機會，就用水面艦隊全力向這些敵人進攻。」（草鹿龍之介著，《聯合艦隊》）當時日本被逼到只能那樣作戰，別無他法。

聯合艦隊的水面戰鬥部隊（第二艦隊）在栗田健男中將指揮下，從敗北的馬里亞納海域踉踉蹌蹌地回到日本本土。這支部隊有包含大和、武藏為首的七艘戰艦、十三艘重巡洋艦、六艘輕巡洋艦、三十一艘驅逐艦，戰力、陣容強大。巨砲凝望著天空，艦艇也都完好無損的景象，彷彿是黯淡無光的戰局中露出的唯一一道曙光。然而日本本土已經沒有燃料。軍令部總長不得不指示：

「水面部隊前往林加泊地（蘇門答臘島東南海岸），在該地充分訓練。內地沒有燃料了。待近期內決定作戰方針後，會再行通知。」

栗田艦隊奉命而行，其艦隊主力為了因應即將到來的戰鬥，在艦艇上加裝防空武器，數量多到像刺蝟的針一樣。栗田艦隊七月八日出港，從瀨戶內海航向林加泊地。包含司令長官栗田在內的第二艦隊官兵，當時沒有人想到下一場戰鬥會是要他們衝進狹窄的港灣。栗田艦隊在七月十六日平安抵達林加泊地。

五天之後的七月二十一日，大本營做了開戰以來首度的陸海軍聯合研究，決定了下一階段的「作戰指導大綱」。其內容為在決戰時「集中所有的陸海空戰力，找出敵軍航空母艦以及運輸船所在，並予以必殲」。儘管海軍依然堅持摧毀敵軍航艦特遣部隊，這種可說是傳統式戰術的想法，卻也不得不對陸軍所主張「以摧毀運輸船團的方式，徹底奪取美軍人命，亦可粉碎其鬥志」的方案，表現出超過某種程度上的認同。

七月二十六日，大本營海軍省對聯合艦隊司令長官發出指示，傳達下一階段的作戰代號。大本營海軍省以「捷號作戰」為行動代號，作為喚來戰爭勝利的象徵，並把預期敵人來犯的決戰戰場區分如下：

捷一號　菲律賓方面
捷二號　九州南部、沖繩群島及台灣方面
捷三號　本州、四國、九州方面，以及視情況包含小笠原群島方面
捷四號　北海道方面

連續幾天來，海軍中央確實是加強了要走向決戰的心理準備。隔天七月二十七日，還在海軍省軍令部總長官邸舉辦了兵推研究。然而在這場研究會上，第一線各部隊針對大本營與聯合艦隊作戰方針的不滿與批判，都同時在這裡爆發。

這些不滿與批判，針對的是以運輸船團為攻擊目標這件事。還有一部分是針對如何運用水面艦隊執行船團殲滅戰的戰法。

八月四日，聯合艦隊司令部不為反對意見所動，正式對麾下部隊發布「捷號作戰要領」，表示最後的決戰，將以這份要領為依據。這份要領內容原封不動、不改變既定的作戰方針。

原始資料沒有保留下來，但其要旨如下：

（一）第一、第二航空艦隊集中至菲律賓。面對敵軍航艦特遣艦隊沒有護衛運輸船團情況下，實施航艦空襲只能是臨機應變發動簡單的奇襲，要極力避免兵力耗損，並抓住敵軍登陸的時機全力發動決戰。但若抓到可以摧毀敵軍的作戰時機，要鎖定、摧毀敵軍航空母艦。

（二）水面艦隊（栗田艦隊）依特別命令出擊。並在敵軍登陸的二天之內策應航空殲滅戰，突入敵軍登陸地點。機動部隊本隊（小澤艦隊）與第二游擊部隊（志摩艦隊）主要負責將敵軍牽制在北方。

總之，捷一號作戰主體自始至終都是以陸基航空兵力，摧毀敵軍運輸船團與敵軍航艦特遣艦隊（作者注：以運輸船團為攻擊目標這件事情未有變動）。首先，如果被敵人佯攻引誘，導致陸基航空兵力被摧毀，捷一號作戰就會化為泡影，所以要極力保存實力。然後瞄準敵軍登陸的時間，集中全部戰力發動猛攻。

水面艦隊將與空中攻擊相呼應，突入登陸地點，摧毀運輸船團。聯合艦隊在此固執地貫徹豐田聯合艦隊司令長官的想法。

豐田副武出身九州大分縣，海軍兵學校三十三期，當時六十歲，是一位因氣節超凡而聞名的海軍將領。他為人毫不圓滑世故，說難聽點就是桀驁不遜。人如其貌，他有著符合其面相，毫不留情面的嚴格處事精神。他滿懷鬥志，一心要憑攻擊定勝負。然而他信奉的卻與他的容貌姿態相反，而是保守、正面進攻式的戰術。

最後的決戰構想，就這樣根據聯合艦隊司令長官明確的決心策定了。剩下的只有像「作戰要領」所宣揚的那樣，各個艦隊司令長官要「貫徹嚴正領導、堅持必勝不敗信念、由指揮官身先士卒、窮盡方策，以期必定在此役消滅敵人」。

然而，並不是一紙命令就能消滅敵人。消滅敵人，事關於人。構思一切謀略、手段來指揮戰鬥與下定決策的，是指揮官本人的人性。不管擁有多麼強大、以縝密機制自豪的軍隊，上場打仗的終究還是人。會帶上人類與生俱來的錯誤、大意、疲勞、心不在焉，以及不信任、笨拙。錯誤並非來自於組織層面，而皆在於個人的判斷。轉眼間就決定一切的戰場上，尤其如此。

在捷一號作戰中，指揮水面部隊的是栗田健男（第一游擊部隊主力）、小澤治三郎（航艦機動部隊）、西村祥治（第一游擊部隊分遣隊）、志摩清英（第二游擊部隊）四位中將。他們率領許多部下，受命必須要超越能力，捨命進行在戰術上幾乎毫無勝算的作戰。

而為了要精準地實行作戰，緊密的團隊合作是如此重要。包含聯合艦隊司令長官在內，各位指揮官彼此之間必須有堅定的信任關係，並且對彼此的任務有正確認知。然而，現實卻未必這麼美好。

舉栗田中將的情況為例，在作戰要領頒布時，其他三位指揮官人在日本本土，能夠充分理解聯合艦隊的作戰目的，然而主將栗田中將當時卻遠在林加泊地。

正因如此，就像栗田中將麾下的第一戰隊司令官宇垣纏中將的日誌《戰藻錄》所記載，栗田艦隊高層長期遭到疏遠。「只是漫無目的的努力，發揮不出人真正力量」只能持續地盲目訓練，同時等待作戰計畫的到來。官兵們對高層的不信任與不滿相當嚴重。

八月四日，作戰要領透過電報下達。接著聯合艦隊發出的電報，表示將會有參謀搭機前來商討作戰詳情。對栗田艦隊司令部來說，這正是久旱逢甘霖。他們期待至少聯合艦隊參謀長會搭機前來與會，如此就能得到充分的作戰計畫簡報。然而，在馬尼拉的會議室，他們只看到聯合艦隊作戰參謀神重德大佐那副精悍的臉孔。

栗田司令部理所當然地，對彷彿在輕視自己的聯合艦隊司令部感到不悅、心生怨怒。因此在八月十日（任務已經定論不會更動）於馬尼拉召開的會議上，得出了跟以「攻堅」方式殲滅運輸船團這項基本認知大相逕庭的結論。

神重德參謀說：「下一次作戰，完全是以基地航空兵力進行的殲滅戰，但是當然也會使用水面部隊，栗田艦隊將預先到汶萊灣待命。然後當命令一下達就出擊，在海上鎖定運輸船團，加以摧毀。如錯過時機，敵軍已經開始登陸的狀況下，就盡快攻進登陸地點，摧毀登陸部隊，粉碎其進攻意圖。絕對不讓菲律賓落入敵方手中。海上部隊的進攻行動，最慢將會在登陸開始後二天內執行，在此二天之前將會斷然實行航空殲滅戰。」

栗田艦隊參謀長，小柳富次少將對神重德的這項說明感到非常驚訝，認為這是一道驚天動地的命令，這是在要求包含大和號、武藏號戰艦在內的三十九艘軍艦，這支碩果僅存的戰鬥部隊，不以殲滅敵軍主力為目標，而以運輸船艦為對象來進行海軍的最後一役。他懷疑：「是要不惜損失全部艦艇，也要犧牲自己，去打擊微不足道的運輸船？」認為「即使不幸全軍覆沒，也要在最後一決死戰的情況下，給敵軍主力造成重大損失而死得壯烈，才是男子漢真正的希望吧？」「日本海軍不正是為此而孜孜矻矻地整建軍備、研擬作戰、鍛鍊兵員嗎？」

面對小柳富次參謀長等人的抗議，神重德無情地直言：「若是菲律賓被奪，本土與南方資源產地之間的聯絡就會被切斷，帝國就只能自取滅亡了。不管有多大的艦隊，動彈不得的話，就是英雄無用武之地。為了保住菲律賓，即使聯合艦隊損耗殆盡，也毫不後悔。這就是長官的決心。」

小柳參謀長回答：「好，我都明白了。既然聯合艦隊司令長官有此等決心，那就沒有必要再多說了。」他接著追問：「但是，攻擊作戰不是可以輕鬆辦到的事。若是首要目標的敵軍特遣艦隊出現，不知應該選擇運輸船團或是敵軍主力部隊二者中何者為目標時，我們會捨棄運輸船團，專心摧毀敵軍主力部隊，這沒有問題吧。」

對此，神重德參謀回答了：「沒有問題。」小柳在戰後的回憶錄《栗田艦隊》中，也確實如此記載。

因為小柳參謀長與神重德參謀此舉，讓人產生「彷彿有『例外事項』混進了要拚上性命的作戰計畫」裡的感覺。神重德真的有那樣明講嗎？就算日本海軍的慣例是交由實施的部隊自由裁量作戰細節，但攻擊目標與攻擊目的，仍然是有關作戰基礎的重大事項。至多而言，神重德所認可的是對於情急時也攻擊敵軍主力艦隊的「精神」。無論如何，絕對不會是同意變更基本作戰計畫。然而，小柳參謀長在剎那間所理解到的，卻是從上層單位聯合艦隊那裡得到了對海軍的傳統──「艦隊決戰優先」的確認，意即允諾有關「例外」的判斷。

如果先說結論，這個允諾例外事項的錯誤判斷，將會為作戰帶來悲劇。栗田艦隊在認知有落差，卻未解決的情況下出擊，並在雷伊泰灣外海不斷採取令人難以理解、著急的行動。結果就是吃下敗仗，聯合艦隊的蹤影自此從水面上完全消失。

這支艦隊的總指揮官栗田健男，出身茨城縣，海軍兵學校三十八期，當時五十五歲。在他三十四年海軍生涯中，只有約九年時間是在陸上執勤。栗田的專長是水雷，「是位自始至終擔任驅逐艦、巡洋艦職務的「水兵」。儘管栗田獲得外界高度評價，被認為是位耿直、苦幹實幹，充滿海浪氣息的勇猛武士。但從開戰以來，栗田的領導統御，卻總是蒙上優柔寡斷的陰影，多次動不動就從戰場撤退。

而在過去曾經被迫飽嘗栗田中將消極戰鬥風格指揮的人，就是阿號作戰時的小澤治三郎中將。在航空作戰中落敗的小澤中將，將夜戰當作最後手段。栗田對此卻極為消極。總是找理由，最後都未加實行就收場。

據說後來小澤中將極盡全力地挖苦說：「如果我擔任聯合艦隊司令長官來到現場，必定將在二十日晚上率領全員徹底實施夜戰。」

這既是針對太過消極的栗田中將的不滿，也是針對不打算站在決戰第一線的聯合艦隊司令長官豐田大將的激烈批判。

小澤治三郎，出身九州宮崎縣，海軍兵學校第三十七期，當時五十八歲。儘管出身水雷兵科，卻很早著眼於航空戰略，進言編成機動部隊，構想了現代海戰的基礎。有別於豪放的外表，小澤行事慎重。他對戰略、戰術都慧眼獨具，是一位做決策不需要參謀輔佐的罕見海軍將領。正因如此，他對自己的戰略與戰術有強烈的自信，也有太過剛直、不屈的面向。小澤的這份剛直，使他就捷一號作戰質疑「為什麼聯合艦隊司令長官不站在第一線？」屢屢跟頑固的豐田爆發正面衝突。

如果勉強要嚴加批判這場決戰的話，只能說主將彼此之間懷著「不信任」與「不滿」的態度，在進行這場「若是落敗，聯合艦隊就會毀滅。而且不論在作戰上與精神上，沒有緊密連繫，就無法期待要萬中求一的成功，狀況隨時在變動」的水面決戰。

聯合艦隊司令長官豐田大將與小澤中將，顯然把對栗田的「不信任」藏在心裡。證據就是聯合艦隊與栗田只進行過一次事前商討。豐田原本不打算任用栗田，而讓小澤擔任總指揮。小澤則是頑固地一直說：「最後決戰不能交給栗田指揮，要由豐田自己來指揮。」追根究柢，豐田與小澤的對立，是源自於對栗田的不信任。

然而，戰局卻比將官們的各種算計與議論，更早讓局勢加速猛烈動了起來。

九月中旬，日本部署在菲律賓中南部的決戰主力——陸基航空部隊，因為海爾賽上將指揮的美軍特遣艦隊發動空襲，而受到重大打擊。日本海軍在九月下旬的呂宋島空襲中，又遭到更大規模的打擊。二支陸基航空部隊之一的第一航空艦隊，面臨了完全失去戰力的慘狀。日本海軍命令陸基航空部隊對於不是護航運輸船團的敵軍特遣艦隊，要「節制攻擊，保存戰力」的攻擊作戰方針，反而弄巧成拙。

講求「首先躲避敵軍特遣艦隊攻擊，鎖定作戰良機進行集中攻擊」的捷一號作戰計畫，面對美軍壓

1 譯注：日本海軍用語，指水雷、魚雷、深水炸彈。

倒性而且行動無限制的大空襲作戰，實在無力。設有基地的地點，一處接著一處遭到奇襲，第一線的航空戰力還沒有起飛就被消磨殆盡。

陸基航空部隊官兵之間，興起了「不能忍受情況每況愈下，與其藏在基地裡被打爛，將此視為良機徹底進行攻擊，在作戰上不是比較有利嗎？」的想法，並據此激起了他們的攻擊精神。而此時海爾賽指揮的特遣艦隊，攻擊了沖繩和台灣。

聯合艦隊下令在十月十二日到十月十五日四天期間，對「海爾賽颱風」發動捷一號作戰，斷然實施由陸基航空部隊全力進行的航空殲滅戰。儘管敵軍不是護航運輸船團的特遣艦隊，也不能留情。全體航空部隊就像是在說不能容忍一直挨打一樣，瞪大眼睛，下定決心，認為：「保存戰力、運輸船團、絲瓜都沒啦。」[2]陸軍航空部隊也抱著魚雷出擊，在台灣外海展開激烈的台灣航空戰。

豐碩的戰果回報，最終迎來勝仗，「擊沉、擊傷航空母艦十九艘、戰艦四艘等共四十五艘船艦」的戰果。此時豐田正在視導前線基地的行程，而身處台灣的航空基地。面對美軍飛機到處亂竄的情況下盛怒的豐田，卻因為接踵而來的戰果而雀躍了起來。豐田的剛直性格讓他對全軍發出了如下命令：

「豐田大將洗完澡，身上飄著肥皂氣味，就披著浴衣，穿著拖鞋進到作戰室來。他看了一下作戰地圖，接著像在自言自語般脫口說：『追擊，追擊！』……」

這是當時擔任陸基航空部隊參謀的人士的證詞。

聯合艦隊司令長官這道「追擊命令」，一舉了結豐田、小澤對水面部隊攻進雷伊泰灣作戰行動的指揮權論爭。因為聯合艦隊也下令小澤中將麾下，不斷加強訓練，總算要以航空兵力為主的航艦航空戰隊的形式出動了。

然而，若是讓這支部隊納入陸基航空部隊指揮下攻擊，日本機動部隊這次真的就會變得完全失去戰力。小澤艦隊的作戰參謀，不禁在祕密電話中怒吼：「小澤長官對我們說，去確認聯合艦隊司令長官是否已經放棄在爾後敵軍對菲律賓發動正式登陸作戰時，派遣航艦部隊出擊？否則，他不想把好不容易連航艦起降訓練都做足的艦載航空隊，納入岸上作戰的範疇去。」

神重德參謀尖銳的鹿兒島腔從話筒另一端響起。

「現在戰果大豐收，是打擊敵軍特遣艦隊的良機。聯合艦隊的方針，是將全力集中於此次戰鬥。當然，也沒有要在下一次作戰時使用航艦部隊的想法！」

就這樣，小澤中將苦心培養的航艦航空隊，從日本內地各處基地飛向了沖繩。

然而，台灣航空戰的戰果，竟然全是誤報。海軍省軍令部與聯合艦隊在冷靜之後檢查戰果，心虛地判斷僅擊沉了約四艘左右的航空母艦。[3]而緊接其後的十月十七日，美軍以登陸蘇魯安島為開端，展開了正式大規模登陸作戰，進攻雷伊泰島。這對日本來說是何等的厄運？

面對美軍一千四百架艦載機，日軍陸海軍在決戰當天實際出勤飛機，合計不過一百一十二架。加上援軍，再多九十餘架也已經是竭盡全力。海爾賽發動的空襲，與台灣航空戰，造成日軍損失合計達到七

2 譯注：衍生自日本成語，夢もヘチマもない，字面意義為夢想跟絲瓜都沒了，用法為指絲瓜前面的名詞無聊、不足為道。

3 譯注：台灣航空戰，一九四四年十月十二日至十六日，發生於台灣東部海域，美軍僅損失八十九架飛機，及重巡洋艦坎培拉號、輕巡洋艦休斯頓號等兩艘艦的受損。日軍航空戰損失三百一十二架戰機和轟炸機。

百架以上。如此一來，捷一號作戰的「迎擊登陸菲律賓的敵軍，以全部陸基航空兵力摧毀運輸船團」的基本戰略，就變成了一張廢紙。日軍已經完全不可能實行「作戰要領」，但是已經沒有餘裕重新策定作戰方針了。

剩下的主要戰力，只有栗田中將指揮的水面部隊。好吧，那就由他們攻入登陸地點，一切就全靠他們了。

然而，讓水上部隊進攻沒有掌握制空權的海域，當然是有勇無謀之舉。這不用別人來說也知道。但是，在制訂「作戰要領」的時候，已經賭上結果不是全滅就是全勝。因為在之後發生重大狀況變化，失去絕大部分航空戰力，導致作戰計畫崩潰，那又如何？到現在還有什麼好躊躇的？海軍高層讓水面部隊出擊，而且要依規定的方針實施捷一號作戰的高昂鬥志爆發。事到如今，已經沒有必要再全面重新檢視計畫。

何況現在也沒有水面部隊指揮官是否所託非人的疑慮了。就讓大和號、武藏號以登陸地點為進攻目標。這是艦隊特攻，這項作戰計畫現在使得海軍高層激動不已。前線負責作戰的基層決定自己欺騙自己，指導作戰的高層也就自然地一步步失去對前線部隊的掌控。

神重德信心滿滿的鹿兒島腔聲音，又傳進小澤司令部的作戰室。

「小澤艦隊也要立刻出動，策應栗田艦隊攻入雷伊泰灣的行動，依照作戰計畫在北方牽制敵軍特遣艦隊。」

小澤司令部的參謀怒髮衝冠，說道：

「幾乎沒有戰力的航空母艦部隊，去不了北方也沒法子牽制敵人。脫了個精光是能做什麼？而且不是已經答應不派沒有搭載艦載機的航艦出去嗎？」

神重德的回答冰冷無情地響起：

「有因應新情勢盡全力的必要。要由小澤艦隊擔任誘餌。」

參謀聽到此話啞口無言。但小澤中將卻像是看透一切般，絲毫不為參謀的報告所動，說：「既然有必要那樣，那我們就來做吧。」

還有另一位將軍也因為「如果有那個必要」而覺悟到勢必要成為「鬼」，他就是大西瀧治郎中將。大西接獲第一航空艦隊司令長官告知，可出勤飛機只剩三十架。大西在十月十九日傍晚，來到最前線的菲律賓呂宋島的馬巴拉卡特基地，連跟前任者的交接都沒做，就下定了悲壯的決心。部署在這座基地的第二〇一海軍航空隊的五位幹部，圍繞著大西。

大西中將沉默了片刻，像是瞪人般環視全員之後開口說：「第一航空艦隊絕對要讓捷一號作戰，也就是栗田艦隊進攻雷伊泰灣的行動成功。」之後，大西接著說道：

「小澤艦隊艦載機在台灣外海負責追擊敵艦，等同於沒有戰力。因此，我認為第一航空艦隊有必要攻擊敵軍特遣艦隊，至少令其飛行甲板有一星期左右時間無法使用，但是……」

二〇一航空隊副隊長，玉井淺一中佐也立刻同意這項理論。這次行動是為了挽回戰局，大膽實施艦隊特攻，如果可能的話，陸基航空部隊必須傾全力護航栗田艦隊，甚至達成協同攻擊。然而可以出動的飛機數量，僅有手邊的三十架。用三十架裝了二顆六十公斤小型炸彈的戰鬥機，能做什麼呢？

玉井中佐刺人的視線，尖銳地射向中將。同席的第一航空艦隊參謀豬口力平、吉岡忠一，還有指宿、橫山二位飛行隊長亦然。

大西像是要把他們的視線彈回去，用力瞪大眼睛，但他的話語卻靜靜地傳述了他的心境。

「我認為要那樣的話……除了用零式戰鬥機裝二百五十公斤炸彈衝撞的戰法以外，沒有其他的攻擊方法，也沒有其他挽回戰爭局勢的手段了……」

沒有一個人答腔，大家的血液彷彿停止了流動。當眾人都看著腳下，因為驚訝而肅然屏息時，只有大西瀧治郎一人意氣昂揚地抬頭仰望。

雷伊泰灣海戰就此揭開序幕。栗田艦隊伴隨西村艦隊，從林加泊地前往婆羅洲的汶萊灣。當栗田艦隊在汶萊灣集結時，小澤「誘餌」部隊也在十月二十日，從日本本土向菲律賓外海出發。日本海軍最後所剩的全部力量，一點一滴地被擠壓了出來。這既是恐怖的物理能量的匯集，也是一心想要摧毀敵人而凝結的意志與悲願，意即精神能量的匯集。

第一章
出擊

十月二十二日

吾等誓不期待生還
われわれは誓って生還は期さない

1

「起錨！」

傳令複誦來自錨鍊甲板的電話內容。

出擊了。起錨機開始沉重地轉動。

錨鍊環環分明地捲起。在作為一艦頭腦的艦橋，以及形成艦艇手腳的各單位指揮幹部之間，命令、指示、回報，紛亂交錯迴盪，艦內開始呈現秩序嚴明卻吵雜的狀態。

十月二十二日星期日上午八點。多雲。

二萬五千名官兵就定位。宣告出擊的藍色信號旗，輕快地在栗田健男中將搭乘的第二戰隊旗艦——愛宕號重巡洋艦的桅頂上揚起。閥門開啟，蒸汽送入渦輪機，各艦螺旋槳開始撥開碧藍海水。港灣內傳來船笛聲響，成群巨艦緩緩發動。

第二水雷戰隊旗艦——能代號輕巡洋艦擔任前導艦，率領八艘驅逐艦，輕快地破浪前進。由重巡洋艦愛宕、高雄、鳥海、摩耶組成的第四戰隊，後方跟隨著由重巡洋艦妙高、羽黑組成的第五戰隊。第一戰隊的戰艦大和、武藏，還有身為帝國海軍象徵的戰艦長門等三艘巨艦，渾身展露出堅定自信，跟在第五戰隊後方航行前進。當三艘巨艦開始從錨地移動時，輕巡洋艦能代號位在排成蜿蜒單縱隊形的栗田艦隊第一部隊最前方。能代號在出了汶萊灣口，並在嚴加警戒敵軍潛艦的同時，開始往右轉。艦隊目的地是雷伊泰灣。這是一次壯盛的出擊之行。以戰艦山城、扶桑為中心組成的第三部隊（西村艦隊）官兵，為出擊的第一、第二部隊送行。他們目光如炬，站在艦上對一艘接著一艘駛離汶萊灣的栗田艦隊艦艇行注目禮。根據作戰計畫，栗田艦隊將走北方航線，到達目標雷伊泰灣，全程是一千二百海里。速度較慢的西村艦隊隨後出發，將要衝破八百海里的南方航線，與栗田艦隊互相呼應，同樣攻進雷伊泰灣。儘管送行者與被送者航線不同，都終將在同一時刻突入同一戰場。眼前就是合擊之前的短暫離別。

栗田艦隊旗艦——重巡洋艦愛宕號的右舷高射砲與機槍群指揮官高橋準少尉，感受著難以言喻的雀躍心情，揮帽致意。那是海上男子之間，只有有空的人揮著手、揮動軍帽的送別。而正因為這個動作的爽朗、漠然，所以打動了高橋少尉的心。他感受到自己體內生命深邃的心臟跳動。他心想，即使能夠在雷伊泰灣口再會，全艦隊共三十九艘艦上的全體官兵，能否毫髮無傷地發動攻擊？

二十歲的高橋少尉，想起了幾位被分發到同一艦隊的同期少尉同學的臉孔。前一天傍晚，艦隊幹部在愛宕艦上開會進行最後討論時，高橋少尉在登梯口迎接戰隊司令官與各艦艦長。那時候他見到了指揮人力或機動小艇，載送長官前來的諸位同學。從林加泊地出發以來，[1]接連不斷的訓練中，他們連互相說句話的機會都沒有。現在聚在一起的都是熟悉的面孔。他在戰場上見到的每張臉孔，都曬黑了皮膚，

1 譯注：Lingga Roads，位於今印度尼西亞林加群島以南、新及島東北的一處錨地，是日本海軍置於靠近油源的一個戰略性位置。

露出白得發亮的牙齒，洗掉了學生心態，更顯勇壯。其中甚至有些人，在阿號作戰，首次親身體驗戰鬥的槍林彈雨，面貌因此變得眼神尖銳、無所畏懼，讓人無法想像他們是今年春天才剛從海軍兵學校畢業的年輕人。高橋少尉現在身在愛宕號的艦橋作戰室，看著遠去或追上來的僚艦，還有變成低平線條，在灰色的雲底下漸漸變得模糊的婆羅洲身影。他突然想起了男子漢們爽朗的笑容，還有握手道別時，骨骼強健的手掌的溫暖觸感。

還有其他人也嘗到了像是被撼動般的感動。身在大和號的助理槍砲官市川通雄少尉，就是其中一人。根據前一天市川少尉有閱覽許可的電文內容所載，他們出擊離開的婆羅洲全島，能夠作戰的飛機僅有五架。現在艦隊離開這座中繼基地，在缺乏空中掩護的大海上，靜靜地航行中。預料位於菲律賓東方海面上的美國特遣艦隊將會對日本艦隊發動猛攻。雖然如此，完全沒有飛機護航這件事，在默默不語間，驅使官兵的心情，化作帶有悲壯色彩的興奮。然而，既然是戰爭，不管是何等嚴酷的作戰行動都必須達成。之後肯定有激烈的戰鬥等待著他們。市川少尉一邊把帽子的防風繩拉緊，一邊又回頭看了看可能再也無法活著見到的婆羅洲島。那是一處深綠色植被蔓延到海岸線的海灣。到處是寒酸的小屋，而散布其間的紅色洋房屋頂，在朝陽下閃耀著。儘管如此，少尉根據阿號作戰的體驗，深切感受到許多事情都將賭在了大和號身上。他認為：「大和號正是這次作戰的主力，是掌握成敗的關鍵。不，本來就是那樣。連能不能維持住日本的生命線，都繫在這艘巨大戰艦上。」

以金剛號戰艦為首的第二部隊十三艘軍艦，在第一部隊後方啟航。栗田艦隊第一、第二部隊合計總數三十二艘，一出汶萊灣口，就排成反潛警戒隊形，開始北上。速度十八節。隨後全艦衝進強烈暴風雨中。這個暴風雨不是像日本內地傍晚常見的雷陣雨那種溫和雨勢，而是強烈到像衝進巨大的瀑布裡面一樣，會完全失去能見度。眼下能見的景物，只剩下翻騰的墨綠色海洋。浪峰冒著白色泡沫，泡沫像是要咬住艦艇前端一樣，一碰上艦艇，就變成水花飛濺。

在離開暴風雨時，艦隊排好隊形，開始進行之字航行。為了躲避潛艦發動的攻擊，而以三分鐘、五分鐘與不規則間隔操舵，一邊曲折改變前進方向，一邊航行前進。第一、第二部隊之間相隔約六公里。而各艦各自保持二公里間隔，將數量稀少，負責護衛的驅逐艦配置在兩側與中央，形成五列縱隊隊形，安靜繼續北上。

「本官期待鼓起勇氣站在前線的所有人員勇戰力鬥，立誓擊滅敵軍艦隊，以安天皇聖慮。」

艦隊司令長官栗田中將冗長的全軍文告如此作結。以油印印刷的這份文告，塗上黏膠，貼在各艦的各個住艙牆上。無情是戰場的規矩，為此只能勇戰力鬥。而正如其言，栗田長官所乘的座艦愛宕號，正揚起白浪，挺立在三十二艘軍艦的最前線。栗田艦隊是一支力量強大，徹底經過實戰鍛鍊，身經百戰的戰鬥部隊。

第十戰隊旗艦——輕巡洋艦矢矧號在第二部隊中央隊列前端航行。在矢矧號艦橋上，擔任副值更官的大坪寅郎少尉，因值星參謀好意，讓他有機會閱讀有關捷一號作戰的詳細命令。海浪靜靜奔騰，矢矧號也與之相應，緩緩上下晃動，而輪機的微小震動卻像電流般傳到艦橋。平穩但不能鬆懈警戒的航行正持續著。作戰命令文書很厚，大坪少尉若是想要快速讀完，會非常辛苦。即使如此，大坪還是得知了「這次的作戰，是在超乎預期的廣大海域上，由聯合艦隊所有的殘存艦艇從北方、中央、南方出擊，而且是要像在對時一般的緊密合作下展開」。作戰的宏偉規模，讓大坪不禁感到他年輕力壯的身體內部，因為面臨戰爭的興奮而顫抖著。他心想，戰爭的巨大力量正在逼近自己，要與自己對決。

昨晚准尉以上職級軍官，接到命令全體集合，接受艦長吉村真武大佐關於作戰的整體提醒與訓示。大坪想起了那時候的事情。艦長說攻進雷伊泰灣的行動，將由第十戰隊打頭陣，矢矧號會作先鋒。因此吉村大佐說：「我們絕不期待生還。我要各位在各自的戰鬥位置上，發揮至今訓練的全力，不留懊悔地戰鬥，為國家做最後的奉獻。」

在此時，聽到艦長強而有力的話語，資深參謀南中佐首度表示，這次作戰將有菲律賓陸上基地的航空艦隊協同，抱有十死零生之決心的神風特攻隊將會出動。這絕對是一次驚天動地的戰鬥。但正因如此，更加激起了年輕的中尉、少尉們勇敢不屈的心情。

當然，二十歲的大坪少尉從一開始就沒有惜命的念頭。他在出擊時就已經做好心理準備了，隨時要死都可以。他反而覺得，參加決定祖國命運的大作戰，才是「日本男兒的夙願」，活著有價值，死也有價值。「況且我們有大和號，還有武藏號」做後盾的心情，比起慘烈的戰鬥，更多化成了要擊滅敵人的豪情壯志。海上一片寂靜，深灰色的破片雲在灰色的空中飄著。大坪試著踮起腳，但第一部隊的大和號、武藏號在遙遠前方，地平線的彼端，從第二部隊的矢矧號的低矮艦橋上，是不可能窺見兩艘巨艦的……

對直接在右舷後方看著大和號、武藏號航行的第二驅逐隊——早霜號驅逐艦的官兵而言，不動如山如滑行般前進的巨大戰艦雄姿，確實是一大精神支柱。從小小的驅逐艦上望去，戰艦移動的景象，就像是一座雄壯的高山在動一般。構造物層層堆疊，從上甲板、艦橋、艦橋作戰室，然後到前桅杆頂端的雷達，遙望起來簡直像是精密的巨大機械重重堆成的巨塊。甲板微微起伏，後方是沒有彎曲突起的桅樓，低貼的砲塔，整體形成像流線般的結構。還有高射砲座、機槍座，宛如刺蝟般的重武裝，不就像是一座難以攻克的鋼鐵城堡一般嗎？

航海官山口裕一郎少尉心想，與之相較，擔任第二驅逐隊旗艦，揚起司令旗航行前進的早霜號是多麼渺小。然而山口知道，這艘早霜號與僚艦秋霜號、清霜號，都是昭和十九年（一九四四年）建造的霜級驅逐艦中，最新銳的艦艇。實際感覺到的船上氣質嘛，跟有如住在大宅院的戰艦，或是像住在文化住宅的重巡洋艦對比，[2]霜級差不多就像住在輕鬆的長屋那樣。[3]而且這也是驅逐艦最好的一點……然而，因為早霜號擔任旗艦，驅逐隊司令要搭乘，艦長以下軍官只好依序更換房間，身為艦上最低階軍官的山口少尉，落得被趕出房間，要睡在軍官官廳沙發的下場。因此很自然地跟擔任驅逐隊隨員的同學阿

2 譯注：日本大正時代中期後導入洋風生活方式的日式西式風格兼具的住宅。
3 譯注：傳統日式公寓住宅。

部啓一少尉同房，山口在沙發上意氣軒昂地說，驅逐艦才是這場戰爭的主角啊。

儘管嘴裡講著巨艦無用論，山口還是深切感受到，作為淺薄的凡人所無法預知的人世間因緣。如果說碰到海軍兵學校同學阿部少尉是一種奇妙緣分，那麼自己的小學老師因被徵召而派上早霜號，更令他覺得有著深奧的天意安排而驚訝不已。秋山武司老師，現在是秋山下士了，在林加泊地訓練途中新到任。某一天，面對躺在軍官官廳沙發上休息的少尉軍官，擺出一動也不動的姿勢站著。老師年紀已經超過四十歲。日本已經被逼到必須連這樣的老兵都拉上最前線了。

早晨的跑步、旗語通信、海洋的奧妙與自然之美，這些都是小學三年級時候，山口少年從秋山老師身上學到的。或者，也許可以說是因為有那位老師，才有今日身為海軍軍官的山口少尉。如今，昔日的師生搭上同一艘軍艦，作為一同拚上性命的戰士並肩作戰，這其中不可思議的因緣，讓山口不禁認真思索一番。這股感受無需任何理由，就像一陣清爽的風，吹進了他的心中。隔了好幾天，他想起了家鄉與親人。想到了綿綿相疊的信州山河，一段走調的安曇節[4]不禁脫口而出：「——有明山上有什麼……」。能在向著嗜殺的戰場進發之前，還能夠感受到這樣深切的心情，山口為此覺得很開心。

在山口想起故鄉山河的時候，身在大和號艦橋上的市川少尉，見到水裡的大海龜一副對戰爭事不關己，悠然自得地乘著海浪嬉戲，並與艦影並行而去的樣子，不禁露出微笑。大和號似乎會有好運，年輕的市川深感，海龜就像是保證這次不惜賠上生命的出擊之行，將獲得大勝利的祥瑞之兆。

就這樣，栗田艦隊三十二艘艦，帶著二萬五千多名官兵的感慨，劃開深藍色的大海，一心繼續向北前進。深藍海水在艦首被劃成兩半，在艦尾碎裂並露出純白色的浪花。有時微弱的陽光照射出來，又消失在雲間。沉默的時間持續許久，每分每秒都將每個官兵逼進生死關頭。這任務會要求豁出性命吧，官兵之間沒有什麼好對彼此訴說的，誰都不想要發生任何事情，卻必須覺悟到事情終將發生。事情會在何時發生，在何處發生，只有神才知道……

2

在距離栗田艦隊前進的方向、東北方約八百海里海域，小澤治三郎中將指揮的航空母艦機動部隊（第三艦隊），與栗田艦隊北上的航向相反，正朝向菲律賓群島南下。離開日本三天，各艦的艦首與煙囪上結了一層像灑上去似的白色鹽漬。這支艦隊是由兩艘航空戰艦、四艘航空母艦、三艘巡洋艦、八艘驅逐艦組成，是日本海軍僅存的航空母艦機動部隊。他們被賦與的任務，是要讓位在菲律賓近海的美軍特遣艦隊發現，並將之引誘到北方遠離主戰場雷伊泰灣的地點，然後進行決戰。但與其說是要與之決戰，他們的目的更像是要讓敵人摧毀。老實說，他們是為了減輕位處中央的栗田艦隊的損傷，是讓栗田

4 譯注：一種發祥於日本長野縣北安曇郡松川村的民謠。

艦隊能夠成功攻入雷伊泰灣的苦肉計所用的「誘餌」，是要犧牲生命成全大局，完全不在乎損害的悲劇艦隊。

四艘航艦搭載的飛機，包括戰鬥機（零式戰鬥機）四十八架、戰鬥轟炸機（裝了炸彈的零戰）二十八架、艦上轟炸機（彗星）八架、艦上攻擊機（天山）二十四架，合計一百零八架。這個數量僅相當於一艘美國最新型航艦的搭載量，卻分開搭載到四艘航艦之上，假裝戰力很強。不，這麼說並不準確。其實這些是台灣航空戰後殘存下來，還可以出動的飛機以及飛行員，是湊著編組出來的航艦航空隊的全部戰力了。自戰爭開始以來，在太平洋四處飛馳並取得驚人戰果的熟練飛行員，相繼在中途島、南太平洋、所羅門海、馬里亞納與台灣等海空戰中受傷、陣亡。在來不及補充兵員的情況下，連勉強學會在航艦上起降的飛行員，都必須投入這次的戰鬥。然後加上新、舊型飛機混編，要進行集中協同攻擊，在速度跟火力上都難以協調。

統率這支誘餌艦隊一萬二千名官兵的小澤中將，在幾年之後這樣說：「我對這場誘敵作戰，從一開始就沒有十足的把握。但是除了那樣做之外，沒有別的辦法了。本來誘敵這種事情，即使用正常的兵力來進行，也無比困難。用防禦力薄弱的航空母艦部隊來勉強實施，那已經不是用困難這個辭彙所能形容的了。」他還瞪大眼睛加上這一句：「那是一次成敗機率五十比五十的豪賭。」

在只有二分之一的成功機率下，為了要讓誘敵作戰成功，十七艘艦在三天前從豐後水道出擊。不需要學習海戰史也知道，作為誘餌，在關鍵時刻之前都必須隱密行動。到**那個時候**來臨為止，連一艘都不能失去。直到某個時間點，當擔任主力的栗田艦隊攻進雷伊泰灣，來到重要的「那個時刻」，就要有全軍覆沒的心理準備，然後向敵軍航空母艦特遣艦隊丟出誘餌，把他們引誘到離決戰戰場雷伊泰灣非常遙遠的地方。

從二十日開始，艦隊與嶄露秋色的日本內地道別，自豐後水道出發以來，天候一直在變壞，終於下起了雨。小澤艦隊一直在雨雲與霧的掩護下南下。速度十六節（一節為時速一點八五公里，約合時速三十公里）。整天在濃重的濛灰海上前進，艦隊沒有被敵人發現。每天持續都是「細雨，能見度不佳」。然後到了第三天——二十二日這一天，天候終於從東邊開始轉晴，海面也變成了南方海洋特有的藍色。在這片黑濁海洋變成藍而透明的淺藍色海域裡，第三航空艦隊的航空母艦千歲號艦長，侍從官岩松重裕少尉，在忙碌的任務空檔中，一個人抬頭仰望天空嘆息。他對某件事憂心重重，感到責任重大，一直處在焦慮狀態。

事情是關於一位年紀與他大致相當的年輕飛行員的生命，他是預備學生出身，當天早上從艦上駕駛偵察機起飛。[5]將艦長的偵察命令傳達給飛行員，是十九歲的岩松少尉的任務之一。自從出擊以來，每天都有偵察機在天亮時從四艘航艦上起飛。今天千歲號也被分配到要派出一架。岩松將命令傳達給同為少尉的年輕飛行員。此時，飛行員含糊地說：「其實，我沒有自信……」暗示希望能換別的飛行員。岩松完全沒有察覺到有異，還追問他是對什麼事沒有自信？飛行員紅著臉說：「嗯，這很不像話，但是老實講，可以說我完全沒有自信能夠起飛，然後找到在這片廣大海域到處移動的母艦，又再回來啦。」

5　譯注：全名海軍航空預備學生。日本在一九三四年以舊制大專畢業生為對象，招募志願者，經訓練後擔任航空兵科預備軍官。

岩松少尉聽著他的話，驚訝到啞口無言。少尉飛行員用像是在對自己生氣一樣的方式，毫不掩飾地說出了並沒有充分接受過這類海上飛行訓練的事實。岩松不禁低頭往下。光是從母艦起降，都不是花三個月或半年的短時間就能學會的簡單技能。就算能成功起飛，要在一個地標都沒有的廣大海洋上，被風吹著飛行數百英里遠去搜索敵人，期間還要找到四處進行作戰行動的己方航空母艦，然後落艦，這些絕非易事。即使是才從海軍兵學校畢業半年，一直從事艦隊勤務的岩松，也能充分了解這個道理。沒受過完整訓練的飛行員，為了海軍最後的榮耀，鼓起勇氣來到這個孤注一擲的戰場。

但是，儘管困難，還是要克服。為了偉大的目的，做不到的事也必須壯膽去做。岩松「砰」地拍了一下飛行員的肩膀，指示出詳細的經緯度，輕鬆地說：「不要擔心啦。在你要回來的時候，母艦的位置一定會在這個海域。放心去吧，我們等你的好消息。」

飛行員又問了說：「真的……沒錯嗎？」仍然沒有消除臉上的不安。岩松已經無意回答，只是露出微笑拍拍胸脯表示有信心。

天還沒亮，天候在調和的光明與黑暗中開始緩緩改變。厚重的灰色烏雲在四處細細散開，藍色的天空從南邊開始展開。偵察機群振翅消失在這片天空中。

之後經過數小時，艦隊在既定航路上前進。岩松好幾次呼喚：「可以嗎？要回到我告訴你的地點喔。到時候，千歲號肯定在那裡……」戰鬥迫在眉睫，岩松的心情卻很愉快。突然，他在心裡回想起留在故鄉的未婚妻的笑容。

這時候，從旗艦瑞鶴號向全艦隊發出了完全意想不到的命令。為了準備決戰，續航距離短的驅逐艦、巡洋艦必須從航空母艦接受最後的燃料補給。這是要在敵前，而且是在海上的加油作業。說不定會發生敵人潛艦發動攻擊之類的狀況。為了避免不測，小澤艦隊的航向，由向南前進改為向東前進。這讓冷靜的岩松徹底慌了，因為這樣那架偵察機就回不來了！

上午十一點，栗田艦隊的早霜號上的山口少尉思念起故國山河，當大和艦上的市川少尉從見到海龜游泳中感到吉兆的時候，小澤艦隊則開始進行忙碌的海上補給作業。此時的行進方向是朝東。這段期間，艦隊屢屢捕捉到美軍潛艦發出的無線電訊號，或友艦截聽到敵人的加密通訊，籠罩在小澤艦隊的緊張氣氛更形強烈。自出擊以來，官兵們可說是經常處在戰鬥位置上。沒有離開砲座的砲班人員，就在鋼鐵地板上稍微鬆開衣服席地而睡。在值更輪班的時候，有些人用剃刀抓緊時間刮著長得又長又亂的鬍子，有些人則做海軍體操伸展僵硬的腰部。海上補給持續了好幾個小時。

岩松一個人在這緩緩流動的時間中無比焦慮。他思索著是否有辦法聯繫千歲號的偵察機，通知他艦隊變更了航向。出擊以來，除了旗艦瑞鶴號，其他艦艇都實施無線電靜默。為了要徹底扮演好誘餌，不可隨意把艦隊的面紗摘下。所以發給偵察機的變更航向，更正返航路線通訊，也是由瑞鶴發出。岩松因不可抗力而焦急，像這樣一直眺望著南方的天空感到哀傷，然後在腦海裡迴盪著那名年輕飛行員的臉孔。

⚓

還有其他人也想起了朋友的容顏。現在正要接受航空母艦燃料補給的第三十一水雷戰隊旗艦——輕

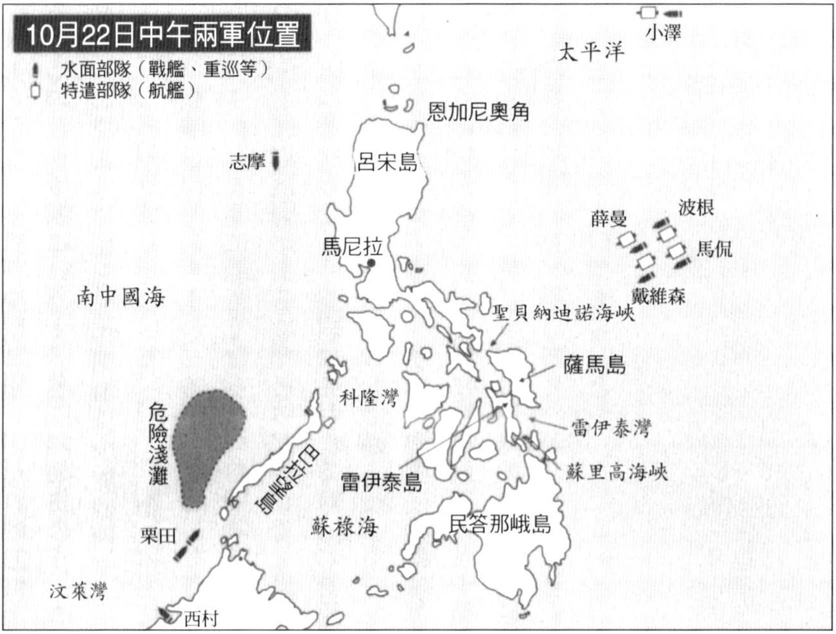

巡洋艦五十鈴號的航海官竹下哲夫少尉，想起了十位想忘也忘不掉的年輕夥伴的容顏。他們的面容就像電影底片的一格格畫面般在記憶中浮現。那是在夕陽西下的馬里亞納海域的景象。十一名海軍兵學校同期的二十歲男子，一起集合在接連發生殉爆、竄起黑煙與火焰、左舷大幅傾斜的翔鶴號航空母艦的甲板上。阿號作戰正要以慘敗收場。甲板上每張臉孔都滿是硝煙與油汙，眼中滿布血絲。自珍珠港一役以來身經百戰的航母就要迎來最後時刻，艦長與副艦長圍繞著軍艦旗，做了最後的道別。以竹下候補生為首，十一名少尉候補生也互相祝賀勇敢奮戰，互相道別，直到再會之日。他的記憶底片就在這裡中斷了……

緊接在那之後，航艦開始猛烈搖晃，下一瞬間，就從左舷前方一頭栽進海裡。甲板上的官兵們彷彿豆子般掉進翻騰的海底……掉進死神張開大口的海底。

竹下認為，自己在千鈞一髮之際撿回了就快丟掉的性命，並不是因為任何人的力量，而是因為命運的安排。那時候在甲板上的十一位同學裡，誰活了下來，或是有誰死了都不奇怪。竹下心想，只有自己跟川端淑郎少尉候補生倖存這件事，就只是單純的偶然。如果有人是活在死者的犧牲之上，那活著的意義是什麼？那時候他感到的悲哀是什麼呢？不知道為什麼，活下來總讓他感到像是被拋下一樣。他所歷經的恐怖體驗壓倒了他，讓他無法理解生跟死有什麼分別。竹下極為自然地有所覺悟，下次就是我跟這艘輕巡洋艦五十鈴號一起死的時候了。

跟像座小山一般，空間寬敞的翔鶴號航空母艦相比，這艘有著三根煙囪的舊型輕巡洋艦五十鈴號，以此作為葬身之處是有點遜色的。在馬里亞納，翔鶴巨艦中了四發魚雷而沉沒。儘管時間很短，但官兵們還能感受到徘徊生死之間的界線。跟翔鶴號相比，五十鈴號可能光中一發魚雷就已經夠受的了。正是因為離死亡這麼近，竹下對自己的死亡方式，奇妙地產生了出奇的安心感。艦艇的大小、殺戮的時間、死亡的方式，都成了感到驚訝或哀傷的對象。或許這時候的竹下還不知道，那些事物都只是戰爭悲慘的開頭而已。

3

搭乘規模巨大、新型、火砲強大的艦艇，在戰鬥時確實會讓人稍微安心點。不論是速度或是操控的反應，愈是擁有優異性能的新型軍艦，在戰場上生存的可能性就愈大。儘管山城號跟扶桑號是巨大的戰艦，卻讓海軍的資深士官感到厭惡。兩艘戰艦建造於一九一〇年代（大正初期），都於一九三五年（昭和十年）大幅改裝升級。然而最高速度只有二十四節，在高速化的太平洋戰鬥中，就速度這點，終究還是脫離不了「舊型」戰艦的範疇。可能是因為這個原因，自開戰以來，山城號、扶桑號有時會被編入日本內海西部的訓練部隊，有時擔任橫須賀的砲術學校訓練艦，在戰爭中幾乎只扮演著後方的次要角色。

山城號跟扶桑號是同級艦，比起類似大和級這種把前艦橋、煙囪、桅杆像一座小山般整合為一體、威壓敵人的現代化戰艦，山城與扶桑的同樣結構卻分別突出於前部、中央與後部。那外觀就算用偏愛的眼光看，也顯得過時。而且艦上還有損及外觀，容易引人訕笑的防空武器。這些防空武器可能是因為等到九月一日才決定要參加捷一號作戰，而匆匆忙忙裝上去的。機槍座、高射砲座夾雜設置在探照燈與測距儀中間，東一個、西一個地雜沓無章，更讓人抱持這些戰艦確實是趕工拼湊出來的感覺。

然而，兩艘戰艦仍是三萬三千噸龐然之軀。主砲是十二門三十六公分砲。其威力可說比栗田艦隊第二部隊的主力戰艦金剛號、榛名號的八門砲更為優異。整體而言沒什麼可以被嫌棄的。除了速度較慢這一點。

「跟老爺爺扶桑、山城一起的話，腳程很快的最上先生會受不了的啊。」

「既然都是要死的話，真想跟主力部隊一起，轟轟烈烈地猛幹一場啊。」

士官與士兵們將山城號和扶桑號，拿來跟同時列入第二戰隊、被編進西村艦隊（第三部隊）的最上號巡洋艦擺在一起比較，難免做出前述這種毫不掩飾的評價。說起來，最上號是從開戰以來就一直在最前線作戰、身經百戰的軍艦，自覺有別於隨著戰局變得不利，才在十月十日匆匆忙忙第一次到南方來的山城號和扶桑號。速度也高達三十七節。最上號的航海官山羽正雄少尉嘴角露出微笑，靜靜地聽著這些對話。

汶萊灣在以大和號、武藏號為中心的大艦隊出擊之後，又變得寂靜，廣闊得非比尋常的海灣，只有第三部隊七艘軍艦浮在其中，看起來更形寬闊。西村艦隊將在下午三點出發。最上號艦長藤間良大佐，中午過後在前甲板集合全艦官兵，說明作戰計畫全貌。

「我軍第二艦隊的計畫，是要在即將到來的二十五日天亮前，兵分二路進入雷伊泰灣，擊滅敵軍登陸船團。山城、扶桑與本艦將擔任分遣隊，經過蘇里高海峽，從南方攻進雷伊泰灣，策應從北方進入、包含愛宕號在內的主力部隊的戰鬥行動。」

包括山羽少尉在內，全體官兵都豎起耳朵仔細聆聽艦長訓示，一句話都不想漏掉。他們知道，不用等到艦長說，皇國興廢可能就在此一戰，自己或許不可能生還。現在正是聯合艦隊全部艦艇發動「特攻」的時候，作戰目標對決戰部隊的官兵而言，是前所未聞的攻進海灣、擊滅運輸船團。日本海軍的海戰思想開始改變了。

十月二十二日下午三點，西村艦隊依照計畫，從汶萊灣起錨航向大洋。沒有人送行。僅有七艘艦艇的小部隊，排成三列警戒航行隊形。中間是最上號，一千公尺外是旗艦山城號，再後方一千公尺是扶桑號。驅逐艦在左右兩側，保持一千二百公尺距離，就側衛位置。右側是第四驅逐隊的滿潮號與朝雲號，左側是同屬第四驅逐隊的山雲號，以及第二十七驅逐隊唯一一艘遺留下來的時雨號驅逐艦。[6]這些艦艇排出了將「川」字中間那一劃拉長的陣形。

這些擔任側衛，破浪前進的驅逐艦，全部稱為特型驅逐艦，[7]都是歷經開戰以來所有海戰，生存下來的幸運艦艇。速度三十五節，擁有六門十二點七公分砲，八門魚雷發射管等武裝，水準遙遙領先世界各國海軍。在最上號的山羽少尉眼裡，他們看起來就像是可靠的強大夥伴。

滿潮艦上有高田昌之進、中鹿良太郎，朝雲艦上有川元哲郎，然後山雲艦上分別有鴇矢義郎等基層少尉軍官。他們跟栗田或小澤艦隊裡大和艦上的市川、矢矧艦上的大坪，早霜艦上的山口，千歲艦上的岩松，五十鈴艦上的竹下等各位少尉，都是同屆在海軍兵學校中學習，在勇猛果敢的倒棒競技裡格鬥，[8]看著寂靜的江田島灣月色沉浸在感傷中，並且狼吞虎嚥吃同一鍋飯的夥伴（corres）。[9]他們原本預計在該年七月畢業，卻提前到三月，立刻就奔赴最前線。然後現在正要肩並著肩，搭乘各自的軍艦，朝向同一處目標前進。

距離雷伊泰灣還有八百海里。儘管跟栗田艦隊威風凜凜的戰力不同，西村艦隊只有七艘，官兵們還是個個都覺悟到，即將到來的戰鬥將是賭上自己的生死之戰，同時也是賭上自己所愛的日本這個國家命運的戰鬥。

扶桑號雷達官金谷茂平少尉，像是要拋開這種想法似地，注視著雷達面板。昭和十八年（一九四三年）秋天以來，因為美國海軍裝備了雷達而屢屢苦吞敗仗的日本海軍，終於在昭和十九年（一九四四年）研發完成雷達，並將之裝設在主力軍艦上。儘管扶桑號已經是高齡艦艇了，但在扶桑號高四十公尺，像是堆積木堆過頭般的桅樓頂端，還是裝設了天線。位在桅樓正下方的雷達室，說起來就是金谷少尉在扶桑艦上的「城堡」。

雷達是什麼呢？對海軍軍官學長們來說，是一種無法理解、難以操作的裝備。金谷少尉他們這些最年輕的少尉，在海軍兵學校畢業前夕，為了操作雷達，還是得被逼著學習、累積知識，即使很難免於被批評像是趕鴨子上架，但現在他們就在最前線承擔操作的重責大任。金谷從高四十公尺的桅樓頂端的「天守閣」，睥睨噸位三萬三千噸的戰艦扶桑號，矗立在一千四百名官兵之上，品嘗著挺立於現代化戰爭尖端科技的感覺。年輕的少尉因此稍微露出了驕傲表情，但這時金谷反而開始反省了。他心裡這樣想，新武器接連登場，不論戰爭看似變得多麼違反人性、多麼科學，但歸根究柢，問題終究取決於人類的判斷……

6 譯注：一九四四年十月十日，第二十七驅逐隊因白露號與五月雨號驅逐艦已經在先前沉沒而解編。

7 譯注：日本海軍在《華盛頓條約》限制下建造的艦隊型驅逐艦，因計畫名稱為特型驅逐艦而得名。一般指吹雪級、綾波級、曉級等二十四艘。

8 譯注：日本的一種體育競技，比賽雙方分成兩隊，以在防止對手弄到己方棒子的同時，進攻弄倒對手的棒子為目的。

9 譯注：日本海軍軍官用語，意指他校的同學。源自於英文 correspond。日本海軍有三所軍官養成學校，分別為海軍兵學校、海軍機關學校、海軍主計學校，這三所學校畢業生稱彼此為コレス（corres）。

4

要攻進雷伊泰灣的，不只有從汶萊灣出擊，走北方航線的栗田艦隊跟走南方航線的西村艦隊。還有另一支艦隊在前一天，二十一日下午四點，從台灣的澎湖馬公往馬尼拉出發。這就是為了掃蕩台灣航空戰後「殘存」敵軍的任務，在途中因為空戰豐碩戰果遭質疑導致任務中止，又回到馬公的志摩艦隊（第五艦隊）。

這支艦隊原本隸屬於小澤機動部隊麾下，但在前往馬公途中，被移到南西方面艦隊指揮下，又受其命令出港前往馬尼拉。這支艦隊兵力以重巡洋艦那智號為旗艦，其他還有重巡洋艦足柄號，第一水雷戰隊旗艦輕巡洋艦阿武隈號，驅逐艦曙、潮、不知火、霞等共七艦。雖然叫做第五艦隊，兵力規模只能說與擴編的水雷戰隊相當。

他們在夜晚的黑暗中，莽撞地奔向馬尼拉。司令長官志摩清英中將，在前天就已經向方面艦隊司令部提出意見，要求允許他們攻入雷伊泰灣，但未獲任何有關此事的正式回覆，只有被要求移動到馬尼拉而已。其實在此稍早之前，聯合艦隊司令部與直接領導的南西方面艦隊司令部，一直都對該如何活用這支艦隊感到迷惘。是要讓他們歸建、去協助小澤當敵軍的誘餌？還是要讓他們參加栗田的主力攻擊艦隊？還是把他們活用在增援雷伊泰島守軍的運輸護航？聯合艦隊司令長官沒有決定，一直拖拖拉拉。

艦隊迎接了二十二日早晨。過了中午，在距離可以看見馬尼拉灣的時候，正式命令首度送達那智號的電報室。命令簡單明瞭，內容是「志摩中將指揮的第二游擊部隊應與栗田中將指揮的第一游擊部隊策應，與西村中將的第三游擊部隊共同攻進雷伊泰灣。」連進攻的時刻（dead end）也決定好了。一切都將以此時刻倒推計算。預定在馬尼拉的靠港臨時取消，改到科隆灣接受油輪補給燃料。艦隊的艦首就這樣一路朝向南方，戰場改為雷伊泰灣，以蘇里高海峽為進攻路線。

⚓

第十八驅逐隊的霞號驅逐艦，與僚艦不知火號在艦隊主力巡洋艦的外側擔綱反潛警戒。霞號的船身中部機槍群指揮官加藤新少尉，仰望著深藍色海面上隆起，那熱帶地區特有的積雲，短暫地嘆氣感慨。

自艦隊十四日從岩國外海出發，已經超過一星期。志摩艦隊為了尋找「受損而倖存的敵軍航艦」並加以摧毀而航向大海，卻一直被命令到奄美大島去躲避、去馬公、去馬尼拉，一直呼來喚去。身為艦隊其中一艘驅逐艦，而且還不是司令搭乘的驅逐艦的悲哀，就是只能在不清楚情勢的狀況下，默默服從反覆變更的任務。何況十九歲的加藤，是霞號艦上最基層的軍官，對於作戰還有當下的情況，完全處在不得而知的狀態。

即使如此，在海上度過的一個星期時間，確實也讓這位跟感傷無緣的年輕少尉，心生出某種感慨。每天所見就是兩挺三連裝機槍、聲納、右轉舵、深水炸彈、月亮、風，還有旗語信號；輪到值更，結束值更，又輪到值更。加藤發現自己在不知不覺間，變成了一名充滿鬥志的戰士。

首次上陣的加藤，不知道戰鬥會如何發展。但是，不知道也沒關係。加藤看著深藍色的天空與海，不禁敲了敲做好了戰鬥準備的黑灰色防空武器，講出自己內心的話：「噢，真是大老遠跑來一趟啊。」

提起第二十一戰隊二號艦——重巡洋艦足柄號，艦上有關最新資訊與戰況的更新似乎是稍微好些。同樣身為機槍群指揮官的安部時寬少尉，對於自己隸屬的第二游擊部隊任務為何，儘管有些含糊，卻得知大致情況。

> 「以扶桑、山城為中心的艦隊，將先行衝進蘇里高海峽。主力栗田艦隊將與之相呼應，攻進雷伊泰灣擊滅敵人。志摩艦隊將在二十五日〇六〇〇時過後，攻進雷伊泰灣，殲滅在主力部隊發動攻擊之後，殘留在雷伊泰灣內的敵軍艦隊。」

這就是安部所知的作戰計畫概要。

精神旺盛的少尉與中尉聚集在足柄號的下官廳，在攻進雷伊泰的兵棋推演中，熱烈地唇槍舌戰。這只不過是隨便「玩玩」而已，不到實戰沒人知道結果。雖然足柄號在戰爭開始時，曾在進攻荷屬東印度作戰中活躍過，但之後都待在沒有發生過像樣戰鬥的北方水域。只能看著戰局變動、惡化，怨嘆髀肉復生。就像安部少尉是初次上陣一樣，某種意義上，志摩第五艦隊自己也是第一次前往悽愴慘烈的戰場。安部等人面對海軍同伴們嘲笑說：「五艦隊是不動隊。」[10]只能吞下悔恨的眼淚。

正因如此，年輕軍官們覺得「因為從內地出擊的時候，接到任務是『受損而倖存的敵軍航艦』，現在卻說成是掃蕩『受損而倖存於雷伊泰灣內的敵軍運輸船團』，實在很難看」，而導致怨氣跟不滿一口氣爆發。說他們是「不動隊」，絕不是開玩笑的。志摩艦隊無論是兵力、熟練程度都很低，年輕軍官們也不是沒聽過有人公開宣稱志摩艦隊是全艦隊中最弱的說法。

血氣方剛的安部等人，在受命登上足柄號重巡洋艦時，對此感到悲憤，而跟將要登上其他艦艇的同學爭吵說：「不打看看，怎麼知道？」

的確，這事情還沒交火是不會知道結果的。軍艦是在巨大的彈孔，捲起的鐵板，噴出的血流中，才會發揮真正的價值。實際證明給人看的機會，現在到來了。從作戰計畫來看，志摩艦隊這次所處的情況也是居於附屬地位，令人感到不滿。志摩艦隊還有足柄號，不，還包含安部自己，可以充分發揮實力給敵人跟友軍顏色瞧瞧的時機來臨了。在參加下官廳的雷伊泰灣擊滅作戰模擬的同時，年輕的二十歲安部少尉，將會清楚聽見足柄號十門二十公分主砲向敵人齊射時的轟然巨響。

有自信會游泳的人沒獲救，不會游泳的人卻得救了，所謂人生就是這麼回事嗎？也有年輕的少尉看透人生，知道不管怎麼掙扎，會得救的時候就是會得救，會死的時候就是會死。曾在惡劣天候下，救援被魚雷擊中而沉沒的航空母艦雲鷹號的官兵，這時親身學到的痛苦經驗，構成了第七驅逐隊的潮號驅逐艦通信官兼航海官森田衛少尉生死觀的源頭。森田認為，生死就聽天由命，身為一位戰士該做的事，只有戮力完成自己的任務而已。

但是，森田心裡也有一種「還是處男就死了，實在可惜」的想法。他覺得女人很美好。從內地出擊

10 譯注：五艦隊的日文發音 gokanntai，與不動隊的 ugokanntai 相似。

前一晚，航海長與軍醫長兩人可能是覺得生為男人沒碰過女人就死了很遺憾，就自願擔任監護人角色，從艦上各自提了一瓶威士忌去料亭痛飲。在森田的記憶裡，身邊確實是有女人陪侍。但卻沒有共度一夜的甜美回憶，因為他徹底醉倒，「清清白白地」迎接了早晨。森田想到這，覺得真是託你們的福，露出微笑，心想：「出擊第一天就宿醉還要暈船，真慘。」

5

要前往雷伊泰灣的四支艦隊都到齊了。而且這一天，福留繁中將指揮的第二航空艦隊約三百架飛機，也從台灣來到菲律賓，全數平安降落在地面基地。加上大西瀧治郎中將指揮，要進行「全軍特攻」的第一航空艦隊三十架可出勤飛機，地面基地航空部隊也聚齊了。指揮的將領，參戰的士兵戰鬥精神熊熊燃燒，榨出了所有要用來打倒敵人的智謀與策略。海洋、天空，以及日本海軍用盡全力的出擊行動，組成了一幅壯闊的全景圖。

在號稱由七千座島嶼組成的菲律賓群島海域，二十二日的太陽已經西下，灰色的薄暮開始覆蓋海面。儘管還有些許亮光維持著，黑暗隨後終於包覆住四支艦隊與地面基地。

四支艦隊各艦，以在前方先行的艦艇激起的白色波浪為記號，在漆黑的海面上向前衝。大海像是死者一般安詳無風。四萬二千名官兵中每一個人都確實、正確地做著自己必須做的事。

主力栗田艦隊在晚上七點，將速度由十八節減至十六節，停止之字航行，進入了巴拉望水道。右邊可見巴拉望島，左邊是一望無際，號稱危險暗沙的淺灘。在這狹窄水道裡，大艦隊不能做之字航行，只能安靜地夜間航行。艦隊嚴格實施燈火管制，靜默前進。艦隊指揮層知道，這個水域有美國潛艦巡邏。然而事到如今已經不能對潛艦感到畏懼了。

第四戰隊第二號艦，重巡洋艦高雄號看著前方的旗艦愛宕號，在寂靜中航行。雷達官橋本文作少尉，在位於艦橋的雷達接收機前度過了緊張的數小時，在來襲的睡意中感到疲憊。要警戒在黑夜裡行動的潛艦是相當困難的事情，這是一份極端消磨精神的工作，不可以睡著。就算沒有睡著，要在一片漆黑的暗夜中，發現出現在海面一瞬間的潛望鏡，也近乎不可能。正因如此，要每二小時讓監視哨交接，由沒有疲勞的眼睛往四周海上監視。報告將會定期送至艦橋。

「沒有異狀。」……「沒有異狀。」

除了那樣的報告之外，昏暗的艦橋完全處在連一聲咳嗽聲都沒有的寂靜中。在這片寂靜中，橋本盯著雷達，一直想著：「監視哨說的沒有異狀，只是沒有發現魚雷軌跡跟發射時的氣泡而已，腳底下一定有敵軍潛艦在。」

橋本進一步想：「預期會因攻進雷伊泰灣而全軍覆沒，這一點還不要緊，但最終目標只是為了擊滅運輸船團這點，實在是有點讓人不高興。」

他認為到此之前，擊滅運輸船團都是潛艦、驅逐艦的工作，而非戰艦、重巡洋艦等主力艦隊的事情，艦隊的傳統在於擊滅敵軍主力部隊。然而在這麼想的同時，這位矮小的十九歲少尉大感愉快，得出一個極為單純的結論，認為從自己一個人的角度來看，不管目的是兩者間哪一個都沒有明顯差別。

「隨便，只要死了就好……」

⚓

同一時間，小澤艦隊的航空母艦千歲艦上的岩松少尉，因為直接面臨死亡的現實，被自己下達命令的重大責任給打垮了。雖然旗艦瑞鶴號傳來，已經聯絡各架偵察機航向改變了，但從千歲號起飛，由預備學生出身的少尉駕駛的飛機，最後卻沒有回來。岩松知道這名少尉駕駛相當不情願，卻在受到鼓勵之後起飛，認為如果他真的死了，那就真的只是心不甘情不願地死了，不是想死而死，是白死，這難道不是跟被殺死一樣嗎？他不想相信少尉飛行員已經白白犧牲。然而在他那樣想的同時，他強烈地意識到另一個自己的存在，聽見另一個自己低聲喃喃：「他不是完全白死了嗎？而且還是我殺死他的。」

「別死喔，不准死喔。」

岩松對著總算升上夜空的星星呼喚。空蕩的天空在他頭上無邊無際地展開，接收了他的祈禱。

⚓

晚上七點三十分左右，小澤艦隊採第一警戒航行序列，由千歲號在艦隊的最前方領軍前進。小澤艦隊進擊的海域與栗田艦隊、西村艦隊不同。呂宋島北方的海面上起著波浪。黑色無垠的大海，在布滿無數閃爍星星的廣大天空底下起著波浪，艦隊推開白色碎散的浪頭持續航行。航速二十節，一心南下前往決戰戰場。

同時間，瑞鶴號的前方左舷高射砲指揮官，峯真佐雄少尉又發抖著想起白天補給燃料時，在作業結束之際遭遇美國潛艦發動的攻擊，魚雷朝著瑞鶴號的側面衝過來。那時候，峯呆站在指揮所，盯著一刻刻接近過來的魚雷軌跡，恨不得揍一頓只能束手無策看著的自己。那是以秒為單位，看著自己的生命在十九歲就要結束的心情。

然而，少尉沒有意識到，儘管瑞鶴號的艦首動得很緩慢，但確實朝著魚雷來襲的方向改變。根據觀看角度，也可能看起來像是魚雷從側面慢慢改變方向，移到跟艦首平行的線上。巨艦與冒著泡泡的殺戮者，還來不及體會到時間的短暫，就彼此擦身而過了。

「嘿欸！真是擅長操艦的艦長啊。」

峯少尉對艦長的操艦技術深感佩服。然而此時的潛艦攻擊，卻帶來意想不到的結果。因為艦隊中止補給燃料，一時之間又全速朝東方躲避，導致松號與柊號兩艘驅逐艦未能完成補給，無法繼續作戰，被迫返回日本。小澤艦隊就這樣失去了兩艘驅逐艦。而即使沒有發生這情況，驅逐艦數量仍然不夠。年輕的峯少尉並不曉得這個情況，只是把那一夜的美麗月色，深深刻劃在腦海裡。

艦隊出發的二十二日那一日，現在正要結束。明天，除了小澤艦隊，在菲律賓西方海域的三支艦隊，將會進入從摩羅泰島基地起飛的美軍大型飛機巡邏範圍之內。在艦隊周邊海域，已經攔截到從潛艦發出的無線電訊號。空中有敵軍，海底也還有敵軍。而且已經不時有敵軍潛艦之間的對話，傳進大和號、武藏號等巨艦的高聳天線接向艦橋的內線電話聽筒裡了。

許多官兵認為，明天一定會有敵人空襲，這樣的話，就要整裝以備隨時會被幹掉才行。他們一結束值更，就急忙回到各自的住艙，換上新的內衣褲，裡面甚至有人拿報廢的信號旗改成紅色的長兜襠布。當有人露出取笑表情質問時，就冷靜地說：「明天早上說不定要游泳咧。這附近海裡不是很多鯊魚嗎？穿紅色兜襠布才不會被吃掉啊！」

第二章

接敵

十月二十三日

旗艦愛宕號遭到攻擊，正在冒煙

旗艦愛宕がやられた、煙が出ている

1

海軍兵學校第七十三期畢業的二百一十六位少尉，分別搭上四支艦隊裡的六十四艘艦艇，擔任最低階、最年輕的指揮幹部，默默前往戰場。他們認為死在戰場上是自己的夙願，是覺悟到自己生涯只活到二十歲的戰士。他們認為靠著自己身先士卒，可以阻止美軍進攻，爭取寶貴時間。如果這麼做能讓國家做好整備並反擊，他們渴望爽快地赴死。然而年輕的少尉們，是否真的知道他們的死亡所帶來的意義？

他們到此為止的二十年人生是什麼？隨著昭和時代開始，他們的人生也開始了。他們是伴隨戰火一起長大的。其中許多人在滿洲事變爆發那一年進入小學。懂事的時候，國家已經處在戰爭中了。他們在裁軍的風暴、建設滿洲國、天皇機關說事件、[1]二二六事件、日中戰爭，再到諾門罕事件，在粗暴的呼吸聲與軍靴的迴響、閃亮的刺刀以及滿是硝煙的新聞中，度過了小學、中學時代。他們意識到的所謂國家，以及為其所做的就是舉著紙做的小旗，目送出征的士兵，迎接裱在黑相框裡的照片跟白色骨灰盒子。就算悲慘、痛哭如何近在咫尺，他們不曾懷疑過為國捐軀這件事。為了國家而死——殉國，撐起了他們的美學意識。他們不認識沉重戰時以外的祖國日本。從出生的瞬間開始，他們就是所謂的聖戰之子，認為中國是該受膺懲的國家，美國跟英國則是如同鬼畜般的存在。

包含分配到航空部隊的人在內，這一屆共九百零一人在昭和十六年（一九四一年）十二月一日，以海軍兵學校第七十三期學生身分，踏入位於廣島縣江田島的海軍兵學校校門。歷史在此刻寫下紀錄，太平洋的戰爭已經開打。在他們入學隔天舉行的天皇御前會議上，日本決定對英美發動戰爭。

當然，那個時候他們對於國家的決定並不知情。然而身為少年的他們，也略為感覺到戰爭近在咫尺。城裡滿是呼喊「應該討伐英美」的口號聲浪。栗田艦隊第一部隊第五戰隊的羽黑號重巡洋艦，艦務官長谷川保雄少尉，現在正在前往雷伊泰灣的漆黑海面上，看著漂流發光的夜光藻，回想開戰前的日本，那股不張揚的興奮情緒。……那是在考上海軍兵學校，滿懷希望地搭上前往吳市的火車上的情景。面向海的窗戶，受軍方命令強制拉上窗簾，以擋住人們的目光。在去廁所時，少尉不經意地往外看了看。那時他所見窗外的瀨戶內海，彷彿船舷相接，占滿港灣的運輸船團。少尉預感新的戰爭即將到來，得知要為國家捨棄生命的日子近了。他在兵學校生活開始時，對同寢室友說出自己的預感。

對英美的戰爭開始以後，儘管兵學校裡充滿興奮與緊張的情緒，但仍然保持著堅定沉穩的寧靜，像是要讓各自變得更短暫的生命更加充實一般。不論如何，他們感受到的，是沉重痛苦的日子行將結束，是將要徹底拚個輸贏的爽快感覺。

身為絢麗多彩、青春的少尉候補生，他們的訓練生活，在嚴酷的戰火中，依然跟平時一樣持續著。然而，這都是出於培養以壓抑本能的方式鍛鍊精神，成為具有更完備的儒教式精神武裝的戰士。他們的

1 譯注：「天皇機關說」與「天皇主權說」相對立，前者主張統治權歸屬於國家法人，天皇只是憲法下的最高統治機構。天皇機關說事件主要指在軍國主義抬頭、一九三二年五一五事件爆發，犬養毅首相遭暗殺造成憲政傾頹的背景下，「天皇機關說」主要倡導者憲法學家美濃部達吉在議會以《不敬罪》遭受警方調查。同年（1935）岡田內閣在發表「將統治權不歸於天皇而僅僅視其為行使統治權的一個機關，這種觀點是與獨特的我國國體完全不符合的。」而後發表國體明徵聲明，提到「所謂天皇機關說，與我神聖之國體相悖，不符其本義，應當嚴肅排除」，正式宣告「天皇機關說」的地位並禁止教學傳播。

青春，染透戰爭的單一顏色，為了死在那場戰爭中而學習、鍛鍊。但是另一面，他們經常被飢餓感糾纏。這份飢餓不只是對食物的渴求，還包括對於知識、美學的渴望，以及對那種家中有父母、孩子，能夠圍著火爐這樣簡單、有人性的生活，他們感到宛如絕望般的飢餓。

隨著戰爭局勢惡化，教育、訓練變得快速、激烈，更進一步面向死亡。他們送走學長、迎接學弟。他們當成教官看待並一直敬畏的學長，在奔赴戰場的隔天，就裝在原色木材做的箱子裡送回來了。他們沒有什麼相互討論關於生死的記憶。這無非是因為死在戰場上是自明之理。他們也沒互相討論思考人生的習慣。漫無目的的閱讀，漫無目的的在山裡走，漫無目的的孤獨，他們拋棄了這些構成青春歲月的個人自由。他們連「一個人類的生命更重於全宇宙」這種想法都無法想像。生與死，對他們而言，不過只是早晚的問題。他們為了成為以殉國為夙願的戰士，鍛鍊身心。正因如此，他們在各種情況下，必須接受所謂的「以不辱己」與「糾正」之名施加的體罰。然而，他們卻不灰心。

機靈、有遠見、勤奮、
不屈不撓的精神，這就是海軍。

想當海軍軍官的人，不管誰都會學到的這句格言裡的「機靈」（源自英文的Smart），並不是指打扮整齊的意思，而是帶有積極、有活力、鬥志旺盛意義。他們被迫學習這件事情，幾乎已到厭煩的程度。

在祖國日本的敗象漸漸明顯的昭和十九年（一九四四年）三月二十三日，為了回應「盡快到前線，即使是早一天也好」的要求，他們提早六個月從海軍兵學校畢業。儘管天氣晴空萬里，那卻是一場沒有人嘴裡講得出「恭喜」的畢業典禮，也不允許家人出席。當時只有他們對低年級後輩的慷慨陳詞：「踩過我們的屍體跟上來啊！」之後，只放了短短一星期的畢業假，四月一日就在東京集合，接著在四月三日覲見天皇，隔天就各自分散前往赴任。跟前往霞浦航空隊的約五百人不同，對其他擔任艦隊勤務的將近四百人來說，赴任地點直接通向戰場。如果是平時，他們可能有機會以少尉候補生身分，接受愉快的遠洋航海訓練。但現在，結束成為軍官前的最後教育，接著迎來的卻是與死亡比鄰的慘烈實戰。他們對身處的戰局並不是那麼清楚。就算很清楚，對他們來講，戰局也已經是無力回天的現實了。

這樣的現實，可以從大部分受命編列至艦隊的新手軍官，都難以找到自己派任的軍艦這一點窺見。從戰艦到小小的魚雷艇，大小艦艇現在停泊在哪一處港灣待命，只有一小部分海軍高層知道。有些人得要跑去吳港、又去佐世保、再到橫須賀、後又跑回吳港，四處奔走尋找派任的軍艦。這段期間，帛琉、雅浦島、烏利西環礁遭遇敵軍航空母艦特遣艦隊來襲，聯合艦隊司令長官古賀峯一大將陣亡。戰局正走向艱困的階段。也因為如此，國家需要他們有要為國捐軀的精神。

那時候，聯合艦隊讓主力在蘇門答臘附近的林加泊地集結，持續加強訓練，準備迎接敵人的下一輪攻勢。他們當中被派到艦隊的，大部分是從吳港搭上戰艦大和號，五月一日被送到林加泊地。自從畢業以來只經過短短一個月多一點的時間，二十歲的他們，已經擔任領導許多下屬的指揮幹部，被迫站在戰爭的最前線。

他們被要求的事情其實很簡單。就是「盡快成為獨當一面的軍官，趕上出擊時機」，事態已經如此緊迫了。

然而，就算海軍兵學校的軍官教育再優秀、再合理、再透澈、再實際。對他們來說，沒有一件事情，是初次上艦任職就能有自信可以做好的。尤其是搭上大和號這種等級的巨大戰艦，光是記住艦上的構造布局，好比說某一條過道，就是件困難的事情。走著走著就不知道自己究竟是在右舷還是左舷。其他還有包括厚達三十公分，像倉庫門一樣的防禦艙口、彈藥庫裡的巨大砲彈，以及有六張榻榻米大的砲門。他們時而被學長怒罵、安慰、鼓勵，漸漸培養出作為一名海軍軍官的自信。

⚓

關於這點，派到驅逐艦上的候補生，哪怕作為消耗品的驅逐艦有著獨特、粗暴、壯烈的氣質，在這裡還是稍微幸福一點。登上栗田艦隊第三十一驅逐隊，朝霜號驅逐艦的航海官矢花富佐勝少尉，很快就融入艦上的生活。話雖如此，只有早上的全體體操，能讓他藉以感受到自己已經成為某種重要訓練當中的一部分。即使如此，他依然充滿幹勁，在早上七點起床號前就先醒來，率先站上砲塔，在晨靄中「一、二、三」喊著口令。二十歲的年輕、純真，讓他克服其他軍官學長們的揶揄與嘲笑，並感受到這是一項自己能夠完成的重責大任。

但是，矢花的心裡總是很在意，派任其他船艦的同期戰友，是不是輕輕鬆鬆地就接到更重要的任務。某一天，他把注意力投向停泊在朝霜號附近的同隊驅逐艦岸波號，從艦橋用望遠鏡偵察朋友的情況。同學成瀨謙治少尉在岸波號上。那時候，從望遠鏡映入矢花雙眼的，是朋友同樣滿是幹勁地喊著早晨體操口令的身影。

又過了十幾天，矢花再度想知道成瀨後來的訓練情況，他又拿起望遠鏡看了看。那時候，在岸波號艦橋上，另一名拿著望遠鏡查看這邊的軍官，映入了矢花小小的視野中。二位軍官對著在望遠鏡底的無聲影像，互相舉起手對笑。彼此之間流動著只有他們兩人共通的青春歲月，以及汲之不盡的友情。然而，比起為之感傷，矢花更多的是感到一絲滑稽。原來菜鳥軍官想的事情，結果都是一樣的嗎？然後他獨自一個人苦笑。

⚓

在林加泊地訓練期經過一段時間以後，出動命令於五月中旬下達了。馬里亞納方面的形勢，在敵軍大規模特遣艦隊攻勢下變得緊迫。日本海軍艦隊全部進駐了婆羅洲東邊的塔威塔威，接著在六月中旬發動了阿號作戰。畢業後經過百日，他們首次上陣。這些新手軍官奮勇挺立在馬里亞納的戰場。然而他們遭逢海戰的型態轉為空戰的歷史時刻，還沒看見敵人身影，敗北就攤在眼前。同時還見證到了夥伴慷慨赴死的高潔，卻也因此讓人感到「死亡」的虛無。航空母艦大鳳號、翔鶴號沉沒。十四位少尉候補生在首次上陣的頭一天，就跟著船艦共赴黃泉。在第二天的空襲中，擔任機槍群指揮官的候補生們，跟首次遇見的敵機進行激烈戰鬥，但接連有人身中敵機槍彈而倒下。

他們在此時學到，戰爭是激烈而悲慘的。他們之所以能在戰鬥後活下來，不過是在一眨眼間，湊巧被分到生與死中的某一邊。在只有殺人或被殺的戰場上，不可能埋頭做像在承平時期的反省或分析。在渾然忘我的狀況下，戰爭的正義與不義都沒了。作戰的合理與不合理也沒了。正當性跟大失策的分際也沒了。他們站在戰場上體會到的，是怎樣也無法說明、個人面對的千鈞一髮的生或死的問題。所謂戰鬥，並不是像很多書上所寫的那樣，只是殲滅敵人的戰鬥力而已，而是伴隨著必然的犧牲。到此為止的邏輯是正確的，然而當犧牲者是自己的時候，那又是為了什麼而犧牲？自己的死有什麼意義？他們被迫帶著痛苦與反胃嘔吐的心情，在活下來的時候思考著這件事。

聽說低年級的學弟看著從戰場回到日本，造訪懷念的海軍兵學校的學長，發現他們在不到半年的時間內，就徹底變得老成，帶著像是看破一切的穩重感，著實嚇了一跳。他們以為，「如果父母、稚氣的弟妹們，或是美麗的戀人的生命、幸福能夠盡可能多獲得一些保障，那我就心甘情願拋棄生命犧牲……」他們想到的這點，究竟是不是也算看破了呢？

然而他們依然年輕，尤其還帶著不適合把自己的死，當作一回事來思考的稚嫩感。即使能在戰場上實際體驗對死亡的恐懼，卻因為年輕力壯，他們所感受到的死亡，依然只是抽象的。栗田艦隊第四戰隊，摩耶號重巡洋艦的槍砲官池田清少尉，在阿號作戰中，因為砲彈近距離爆炸而失去八名部下，體會到人生中首度看到他人臨終與死亡的經驗。當時十九歲的候補生，在盯著一位已經斷氣、眼球凹陷的下屬死去時的面容，確實有背脊發涼的感覺。作為獨當一面的軍人，他並非沒有做好面對死亡之殘酷的心理準備。但是，當實際面對死亡，受到的衝擊果然還是異常且過於激烈。池田不禁用雙手遮住雙眼。然而眼球凹陷的下屬死狀，終究無法從他的腦海裡消失。

當時的池田候補生，如今已是少尉軍官，擔任摩耶的標定官，站在率領的二十八位下屬排頭，正要奮勇前往雷伊泰灣。他在九月一日任官，心情愉悅地當上海軍軍官。在這個時候當上少尉軍官，並不盡然是件開心的事，因為已有三十四位朋友，還來不及掛階成為軍官，就已經在太平洋上殞命。

池田看著漆黑的巴拉望水道海面，還有在前方航行的羽黑號巡洋艦激起的白浪，又想起了自己跟摩耶號之間奇妙的緣分。他感覺到，自己的一生被看不見的命運羈絆在摩耶號身上。在進入小學前一年，剛下水的摩耶號曾在他家村子附近海岸臨時停泊，進行水上飛機彈射訓練。少年池田在當時懷有將來某天加入海軍的夢想。第二次遇見摩耶號，是在昭和十六年（一九四一年）的春天。當時已經寄出報考海軍兵學校文件的池田，受前輩招待，有機會造訪摩耶號。摩耶在櫻島的背景之前，把鋼鐵的陽性美投影在像鏡子般澄澈的水面飄浮著。尖突的船首、傾斜得不像樣的煙囪，還有狂野地堆疊起來的艦橋，這些不協調中卻有股奇妙的協調以及陽剛味的美感。

現在，池田正在他所憧憬的軍艦艦橋上執行副值更官勤務。過了凌晨零點，在巴拉望水道航行的栗田艦隊，時間已經來到十月二十三日。少尉不經意地看著坐在艦橋偏右方位置椅子上的艦長，大江覽治大佐的身影。少尉看到大佐眼睛充血，可能是錯覺，他覺得艦長肩膀隱隱透出一絲頹然。艦長的大兒子大江一郎少尉，跟池田是同學。大江一郎被分派於名取號輕巡洋艦上，該艦大約在二個月前被美軍潛艦擊沉而失去消息。據說艦長大江大佐從汶萊出發的前一晚，像是自言自語般對水雷長宇都宮說：「我連孩子都死了，事到如今已經沒有活下去的希望了。」[2]

池田對於想起這些話，感到不祥的預兆，但他不打算更進一步逼問自己內心，他認為連問看看的必要都沒有。這次摩耶號或許會沉，死亡或許會來到。少尉在艦橋左舷後方值更，一抹不安就這麼從心中一閃而過，消失無蹤。

2

二十三日凌晨零點十六分，巡邏中的美軍潛艦，海鯽號艦長麥克林托克站在艦橋上，收到來自瞭望塔的報告：「雷達有反應，判斷是船艦。」僚艦鰷魚號此刻正在海鯽號旁邊浮上，麥克林托克艦長立刻用擴音器對克拉葛特艦長大喊：

「是日本鬼子，我們上！」

四十分鐘後，他們得知目標是以十一艘大型艦艇為中心的強大日本艦隊。兩艦立刻用電報發送緊急報告，並在天亮之前，又發了二次接敵報告。這是海爾賽上將所獲知日本艦隊的最初情報。戰端就此揭開序幕。

3

栗田艦隊不能鬆懈，愛宕號截聽到這艘潛艦發出無線電波。即使如此，在這狹窄水道中，難以用高速甩開敵軍的潛艦攻擊；可以預測的是，敵人會在能夠看見艦影輪廓的破曉時分發動攻擊。栗田長官向全艦隊發出作戰緊急通報，加強警戒。

「偵測到發訊中的潛艦電波，頻率八四七〇千赫，靈敏度五，強度極大。」

這是清晨五點二十分發生的事情。

十分鐘後，艦隊加速到十八節。各艦陸續響起喧囂的喇叭聲與警報聲，然後傳來「就戰鬥位置」的命令。

全體官兵為黎明時的訓練就戰鬥位置，砲班人員進行火砲操作與瞄準訓練，機槍班人員反覆機槍操作方法，水雷官兵展開魚雷發射操作訓練，還有損管官做著損管訓練。到看見敵人之前，拚命持續日常的激烈訓練。

但是對瞭望哨與雷達官兵來說，戰鬥已經開始。黎明跟黃昏時分，能見度會激烈變化。因為人類的眼睛很難習慣這種變化，經常帶給攻擊方絕佳的機會。艦隊採取在攻進雷伊泰灣之前，連一艘艦都不能少的守勢。張大的眼睛，要持續著二分鐘、三分鐘不眨眼的盯著海面。

2 譯注：水雷長，艦上水雷科的主管，掌管魚雷發射管等武器。

愛宕號上的高橋少尉，在右舷瞭望指揮所擔任值更，在對海面監控警戒的同時，一邊感受悄悄到來的早晨。黑暗的海水變成深灰色，在相似的黑暗之中，顏色相似的海洋與天空混雜成一片。而海洋即將從灰色緩緩變為一片湛藍的海。高橋在一瞬間，對同期的衛兵副司令久島守少尉此時是否身在艦橋感到好奇。

高橋與久島在出擊前做了兩人間的約定。艦橋上掛有天皇與皇后玉照，他們約定要是軍艦有個萬一，就由衛兵副司令背著天皇玉照，庶務主任背皇后玉照游泳逃生。[3]然而久島對游泳不太有自信，何況是要把裝在桐木盒子裡的沉重照片裝進棉布包游泳，這讓他感到有些不安。而且白天時，久島的戰鬥位置被分派在下層甲板。既然這樣，高橋決定自己出來扛起責任。本來如果五月沒有調動的話，是要由高橋擔任衛兵副司令的。高橋對久島這樣說：「因為晚上你在艦橋，你來做。白天由在附近的我來幫你做，放心，有我在。」

二位少尉就這樣締結了只屬於兩人的祕密協定。所以高橋會在這個白天夜晚渾沌不清的時間點，擔心救援玉照的責任分屬，或許是不得已的憂慮。

在六點半結束黎明訓練的同時，艦隊再度開始採取之字航A法。高橋暫時沉浸在訓練順利結束後，總會迎來的如釋重負的心情中。他從右前方遙遠處看到島嶼的輪廓。在莊嚴的黎明時分，晨光在地平線上劃曳出朱色的線條，不久後開始緩緩染紅整片天空。艦隊後方呈現一片粉紅色的巴拉望島，像是低身匍匐在海面上般倒臥著。巴拉望島南端的山嶺孤單地聳立著，少尉在測距塔上坐下，動也不動地把視線投向山嶺的稜線。

他對下屬士兵們說：「今天敵機，會不會從那附近來呢？」就是在這時候，他發現有魚雷軌跡從右前方，朝著愛宕號衝過來。高橋像被彈簧彈飛一樣站起來喊：「魚雷！」聲音因為一瞬間感受到的恐怖而變得僵硬。

⚓

不只有高橋發現魚雷軌跡。在右前列擔任護衛的驅逐艦岸波號，此刻噴出白色蒸氣，接著像發狂似地鳴著汽笛。這是給全艦隊「發現敵軍」的緊急訊號。許多官兵記得，事情是發生在開始之字航行，要進行第二次轉舵，船舵向左轉的時候。第五戰隊旗艦——重巡洋艦妙高號在黎明的海洋上劃出長長的尾跡，位居右側縱列的排頭，與左側縱列的愛宕號併行，將驅逐艦夾在中間。下一瞬間，妙高號的右舷機槍群指揮官，島田八郎少尉看到的景象，是愛宕號舷側砲塔附近一瞬間的白色閃光。時間是六點三十二分。接著白色的細長水柱往上噴起，霎時間看起來高度到達桅杆以上，然後停住。接著，水花噴濺，籠罩著整艘一萬噸的巡洋艦。然後中段、後段也出現第二、第三道水柱……

3 譯注：日本海軍主計科軍官職稱，主計科庶務負責艦內公文起草、抄寫、傳閱等事務。

巴拉望水道美軍潛艦魚雷攻擊時栗田艦隊陣形

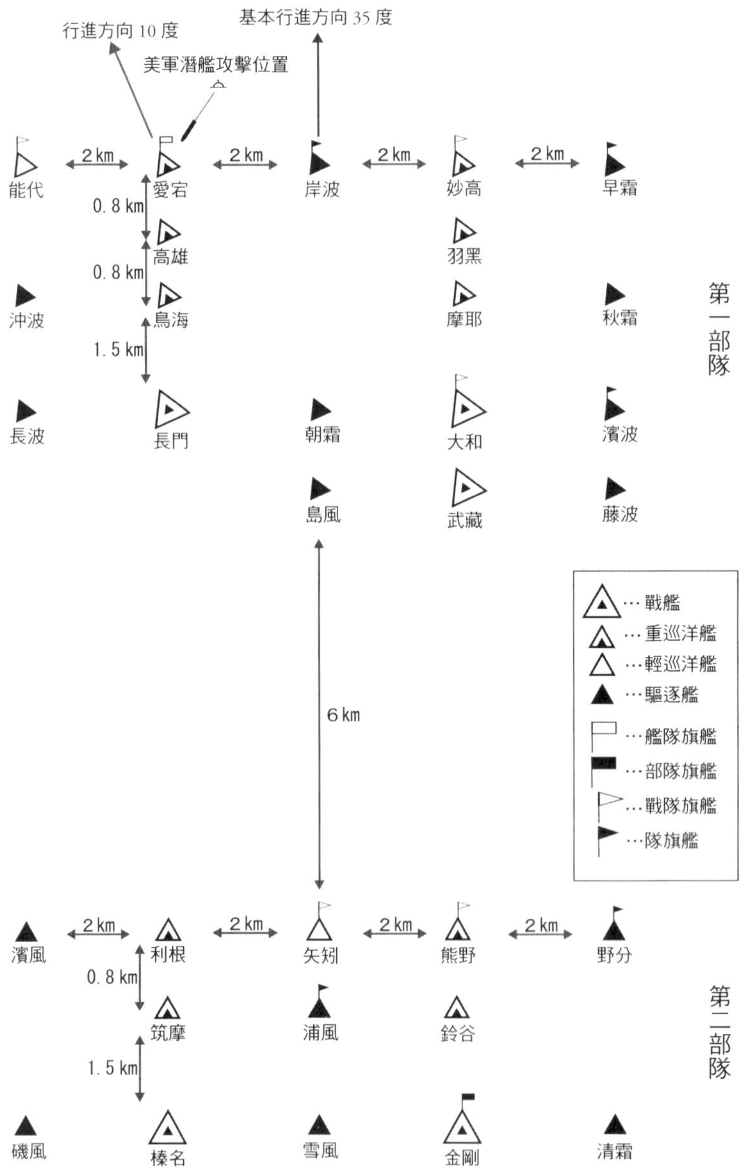

製表：Thsbhseven

島田少尉聽到艦內廣播傳來像緊盯般的「反潛部署」命令，才發現自己驚呆住了。他也是阿號作戰的生還者，他在當時對戰局抱持的觀點是：「到阿號作戰為止，日本尚有贏面。就算不覺得會輸，但若要贏的話，靠平常手段是不可能了。也就是，得靠全軍覆沒才行。」他的想法變得悲壯，認為或許陣亡至一兵一卒都不剩，日本的榮耀才會到來。他對於毫無防護的情況下進行的雷伊泰作戰，從一開始就不抱有必勝的信念。然而即使這樣，他依然想贏。願望會直接通往應然的事物。不是想贏，而是非贏不可。就在他這麼想著的時候，艦隊指揮官的座艦頭一個就被幹掉了。阿號作戰中，也是旗艦大鳳號最先被幹掉，然後就且戰且走到敗戰為止。對於此事記憶猶新的島田來說，受到了相當大的衝擊。

愛宕號的高橋受到的衝擊，不只是精神上的，而是肉體上的。而且他感覺這衝擊像是在針對他個人一樣。高橋被最初一擊的水柱威力沖飛，他感覺到瘦小的身軀在空中飄浮的同時，卻在心裡喊著「冷靜！」而在被拋到甲板上跌落、並同時感到強烈疼痛的時候，高橋心中湧現的是「我還活著」的感覺。高橋接著第二度、第三度被衝擊，他聽見防彈鋼板被撕裂的聲音，要站起來卻又跌倒。他想要就這樣站好，卻怎麼樣也站不起來。愛宕號此刻正往右舷傾斜了約三十度。

「把不要的東西丟了，可燃物丟進海裡！」聲音此起彼落。

高橋相當忠實地貫徹自己的職責。立刻喊出口令：「準備射擊水面目標！」但一號砲、三號砲仰角都是零度，只能放棄射擊準備。接著，少尉聽見了嚴酷的命令。

「全員到左舷！」

像是要攀爬鋼鐵牆壁一樣，高橋拚了命往左舷移動。此時因為怕傾斜引發翻覆或殉爆，魚雷、砲彈一個接一個被丟棄到海裡。即使到了這時候，高橋仍然沒有清楚察覺自己所處的位置。他沒有辦法相信愛宕號被魚雷擊中了，仍正垂死掙扎。然而甲板嚴重傾斜的狀況，不容許他懷有除此之外的解釋。高橋在確認下屬已經全員移動到左舷後，大聲向高射砲指揮所的分隊長奧西中尉報告。他自己在攀登上被高舉的左舷時，總算看到官兵一個接一個跳進海裡。木材、木箱的物品也一起被丟進海裡。高橋的記憶裡沒有明確聽見撤離命令，但看到周遭變得比先前更安靜，官兵們默默無聲、井然有序地跳進海中，也接受了儘管艦長以下的官兵拚命盡了最大努力，結果還是一場空的事實。「久島這傢伙，有順利把玉照帶出來了嗎？」這道擔心念頭，在他腦中一閃而過。

高橋少尉清楚記得的事，就到此為止。

⚓

愛宕號遭受魚雷攻擊時，在正後方航行的高雄號重巡洋艦雷達官橋本少尉，正在他的戰鬥位置——雷達室。他確實耳聞，截聽到了深夜裡敵軍潛艦無線電通訊的報告，很明顯在那之後，艦隊一直受到敵軍貼近偵察。然而關鍵的雷達上卻連個敵軍潛艦的影子都沒有。說起來，橋本就是高雄號的眼睛、高雄號的神經。在他什麼都沒有察覺到的時候，遭遇了敵軍潛艦的攻擊。而且，就在高橋才在雷達室聽到「愛宕號遭到攻擊，正在冒煙」的傳聲後，事情就立刻發生了。

二枚魚雷分別擊中高雄號右舷的一號魚雷發射管正下方，以及舵機室附近。兩次爆炸接連轟然而起，巨大聲響因為連續發生竟然合而為一，響徹黎明的海洋。激烈的衝擊就要把矮小的橋本給吹飛，脊椎骨彷彿快被扭斷，但是他勉強撐了過去。當衝擊跟爆炸聲停下，高雄艦卻像是個生物般，晃動著一萬噸重的巨大軀體，緩緩地、接著微微地傾斜。然後就什麼動靜都沒有了，這反而讓在雷達室的橋本感到害怕、無助。雷達依然毫無反應。

第一部隊的驅逐隊正在狂奔。「就戰鬥位置」、「第一作戰航速」、「準備深水炸彈反潛戰鬥」等命令接連發出。扣掉高雄號、愛宕號的第一部隊巨艦群，收到大和號立刻打出的「青青」信號，[4]一齊向右轉四十五度，繼續前進。井然有序的隊形因此出現紊亂，航跡與航跡彼此交錯，原本平靜的海面因為投放深水炸彈而噴出渦流，攪亂了水面，浪頭揚起碎裂飛沫。擔任護衛的岸波號與朝霜號，一邊繞著圈圈，一邊接近傾斜停航、噴出濃濃黑煙的愛宕號。高雄號掛起紅色的D信號旗（我舵故障），從隊列落

4 譯注：日本海軍旗號通信，意為全體船艦一齊緊急向右轉。

伍。驅逐艦依然在高雄號周圍，持續用深水炸彈對看不見的敵軍潛艦發動攻擊。根據紀錄，總共投下三十六枚深水炸彈。

此時（六點三十七分），右方縱列二號艦羽黑號，在左邊一百六十度方向發現疑似敵軍潛艦的物體。渾身充滿活力的艦務官，長谷川少尉握緊著拳頭心想：「就是那個，是敵軍的潛艦！」艦隊裡有的正直行，有的在轉彎，可以說完全陷入了支離破碎的狀態。

同時間，南海莊嚴的日出來臨。粉紅色的陽光，像手術刀從黑暗的地平線東端劃了進來，眼看著劃出的線就要展開，變成一片黃綠色的面。

愛宕號的高橋少尉發現自己正在逐漸變亮的海上漂浮。他的周圍全是水，沒東西可以抓，當然也沒有可以支撐身體的東西。他感到無助，沒有時間感。他離開重巡洋艦一分鐘了嗎？還是過了一小時？連自己在哪個方向，往哪裡漂都不知道。在艦上的時候他沒有察覺到，但其實海上有小小的湧浪起伏。他在被推上湧的頂端的同時，發現旁邊有艘驅逐艦靠近停著，立刻便朝艦尾慢慢游過去。然而他馬上就切身領悟到，這是等同於把自己逼進死地的選擇。愛宕號官兵游泳湧向驅逐艦兩舷。當時艦隊的新兵補充不如期望般順利，只受過三、四個月的海兵團教育就被派到艦上，也有很多不怎麼擅長游泳的年輕士兵。他們掙扎求助，不會游泳的人互相抓著，海上已經人滿為患。想要拚命鑽出水面者，一下就突然被拉進海底。想要攀上舷側，就被推落，腳被由下拽住，一邊大聲叫著一邊被拋進海裡。海面上下的人們，互相堆疊踢打、拉扯，各自為了求生存而掙扎著。事到如今已經沒辦法了。擅長游泳的高橋，稍微遠離驅逐艦，打算等待時機。結果高橋反而因此抓住了自己的「生機」。

在他緩緩遠離驅逐艦之後，命令立刻從驅逐艦艦橋的擴音器傳出：「要開動了，遠離！」「本艦現在開始前進！」在海中的官兵大吃一驚，無法理解驅逐艦為何丟下他們。然而可能是出於軍人的驕傲，沒有人當場喊出「救命啊！」官兵們默默地服從命令，離開艦艇。驅逐艦從這些沉默的落水者上方猛然航行前進，友軍船艦撞死隊友官兵而去。在遠處海面，看著此情景的高橋並不知道，那艘是岸波號驅逐艦，是為了救助愛宕號上的司令長官栗田中將、參謀長小柳少將等旗艦司令部的人員而靠近，在結束收容包含長官在內的幕僚後，就受命前進了。高橋面無表情，默不作聲地轉開視線，注視著就要跳出地平線，顯得格外耀眼的大太陽。太陽讓離去的大艦隊，看起來像浮在深藍色海洋與天空的彼端。

⚓

六點五十三分。傾斜超過五十度的愛宕號巡洋艦，桅頂還掛著中將旗，露出丹紅色船底，然後沉入水中。鋼鐵做成的巨艦，像紙船般一下子就翻覆沉沒。

儘管遠去的各艦一直喊著：「別看那些被幹掉的艦艇！」但艦上卻載了好幾個動不動就疏忽自己本來任務、茫然地想回頭看一下後方，臉上面無血色的人。各艦急切地用大角度進行之字航行前進，必須趕快逃離敵軍潛艦潛伏的海域。隨著雷達的發明，日本艦隊面對海底的潛艦，陷入無法抵抗的狀態。然而現在又被另一股看不見，名叫命運的力量壓潰，艦隊的士氣漸漸衰落。日本艦隊在出擊後還不到二十四小時，就失去了旗艦。

但是看不見的力量並未停止襲擊。緊接在武藏號的桅頂揚起表示一起轉彎的旗號通信，後續的羽黑號配合轉彎之後，羽黑號艦橋在正左邊發現兩道魚雷軌跡。但是因為發現得早，也很快做好即時反應措施，羽黑號向右打滿舵，艦尾擦身躲過魚雷。西邊的海洋烏黑一片，太陽從東方的海洋天際露臉，像是灑了金色顆粒般一直線地發光。長谷川清楚看到冒著泡泡的魚雷航跡穿過那些陽光線條，從左邊向右衝去。他就這樣視線追著魚雷從左往右看，看見在羽黑號的右方，魚雷前進的方向上，摩耶號巡洋艦像是流水一般順暢地航行，露出精悍的身影。因為他嚇到屏住呼吸，沒有發出來聲音，長谷川心想，羽黑號會不會擋到摩耶號，以至於來不及發現魚雷？

六點五十九分，摩耶號中了四枚魚雷，在二分鐘後爆炸沉沒。水柱飛騰，瀑布般的飛沫包覆了艦艇的身影——摩耶號急遽傾斜，艦首、艦尾大大的張開、撕裂，一瞬間就沉沒到海中，以紺碧的天空為背景，軍艦旗隨著朝風飄揚，依然在空轉的螺旋槳在朝陽下，閃閃發光。

⚓

摩耶號爆炸沉沒的樣子，從緊跟在後方的武藏號戰艦上望得一清二楚。那是一瞬間發出的閃光，還有像是要柔腸寸斷般的轟然聲響，然後巨大的水柱慢慢地，像是故意拖延般，平緩地往海面落下的情景。一萬噸的重巡洋艦，在傾盆而下的飛沫中翻騰，摩耶號的巨大軀體，隱沒進帶著褐色的黑煙中。摩耶號的生還者在煙霧散去後的海面上，像是小小的桶子浮著一樣，零零散散地漂流。

武藏號的第二機槍群指揮官望月幹男少尉，對此情景留下了鮮明的印象。因為太過鮮明，他反而不覺得不真實。在他眼中，以清晨的天空為背景的摩耶號之死，過於燦爛奪目，甚至是美麗的。讓人有一種是否在看一段電影場景的錯覺，若把底片倒帶的話，沉沒的摩耶號會不會再浮起來，雄壯地推開狂瀾，從地平線另一端出現呢？然而，陽光閃耀刺眼，這情景不可能是幻覺。

在摩耶號正左邊一千五百公尺擔任護衛的早霜號驅逐艦，也發現了與羽黑號所目擊的另一條不同的魚雷軌跡，然而早霜號已沒有餘裕通知摩耶號。魚雷實在太過密集，毫無間隙。奇蹟終究沒有發生。通信官山口少尉一面咬緊牙齒，咬到太陽穴附近都覺得痛了，一面遠遠眺望著或是跌倒，或是滑著想要逃生的官兵，從巨艦的舷側被灑落到海中。不僅是山口，其他早霜號的官兵也幾乎飽嘗一樣的悔恨，看著摩耶號沉沒。

在捷一號作戰發動前夕，驅逐艦早霜號與僚艦秋霜號都在馬尼拉港，預定要參與運輸船團的護航任務。在出港前夕作戰行動開始，兩艦獲命到汶萊灣集合。在當時從馬尼拉前往汶萊灣途中，就在如今摩耶號沉沒的海面上，兩艘驅逐艦為了躲避敵方潛艦的魚雷攻擊，在此進行深水炸彈反潛戰鬥。那是在四天前，十九日中午左右發生的事情。儘管早霜號與秋霜號都投下了十幾枚深水炸彈，但在未能確認有擊沉敵軍潛艦之前，就離開了戰場。

戰後，山口去翻查美軍紀錄。根據上面記載，當時的潛艦是刺尾魚號，該艦戰鬥日誌上寫著：「發現兩艘敵軍驅逐艦，以魚雷攻擊，無效。遭深水炸彈攻擊，無受損。」

當時的回憶，帶著猛烈的憤怒又復甦了過來。山口腦中閃現一道念頭，認為「就是那艘潛艦，就是它擊沉了摩耶號！」山口悔恨為何當時沒有徹底攻擊。他的憤怒，倒不如說是針對自家海軍的理想狀態與戰術。日本海軍總是斤斤計較，考慮再三才丟深水炸彈。山口想，隨便抓一個人問，不是都知道說美軍潛艦只要發射魚雷，一定是全力射擊；美軍驅逐艦若發現日本潛艦，就會整天纏著，像下雨一樣丟出深水炸彈嗎？而且我軍的早霜號應該也做得到這點，一股懊悔從他心裡湧了上來。

此時，一名下屬士官突然對少尉說：「秋山中士以前好像是通信官的老師呢。」他才放鬆了些。因為沒那麼緊張了，山口想起自己必須要做的任務。山口告訴自己，在戰場上，保持平常心才是最重要的。

⚓

羽黑號的艦務官長谷川，在把視線投向摩耶號沉沒海面的同時，沒來由地想起了幾位同學的容顏。期間，東鄉良一中尉的容顏浮現了又消失。他不僅是東鄉平八郎元帥的孫子，還是帝國海軍裡幾乎無人不曉的名人。他完全不甩軍紀，天真浪漫的德性，不斷惹惱熱衷堅持舊式軍人精神的將軍們。據說他在官拜少尉時，還曾經因弄丟短劍，把該稱作是海軍之寶的元帥祖父的短劍拿來掛上代替，嚇壞多位長官。

看到摩耶號爆炸沉沒的慘狀，算是軍神孫子的他，該不會沒被救起吧？想到這裡，讓長谷川感到有點寂寞。

事實上，東鄉中尉此時已經陣亡。然而摩耶號的槍砲官池田卻存活下來，在積了厚厚一層油汙而變得黑漆漆的海面上漂浮著。很幸運地，他的戰鬥位置沒有被直接擊中。活著在海上漂流的池田發現，跳進海裡時，原本應該掛在脖子上的望遠鏡，不知在什麼時候掉了。這樣子要游泳反而變得輕鬆一些，反而是鞋子礙事，就把鞋子脫了丟掉。兩隻鞋子螺旋一般旋轉著緩緩下沉而去，池田突然產生錯覺，覺得鞋子像是代替自己沉了下去。海水受到太陽反射變得微溫，好似與溫開水無異。

⚓

愛宕號、摩耶號爆炸沉沒，高雄號嚴重損傷。第四戰隊四艘重巡洋艦，有三艘一舉被敵方潛艦奪下。「漂浮的城堡」連一發砲彈都沒打到雷伊泰灣裡面，就在第一艦隊僚艦眼前沉入水裡。位在後方六公里處，以金剛號、榛名號為中心的第二部隊十三艘船艦，繼續快速邁進。不論第一艦隊發生什麼事情，他們無從得知詳情，就算知道，也無計可施。然而，若是從每一位官兵角度來看，又是另一回事了。他們與親眼看到艦艇沉沒的第一部隊官兵不同，受到更不祥的強烈衝擊。

第三戰隊的戰艦榛名號通信官榊原梧朗少尉，自從汶萊出擊以來，一直過著繁雜且片刻不能鬆懈的忙碌時光。通信官的戰鬥早在敵人現身，戰火開始之前，就已經持續進行。不僅一定要處理我方的通訊、訊號，還必須截聽敵人的電文。在出擊前，通訊、情報就像洪水一樣湧進電訊室、密碼室。現代戰爭確實是通訊戰。榊原記得很清楚，那天早上有一篇通報的內容是：「有潛艦潛航聲響，警戒。」

在愛宕號被魚雷擊中的第一道通報傳到電訊室時，榊原剛結束值更，手空了下來，在旁邊的器材上休息著。一聽到消息，他立刻衝上艦橋，用望遠鏡小小圓圓的視野，尋找第一部隊各艦的艦影。然而他看見的，是無風無浪，平穩的南國清晨海洋。幾分鐘後，一直張大眼睛看的榊原用望遠鏡，在地平線的對向捕捉到了像是把捲菸立起來一樣的白色水柱。少尉看到的變化，宛如在看默劇電影一般，如此安靜、微小，令人無法認為「這是戰爭啊」。這幅情景，根本讓二十歲的榊原無法想像那裡將有數百人死亡。

在艦橋上，不知道是誰帶著灰暗、低沉可怕的音調嘀咕說了句：「又被幹掉了吶。」

⚓

報告第一部隊損失情況的簡單電文，也傳到身在第十戰隊第十七驅逐隊驅逐艦磯風號，同為通信官的越智弘美少尉那裡。越智少尉在聽到「就戰鬥位置」的警報聲時，衝上艦橋，站在瞭望哨兵與信號手這些下屬後方。他在異常緊繃的氣氛中，像冷靜的外科醫師般不帶感情，從處理密碼電報的密碼員交給他的電文裡，挑出第一部隊損失狀況的電文，逐次向艦長與航海長報告。這段期間他依然試圖保持像是沒有熱血流動般的冷靜。

在幾封這樣的緊急密碼電報中，有寫著「愛宕、摩耶被魚雷擊中沉沒」的電報。越智的目光立刻繼續朝下，看向依照時間仔細記錄這些事態推移的航海日誌。上面只簡單地寫著「愛宕沉，摩耶沉」。看著用片假名記下的區區幾個字，一陣讓世界變得黑暗的悲傷，湧上了心頭。他感到一股即使官兵的勇氣、忠誠，滿溢的鬥志也無法對抗的巨大力量在作用，那應該就是命運。那股力量壓碎了想要全力戰鬥的諸多官兵的決心，也壓碎祈求他們平安的親人與戀人的祈禱，把許多人逼向死亡。越智在短短的幾個字裡面，感受到了命運的無常，人類力量的不可靠。

然而，不能一直耽溺在個人的情緒中，密碼電文還在連續送達，要加以解讀並分類。其中有寫著將旗艦司令部移至岸波號的內容。看見這封電文時，越智不禁因為指揮官與司令部無事而感到安心，但也不由得心生諷刺之想：大人物總是死不了啊。稍後，寫著高雄號無法航行的電報，啪地傳了進來。

4

在栗田艦隊陸續失去重巡洋艦，陷入混亂之際（六點三十分），在呂宋島北方海面的小澤艦隊解除警戒航行序列，重新編排成防空警戒序列隊形。

栗田艦隊如果依照預定計畫東進，在明天二十四日，就會進入在呂宋島東方海面作戰的敵軍特遣艦隊制空範圍。是故，小澤航空母艦機動部隊必須把敵軍的注意力從主力部隊——栗田艦隊處引開，讓他們攻擊的方向改朝向北邊。因此，小澤艦隊被要求得達成的必要任務，就是在明天早上之前抵達呂宋島北邊二百五十海里的地點。也就是說，全軍覆沒的危機就在明天。不，不能樂觀成那樣。弄不好的話，可能今天就會全軍覆沒了。敵軍特遣艦隊應該在呂宋島東方，如果藉由潛艦通報等方式，讓他們得知小

機動部隊本隊（小澤）
10月24日警戒隊形

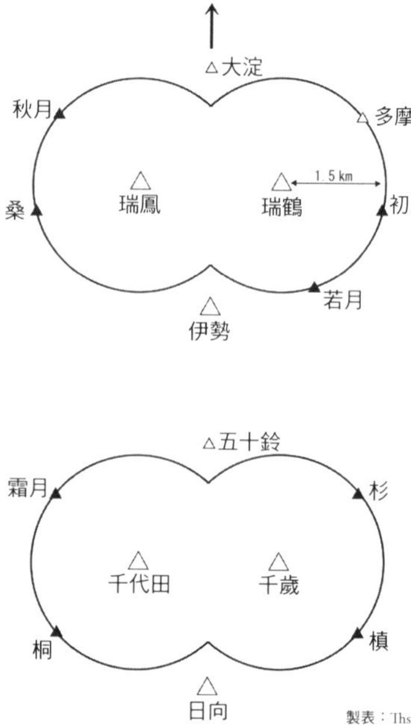

製表：Thsbhseven

澤艦隊的位置而往北方移動，決戰或許不必等到明天，而是馬上就會到來。儘管這次是為了全軍覆沒所進行的破天荒出擊，但是如果發生那種預期之外的戰鬥，就不能達成誘餌作戰的目的了。捷一號作戰的最終目的，是栗田艦隊要在二十五日黎明攻進雷伊泰灣。其他行動，是以此時間為基礎，往回推算決定的。

小澤艦隊期盼作戰能夠成功，天還沒完全亮，就往南方大範圍地劃了十二條偵察路線，十二架偵察機從四艘航艦起飛。寂靜暫時維持了一段時間。差不多過了一小時之久，傳來前方一百五十海里處出現敵友不明飛機的報告，艦隊就戰鬥位置。接著，在得到愛宕號、摩耶號沉沒的消息後，小澤中將進一步將艦隊分成防空效果更佳的防空警戒序列，也就是兩支小部隊。前衛以日向號、伊勢號航空戰艦為中心，加上秋月級防空驅逐艦秋月號、若月號、初月號、霜月號共六艘。主力部隊以航空母艦瑞鶴號（旗艦）、瑞鳳號、千代田號、千歲號為中心，加上輕巡洋艦大淀號、多摩號、五十鈴號。驅逐艦則是所謂「雜木林」的松級桐號、桑號、槙號、杉號，共十一艘。兩支編成圓形編隊的軍艦，在嚴密的防空警戒下。航向二百四十五度方向，南南西。

擔任前衛行進的第四航空戰隊二號艦，伊勢號的標定官高田芳春少尉，看著走在前方的日向號艦尾，對自己在預期的戰鬥中所負擔的任務，心中懷著不少不滿。說得誇張點，就是針對自己被派到伊勢號這艘軍艦上的不滿。

儘管伊勢號與日向號兩艘巨艦都屬於速度慢的舊型戰艦，但因昭和十七年（一九四二年）中途島敗戰後的航艦大增強計畫，被改裝成半航空母艦。艦艇前半部，是有八門三十六公分砲的戰艦；後半部重生變成有飛行甲板與機庫的航空母艦。副砲全部拆除，多加了高射砲與防空機槍，這是所謂的航空戰艦構想。儘管如此，艦尾的飛行甲板結構怪異。飛機起飛是使用飛行甲板上左右兩台彈射器發射，一經起飛就再也無法降落回艦上，然後艦載機數量上限是二十二架艦載轟炸機。

此舉的目標確實有趣。兼具小型航空母艦能力與戰艦大砲威力的軍艦，是日本海軍的獨創，在世界海軍史上獨一無二。高田對此就稍有不滿了。高田負責在隆隆震響的主砲砲擊戰鬥中，測量與敵艦之間的距離、速度的標定工作，也就是要在伊勢號前半部進行的戰鬥。在跟敵艦進行激烈的主砲戰鬥時，高田的主砲測距儀才會發揮力量。儘管他也擔任雷達官，但若是敵機布滿艦隊上空，雷達官的主要武器——雷達，也沒什麼用處了。而且接下來參與戰鬥的伊勢號，預測只會是一肩扛起與敵機開打的海空戰。如果伊勢號是單純「戰艦」的話，應該就可以攻進雷伊泰灣，發揮她巨砲的威力。就是因為多擔任了「航空」的任務，就被排除在主力進攻部隊之外，令人遺憾不已。

高田對自己的生命並沒有執著到那種程度。儘管是因為首次上陣而有些不安，但對死這件事卻沒什麼好看不破的。對於「當誘餌」這項任務，他也感受到某種程度的男子漢式犧牲精神。不過他對連一件武器都不拿，一點抵抗都不做就白白被殺，有很強的抗拒感。然而面對在空中亂舞的飛機，主砲測距儀跟雷達確實無用武之地。當時他做夢也沒想到，派任到高雄、愛宕還有摩耶的幾位同學，在毫無抵抗之下就已經生死殊途。在無所作為之下，就離自己生命遠去，對二十歲的年輕人來說是無法容忍的，他只是不想白白死去。因此他自出擊以來，就在此與下屬埋頭保養準備好的陸戰用機槍。儘管用常識想也知道，要在奔馳的軍艦上，用沒有固定基座的機槍擊落像飛鳥般的敵機，實在是空想，然而這樣至少不是毫無抵抗赴死。高田對自己的處置，還有奮戰精神感到相當滿足。

有位預備學生出身的少尉，非常羨慕能夠專心保養槍械的高田。他是飛機的保養軍官。從日本出港以來，他在伊勢號上並沒有能讓自己全心投入的工作。如果高田的任務是在艦艇的前半部進行，他的任務就限於後半部了。他的工作，是替艦載轟炸機做好萬全準備，並將之當成自己鬥志的證明，跟著攻擊敵人艦隊的命令一起彈射出去。然而，在上陣之際，那些飛機一架都沒有裝載到伊勢號上來，飛機跟飛行員的數量早已見底。伊勢號在出征前就喪失了自身一半的戰鬥能力。儘管如此，飛機的維修人員，依然根據艦艇還具完整戰鬥能力的假定之下，跟隨艦艇出海。

這位預備少尉曾像是同病相憐般地對高田抱怨說：「我被長官講說……嗯，開戰的時候，就好好觀摩吧，但是……」他一邊說，一邊用羨慕的眼光看著高田慎重地擦了又擦的陸戰用機槍。高田慌忙地把槍收起來，心想現在不是同情別人的時候，但進一步又替想要表現出無情的自己感到有點膚淺。

如同伊勢號的高田是初次上陣，日向號航空戰艦的右舷三號防空火砲指揮儀指揮官，中川五郎少尉（舊姓黑田）一樣也是首次上陣。他被些許的不安所糾纏，不知何謂戰鬥，不知戰鬥會如何發展。他也因為伊勢號、日向號沒有參加阿號作戰，覺得自己落後於同學而懊悔，但天生性格直爽的中川，不看場合就吐露出對初次上陣的不滿。他情緒激動，幾乎就要脫口說出，就是因為他沒有參加，所以阿號作戰才會落到慘敗收場的。

另一方面，他也在出擊前被艦長告知，這次小澤艦隊的任務是要「當誘餌」。而這件事似乎符合他自身想要全力向前衝的性格，讓他感到高興。當個無名英雄，默默地為人犧牲，一句怨言或藉口都沒有，就像個男子漢。他的內心是否就像吹過艦艇的風一樣爽快呢？跟伊勢號的高田不同，這或許是因為在戰鬥發生時兩人所處的位置不同，中川在可傾全力作戰的崗位。他負責指揮四門二聯裝高射砲，是全艦聯裝高射砲四分之一的數量。二十歲的他將要指揮防空火砲指揮儀，這項他曾在訓練中傾盡全力學習的系統。

就這樣，在中川讓堅定的鬥志充滿他年輕有活力的眉間時，位在前桅樓大約中間部位的艦橋上，第四航空戰隊司令官松田千秋少將、日向艦長野村留吉少將等高層，正因為意外且帶點幽默的天降禮物而放鬆了緊繃的表情。一名士官很慎重地抱著一隻落下來看似老鷹的鳥，上到指揮所。在意兆頭是船員共同的心理，就像大和號的市川看到大海龜感到祥瑞之兆一樣，一隻鳥緩和了艦隊緊繃的神經。很可惜，那隻鳥並不是老鷹，而是貓頭鷹的雛鳥。老鷹是祥瑞之鳥，據說曾在日本海海戰時降落到旗艦三笠艦上。如果是貓頭鷹的話，那就不值一提了。此時野村艦長臨機應變，說了個雙關語：「貓頭鷹跟老鷹是差不多的好兆頭啊。敵軍特遣艦隊是要被貓頭鷹抓的老鼠啦……」[5]艦橋上笑聲大起。

小澤艦隊全體軍官未必都有被明確告知「這次任務要有全軍覆沒的心理準備」。有些軍官只被告知是普通的佯攻作戰。儘管瑞鶴號航海官近松正雄少尉知道要扮演誘餌角色，但是他想都沒想過自己的船艦會沉沒。反而是熱烈燃燒著攻擊精神，想說運氣好的話，要引出敵軍航空母艦特遣艦隊，幹掉其中一兩艘。對這位年輕的少尉來說，敵軍特遣艦隊正是貓頭鷹要抓的老鼠。

小澤艦隊縈繞著緊張的氛圍向戰場邁進。沒有接獲偵察機發現敵軍航空母艦的通報，也沒有解除防空警戒陣形，而且全員已就戰鬥位置。讓這支艦隊悲傷的，是十點半過後，傳來主力栗田艦隊損失三艘重巡洋艦的報告。但終究所有人已覺悟，聯合艦隊的全體艦艇是會全軍覆沒的，光失去一兩艘，不會撼動艦隊的士氣。全艦隊官兵的鬥志中，情況的嚴峻程度也在不知不覺間被埋沒，消散無蹤。

5

坐鎮大和號的第一戰隊司令官宇垣纏中將，在上午八點三十分，接獲平安換乘到岸波號的栗田艦隊司令長官命令，在等栗田換乘到大和號之前，由宇垣中將負責指揮全軍。宇垣中將立刻向全軍傳訊，明示指揮權所在。在此之前，因為失去愛宕號而不知所措、不曉得該關注何處的全軍注意力，至此轉向作為海軍象徵的巨艦——大和號。大和號本來該作為雷伊泰灣這種海戰的核心。但自開戰以來只有擔任次要行動的份，巨砲徒然地指著空蕩蕩的天空，然後在這次該說是賭上一切的最後大作戰中，原本一直慢吞吞地跟在第一部隊最後方的巨艦，如今終於挺立在全體艦隊的最前方。

宇垣中將的命令俐落地傳向四方。在整頓好亂掉的第一部隊陣形後，就下令加速到二十四節，在嚴重受損的高雄號所漂流的海面留下三艘驅逐艦，一面護衛一面救助同樣在波浪中漂浮的愛宕號與摩耶號官兵。並進一步對聯合艦隊、小澤艦隊、南西方面艦隊以及軍令部總長通報清晨的噩耗，但明言表示將依照預定繼續執行作戰計畫。

後續的第二部隊也加速，並加強反潛警戒，頭也不回地通過愛宕號與摩耶號沉沒的海面。各艦採取萬全警戒體制，確保不讓砲塔動力的油壓幫浦、柴油引擎、大砲與魚雷用的壓縮空氣幫浦、大砲試轉等發出多餘的聲音，要盡早捕捉到敵軍潛艦魚雷發射管、螺旋槳作動的聲響，每艘船都全神貫注、試圖通過巴拉望水道。

5 譯注：貓頭鷹（梟，ふくろう）音近袋（ふくろ），而袋の鼠意指身陷無法逃脫的狀況。

在戰鬥結束，艦隊離去之後到來的奇怪寂靜，降臨在慘劇發生的海域，像是要將其包覆起來。死者是連一句話都不會說的。至於生還者，一開始還精神很好地唱著歌，現在都沉默了，體會著自己還活著、不可思議的真實感，在意還有誰沒死，大家各自在這邊圍成一群，那邊也湊成一團地漂浮著。

為了恢復自身動力航行，重巡洋艦高雄號全體團結一致進行緊急處置。高雄號的雷達官，橋本少尉慶幸自己沒有掉到水裡，但他的心情壞到底了。他認為如果照著字面上的意義，若是全軍發動特攻，那為什麼全艦隊沒有採取最短路線衝過去？如果早有計畫在潛艦最容易發動攻擊的黎明時分，通過這危險的狹窄水道，造成這種結果不是理所當然的嗎？這些想法不斷湧上心頭。至今為止的戰鬥也都是這樣，無法在狀況有變時臨機應變，就只是一味照著作戰計畫強行實施，結果自取滅亡，這不就是聯合艦隊的德性嗎？而且一直當成準則的，不過只是一廂情願地樂觀預測。橋本切身感受到，光靠精神力量是贏不過科學的。橋本對敗北的實際感受，帶著悲痛的自我批判。

在橋本的那般反省之外，中了魚雷的高雄號必須緊急修理。幸好沒有發生火災，砲彈、魚雷也沒有殉爆。雖然舵機遭到破壞，但是因為船舵固定在中線，所以只要調整左右螺旋槳的轉數就還能航行。但是十二個鍋爐鍋筒當中，有四個雖然倖免於難，卻不幸因為淡水水槽龜裂而漏水，無法點燃鍋爐。必須先修理水槽，淡化海水，否則無法啟動主機。對敵軍潛艦來說，停止的艦艇是比訓練用的靶船更容易得手的獵物。高雄號的苦戰還要繼續下去……

愛宕號上擅長游泳的高橋，在高雄號漂流的海面上，照著訓練教的，在海面上仰面朝天發呆漂浮，倖存者在安靜浮。明明艦上沒有裝載任何可燃物，卻有很粗的木頭載浮載沉。高橋記得他順利抓到了木頭，但不記得是什麼時候了，期間他還遇到渾身沾滿油汙，在奮力游泳的艦長荒木傳。他做了一個滑稽的敬禮動作之後，同時將木頭交給了艦長。之後高橋一直面朝天空，自顧自地在海面上漂流。

友軍驅逐艦投下的深水炸彈，像遠處雷鳴的轟響時而傳來。高橋認為他還有被救起的機會，他若用腹部朝下，像蛙泳的方式漂浮的話，會因為深水炸彈爆炸時的水壓傷及腹部，但用踩水立泳的姿勢，又可能導致肛門受傷。為了護衛高雄號而留下來的三艘驅逐艦——長波號、朝霜號、秋霜號，繞著圈圈打轉，好像是想起自己還在敵軍潛艦活動的海域，而持續以深水炸彈攻擊做威嚇。所以高橋靜靜地活動手腳，在宛如微溫開水的海面上，看著天空漂浮。

太陽在頭頂高處，送來燃燒般的熱線，閃閃照耀。光線在海面反射，向眼睛突刺而來，陽光似乎不打算繼續讓高橋睡下去。高橋心想，我現在活著，但久島人呢？天皇玉照最後怎麼了？我「現在」活著，但是他不會死了吧？我「現在」是活著，但不是「總有一天」要死嗎？高橋冷靜地想，覺得「現在」活著，就是為了「總有一天」要死。他開始感到大海正一點一滴地將自己殺死。

⚓

在同一個敗北海域的遠處，摩耶號的池田抓著艦橋地板建材的格柵板漂浮著。旁邊有人緊抓著破損的艦載機浮筒，有人想要攀上木材卻滑落水裡，那些人聚集成一群，而遠處還有另一群，他們默不作聲地漂浮著。圍繞他們的，只有無限延伸的廣闊天空的深藍色與海洋的藍色，而且一直延伸到兩種藍色交融成同一色之處。

對活下去感到的無力、絕望，還有對死亡的渴望，隨著時間經過開始支配這片海面。在池田旁邊，抓著木材的士兵留下一聲慘叫，像是綁著沉錘般，咻地一聲被吸進海底深淵。其中也有人開始發狂，一時之間喃喃吐出完全語無倫次的語句，語句結束，失去抵抗力的肉體便沉了下去。

確實有許多人在生死之間痛苦掙扎，此刻生死比輸贏更重要。在摩耶號的池田心裡，對死亡的恐懼、覺得「會不會就這樣被拋棄？」的不安是揮之不去的，愈是想加以清除，就愈是大力浮現，這些不安封印在他的身心靈，束縛了手腳的動作。連在失去許多屬下的馬里亞納海戰時，「自己會死」都只是曾浮現在腦海中的想法，現在突然挾著強烈的真實性，壓在菲律賓海漂流的自己身上。所謂抵抗力量，就是想活下去的意志，池田果敢地向死亡的陰影挑戰。他絞盡所有力氣喊出聲音：「喂——大家打起精神來啊！」

但是，誰都沒有回答他……

6

當落水者在跟死亡的恐怖與不安戰鬥時，小澤艦隊則在北方海域應付虛幻的敵軍。近中午前，就在終於加強敵前防空訓練的要求時，日向號的警報突然響了起來。雷達室傳來報告——「敵軍編隊在右邊九十度方向，距離一百五十公里。」艦橋開始一陣騷動，憂慮的事情成真了。如果在預定的決戰日前就全軍覆沒，便無法達成當誘餌的重責大任。戰鬥人員跨上了砲座。

防空火砲指揮儀指揮官，中川少尉那因為加強訓練而啞掉的嗓子，大聲地喊出命令「把砲口朝向天空中間」，他的拳頭也用力緊握住指揮棒。接著經過了十分鐘，傳來通知：「剛才的警報是把海鷗誤認成敵機了。」

中川怒罵：「渾帳東西！」海面無波，令人感到渾身不自在。悶熱的氣溫，帶著能輕易濕透內衣的南洋濕氣。在他不眠不休，滿是汗水的臉上，清楚地顯露出，就算是年輕力壯的臉龐也無法完全藏住的焦躁神情。

7

同樣地，令人焦躁的緊張感覺，也重重壓在栗田艦隊身上。從上午十一點到下午二點半之間，各艦分別送出多達七次發現潛艦的報告到大和號。其中一次還對著敵軍潛艦的幻影，派出了重巡洋艦搭載的飛機，並由驅逐艦投下深水炸彈加以猛烈攻擊。因此，栗田艦隊司令部最後沒有達成原訂於下午一點，換乘到大和號的計畫，宇垣中將繼續暫時擔任總指揮。從整體作戰來看，延遲換乘不會造成什麼重大影響，然而……

此時，武藏號的艦內擴音器，向全體官兵播送從大和號通報的報告。內容是，留在愛宕號與摩耶號中雷海域的驅逐艦朝霜號，救起了愛宕號的全體生還官兵（那些沒有被岸波號收容而留在海上者），秋霜號救助了摩耶號的生還者。也傳達了驅逐艦長波號與朝霜號，獲命護衛嚴重受損的重巡洋艦高雄號返航，三艘艦艇將離開中雷海域，退回汶萊的消息。武藏號的機槍群指揮官望月少尉，感覺像是放下心中大石般地安心，並豎耳傾聽通訊。這樣一來，第四戰隊的重巡洋艦就只剩鳥海號一艘，而且也少了兩艘驅逐艦。但是，望月號也有著堅決要達成傾全海軍之力發動總攻擊，達成捷一號作戰的毅力。就算隊伍減少了合計多達五艘友軍，但是威風凜凜的武藏號，已經成為心裡深處的鎮石，望月並不怎麼在意少了那五艘的戰力。

「總之，天氣好到刺眼啊。」

這就是那天望月的實際感覺。

下午二點半，驅逐艦秋霜號，單艦帶著猛烈的氣勢追上持續用之字航行前進的栗田艦隊。秋霜號在戰鬥海域停下，仔細撈起一個個游泳的官兵，直到最後一人。二千噸的驅逐艦，從前後甲板、砲塔到魚雷發射管，所有空間都坐滿渾身油汙、穿著戰鬥服，筋疲力盡的摩耶號官兵，這艘驅逐艦單槍匹馬衝破敵地而來，追到艦隊所在海域。

摩耶號的生還者計有軍官四十七人、士官兵七百二十二人。他們收容在全艦編制才二百二十二人的驅逐艦，彷彿像是虛脫一般，在甲板上坐著動也不動。就算失去了自己的軍艦，他們到死為止都必須是個戰士。據說秋霜號官兵也用盡全力要讓他們恢復精神，用巨大的金屬洗衣桶裝滿飯、梅干跟醃蘿蔔堆得像山一般，讓他們用手抓來吃。首先必須處理獲救之後的飢餓感，在喘吁吁地吃著飯的士兵當中，可以發現摩耶號槍砲官池田少尉的身影。喝了大量油汙的池田身體異常，衰弱到連食物都無法吞下，但總之他獲救了。

派到秋霜號驅逐艦擔任通信官的同學，嘉屋本茂之少尉用粗壯的聲音為他送上衷心的祝福。池田因為這道聲音，成功再度確認自己還活著。

栗田艦隊完全離開危險的狹窄水道。前進方向為零度，往正北方前進。下午開始颳風，海上起了白浪，各艦破浪前行，但為了節省燃料而減速。時間接近出擊以來第二天的黃昏，栗田艦隊的官兵沒有任何一人獲得完全的休息，被擊沉的愛宕號、摩耶號，大顯身手的秋霜號等艦艇官兵當然更不用說。官兵就算有睡覺，也只是輪流躺在冰冷的鋼鐵地板上，短暫打個盹而已。這些二十歲的年輕少尉，從臉頰到下巴都長出短短的鬍碴。

下午四點半左右，揚著指揮官將旗的岸波號發出栗田司令部開始換乘的信號。大和號減速等待岸波號靠近左舷，同時秋霜號也為了要讓摩耶號的遇難者換乘到武藏號而靠了過來。驅逐艦以兩艘巨艦為中心，繞著巨大的圓圈進行反潛警戒。大和號為了把靠近的岸波號給拉過來，投下了好幾條纜繩。海面看似要起暴風雨，海面波浪起伏很高，岸波號上下晃動劇烈，換乘工作並不容易。小小的驅逐艦岸波號的桅杆，看起來勉強只有到大和號舷側的高度。大和號放下了繩梯，以栗田長官為首的司令部人員抓著繩梯開始爬了上去。

大和號槍砲官市川少尉，來到距離副砲指揮所附近的左舷甲板上，帶著緊張的心情看著耗時的換乘過程。心情緊張的不只有市川一人，整艘大和號，連艦帶人都被屏息般的緊迫感所包覆。這時如果遭到潛艦魚雷攻擊，就代表形同停止的巨艦沒有任何手段躲避。

……就在此時，瞭望哨員高昂的呼吼聲，撕裂了緊張的空氣。

「魚雷軌跡右方九十度！右方九十度魚雷軌跡。」

市川在那裡看見的，正是在冒著泡泡的海面下，劃著淺白色直線逼近過來的一道魚雷軌跡。市川屏住呼吸，睜大眼睛凝視。打中艦體側面了嗎？但是魚雷不只沒有點火爆炸，連微小的衝擊都沒有，深藍色的海像是什麼事都沒有一般蕩漾著，一望無際地展開。這瞬間發生的意外，讓人搞不清楚狀況，呆住了。市川茫然地想，應該是海上旋風的惡作劇，或者是魚雷失效沉沒了。

8

愛宕號高橋少尉在體力與精神快要見底的時候，被驅逐艦朝霜號救起。他連冰冷、喘不過氣的感覺都感受不到了，只能聞到燃油的氣味，不時喘不過氣，幾乎快要忘了自己還活著，但他持續保持著自己不可能會死的奇妙樂觀想法。儘管如此，腦袋仍然一片空白，有時還懵然於究竟自己是為了什麼而活著。就在這時候，朝霜號前來將他撈了起來。

舷梯從舷側降了下來，高橋心想「終於來了」，抓住舷梯。他感覺腳像圓木材一樣，想動卻動不了。高橋沒有辦法，只好直接只用手爬上甲板。感覺快要爬到甲板上時，潸然淚下。他並不是特別高興或悲傷，這些是因情緒激動而落下的眼淚。高橋就這樣呆滯地在上甲板看著平穩的海洋，還有浮在海上閃閃發亮的油汙。

在終於恢復力氣，進到官廳時，他得知天皇與皇后玉照平安無事。據說是通信科的資深士官，撿到在海面漂浮、裝在棉布包裡的天皇、皇后玉照。士官背著棉布包游泳，最後被朝霜號收容。高橋此時得知久島少尉陣亡的消息。久島身在艦橋，在那個緊急的時候，也確實盡了被賦與的義務。把天皇玉照收進桐木盒子，裝到棉布包牢牢背著。但高橋覺得，這算得上什麼慰藉呢？他憤怒到像是全身都在顫抖。好似倒轉人生的電影底片一樣，回想起以司令長官為首的司令部幕僚被救起後，就開動離去的岸波號，那漆黑兇猛的身影。久島是因為這樣才死去的，只有天皇玉照——脫離了久島身上、浮起來的桐木箱被救起，現在被放到高橋眼前……

愛宕號的生還者，計有四十四名軍官，六百六十七名士官與士兵；全艦人員約三分之一陣亡。

當黃昏的幽暗降臨海面，高雄號總算恢復到能夠用自身動力航行，由朝霜號與長波號兩艘驅逐艦守護左右，開始向汶萊行駛。在艦艇動起來的時候，高雄號雷達官橋本少尉心想，自己的戰鬥就要這樣結束了嗎？比起獲救的安心感覺，更多空虛湧了上來。總之，他跟愛宕號的高橋，朝霜號的矢花都在決戰揭開序幕之前，就黯然地離開舞台。此時許多栗田艦隊司令部的參謀人員、通信官、密碼員，轉搭上朝霜號，他們無法參加之後的戰鬥。這會造成什麼影響，這個時候沒有任何人能預料。

9

就這樣，在高雄號與兩艘驅逐艦朝向汶萊西進的下午六點左右，要從澎湖馬公港奔向雷伊泰灣的志摩艦隊，為了要在攻進雷伊泰灣前做好準備，進入菲律賓科隆灣補給燃料。硬要說的話，擔任輕巡洋艦阿武隈號通信官的有村政男少尉，性格頗為樂天。他很乾脆地認為，這次志摩艦隊的任務，是在二十五日拂曉時攻進雷伊泰灣，只要這樣就夠了。所以他對自己所屬的第一水雷戰隊司令部的司令官與那些參謀，為了是否要進科隆灣而慌慌張張，幾乎不怎麼關心。他堅信，就算他很在意，但最低階軍官做得了的事情，了不起就是被學長吼說不要多心，努力做好能夠因應戰鬥的訓練。

在有村少尉對上級慌慌張張的動作不理不睬時，志摩艦隊司令部在大老遠跑來的科隆灣，又遇到可能會讓士氣下滑的事情。根據電報接到的命令，已經訂定要在這處海灣補給燃料後再前往蘇里高海峽。然而可能是因補給安排出錯，連一艘油輪的影子都找不到。志摩艦隊為了隱匿行蹤，必須節制使用無線電。儘管如此，也不能空等著完全不知道會不會來的油輪，而錯失決戰的時機——這支艦隊終究還是進攻部隊。為了要攻進雷伊泰灣，他們必須補給燃料，剩下的時間已經很緊迫，不能猶豫。走投無路的志摩艦隊司令部下了逼不得已的決定，由巡洋艦提供燃料給驅逐艦，耗用手上所有的燃料走直線距離，衝到雷伊泰灣。除此之外，別無他法。

搭乘驅逐艦曙號的第七驅逐隊通信官，石塚司農夫少尉，他一直搞不清楚從內地出擊以來艦隊究竟發生了什麼事情。艦隊回到奄美大島、移動到馬公、打算要去馬尼拉卻到了科隆灣，這些事情全都像隱藏在面紗之後，事態常常急轉彎，讓人抓不到其間的脈絡。

說到他被告知的資訊，就是某天將會跟日向號、伊勢號所屬的第四航空戰隊一起擔任「誘餌」出擊前往戰場。艦隊從內地出擊之後，卻完全沒有見到航空戰隊的影子。他無法相信，在瀨戶內海反覆進行護衛航空母艦訓練的寶貴日子，盡化為白工。小澤艦隊在哪呢？第四航空戰隊在哪呢？石塚想著要設法詢問自己像是作為副官一樣跟隨的老大，第七驅逐隊司令岩上大佐。大佐的兒子，岩上健少尉與石塚是海軍兵學校的同期生，岩上大佐總是和顏悅色地對待石塚，但可能因為他這幾天心情非常不好，因此一直沒有契機問清楚。石塚自然對此感到不解。

的確，就像石塚回想的那樣，說到由兩艘重巡洋艦、一艘輕巡洋艦、四艘驅逐艦組成，兵力處於劣勢的志摩艦隊一直在做的訓練，盡是與航空母艦的協同防空操練。現在志摩艦隊卻也要參加進攻某個特定地點的作戰。他們不只事前完全沒有做過相關研究，也完全缺乏訓練，同艦隊艦艇之間也沒有充分討論。有關跟準備一起發動攻擊的西村艦隊之間的協同作戰，單單只有一份電報討論。岩上司令臭臉也是理所當然。但現在不是抱怨或辯解的時候，為了追上先行的西村艦隊，現在志摩艦隊需要加快速度。

⚓

跟曙號驅逐艦同樣隸屬於第七驅逐隊的潮號，正橫靠在足柄號巡洋艦旁邊接受燃料補給。通信官森田少尉盯著潮號，又想起在吳市料亭的那一夜，但印象怎麼樣都模糊不清。當他一想到「連那是個怎樣的女人都忘記了，自己還是個處男就死了也無可厚非」，他乾脆地釋懷了。轉念一想，「沒有妻小真是一身輕，連要執著與牽掛的事都沒有。我的一生究竟算什麼呢？」到了此時，森田情不自禁腦海中盡是這些奇怪的事情。

10

同一時間，位於菲律賓馬尼拉的第一、第二航空艦隊司令部裡，第一航空艦隊司令長官，大西瀧治郎中將為了要說服海軍兵學校的同期，也就是第二航空艦隊司令長官福留繁中將，他努力將悲痛的表情擺弄地更加陰暗。然而，不管大西說了什麼，福留都不為所動。

儘管大西抱著打算由自己一人扛起臭名然後自盡的覺悟，決意制定「十死零生」，有去無回的特攻作戰模式。然而自二十一日以來，呂宋島東方海面烏雲密布，下著暴風雨，出擊的特攻飛機一直無功回返。

面對面的兩位司令長官心裡焦急，預期要在水面部隊攻進去之前先由陸基空軍打擊敵軍航空母艦的作戰計畫，現在即將止於紙上的炫麗空談。因為燃料的關係，也不允許將作戰延期。從明天二十四日開始，東進的栗田艦隊將要駛入敵軍航空母艦艦載機的攻擊範圍內。在這時候應該怎麼辦才好？已經連一天都等不了。不就只剩下要在明天早上，讓特攻飛機大舉蜂擁而上這條路了嗎？手上只有區區三十架可出勤飛機的大西，低頭向擁有三百架可出勤飛機的福留說：

「請您的第二航空艦隊也務必採用特攻戰術。」

但是福留搖頭說：「我不想搞特攻。我這邊會依照以往的訓練，採取由戰鬥機、轟炸機、攻擊機協同的大編隊攻擊方式進行。」

決戰的舞台似乎已經全部布置好了。志摩艦隊在科隆灣的夜幕中，正要結束燃料補給。離出擊還有些許時間，官兵們先休養生息，準備決戰。

小澤中將用電報向全軍通報明天早上的預定位置。好像在叫無線電靜默去吃屎一樣，這是一次膽大無畏的密碼發報。「明天二十四日清晨實施攻擊。如果採取空中攻擊仍然無法將敵人引誘到北方，就與前衛分離，向敵軍衝去。」小澤在自己的權責範圍內，把一切都豁出去。全部艦艇、一萬二千名官兵的生命，連同他最重要的個人性命亦然。

同時，栗田艦隊以飄揚兩面中將旗的大和號為中心，重整隊形，繼續北進，並在晚上十一點二十分將航向轉為東南，前往民都洛海峽。大和號、武藏號的巨砲在黑暗中朝向還未見到的敵人，不斷地在迴轉試瞄。

⚓

海爾賽的第三艦隊第三十八特遣艦隊將要迎擊栗田艦隊，他們到此時已經完成所有的攻擊準備。藉由不斷接到、來自潛艦的報告，他們已經大致了解日本艦隊的規模以及攻擊意圖。特遣艦隊將三支特遣支隊，延著菲律賓群島南北縱向部署。北邊是薛曼少將指揮的第三十八．三特遣支隊，這支部隊布陣在小澤艦隊靠近時將會進入的位置。中央是波根少將的第三十八．二特遣支隊，這支部隊與栗田艦隊隔著聖貝納迪諾海峽正面相對。戴維森少將的第三十八．四特遣支隊，則占據南邊遠處的民答那峨島附近的位置。這支部隊，如果也以日本艦隊相對應來看，正是負責與西村艦隊相向的海域。

不可思議的是，在這個重要的節骨眼上，第三十八．一特遣支隊的馬侃中將指揮的艦隊，遵照海爾賽上將前一晚發出的命令，為了休整而離開了菲律賓海域東進，正前往烏利西基地。因為截至此時，海爾賽上將所掌握的敵情，只有栗田艦隊的動向而已。

現在掌握太平洋戰爭生死的關鍵是航空母艦，美軍卻怎麼都找不到日本的航空母艦艦隊，「公牛」海爾賽在此嗅到了可疑的味道，然而他沒有掌握到日本捷一號作戰的全盤計畫。假如這是一場賭局，他倒是想押在日本艦隊不會來到菲律賓跟美軍拚輸贏的那一邊。在菲律賓海域，美國海軍的大艦隊，計有二十七艘航空母艦、十二艘戰艦為主，數量一百三十二艘的軍艦。就算擁有兩艘現代化戰艦，數量總計不足三十艘的日本艦隊，會在沒有航空母艦的陪同下殺進來嗎？他們是要憑那兩艘超級戰艦拚輸贏嗎？不管怎樣，決戰就在明天。明天一切就會明朗。到明天之前，是不必把馬侃支隊叫回來的。海爾賽盤算，總之明天先找到敵軍的航空母艦再說，然後安心地躺上床睡覺。

⚓

當然，這時候的海爾賽做夢也沒想到，別說是三十艘，只帶了七艘兵力的西村艦隊，會是第一個來攻擊雷伊泰灣的。這一天的西村艦隊，是一支無論對敵軍或是跟友軍都完全保持無線電靜默的艦隊。進入蘇祿海之後，西村艦隊就把自身的存在從大洋中消除。美軍潛艦、定期從摩羅泰島基地起飛的大型巡邏機，都無法捕捉到西村艦隊的蹤跡。不，甚至連要跟他們協同攻進雷伊泰灣的志摩艦隊，也是想找都找不到西村艦隊。只能推測他們大概在前方四十海里處。是故，在此無法描寫西村艦隊的動向。

⚓

不，不要說是西村艦隊，連栗田艦隊各艦艇的身影也都在夜幕中消失了。摩耶號的池田，躺在武藏號官廳裡臨時拼湊的床鋪上。在寬敞得跟摩耶號無法相比的武藏號澡堂裡，先洗去黏在身上的油汙，換上新發下來的戰鬥服後，池田才首度有活著的感覺。但是一躺下，從清晨開始累積的疲勞轟然傾瀉，連翻身都覺得疲倦。跟池田肉體上的疲勞相反，變得敏銳的清醒神經，聽見「艦內警戒二級戰備，第一班值更警戒人員就位」的傳令警笛聲，但接下來他被不時通過走廊又消失的腳步聲，以及沒有任何東西可以打破的闃寂所包覆，頓時想起了那些已經陣亡的同學臉龐。此時，軍艦中特有的酸甜油漆氣味，漂浮在寢室中……

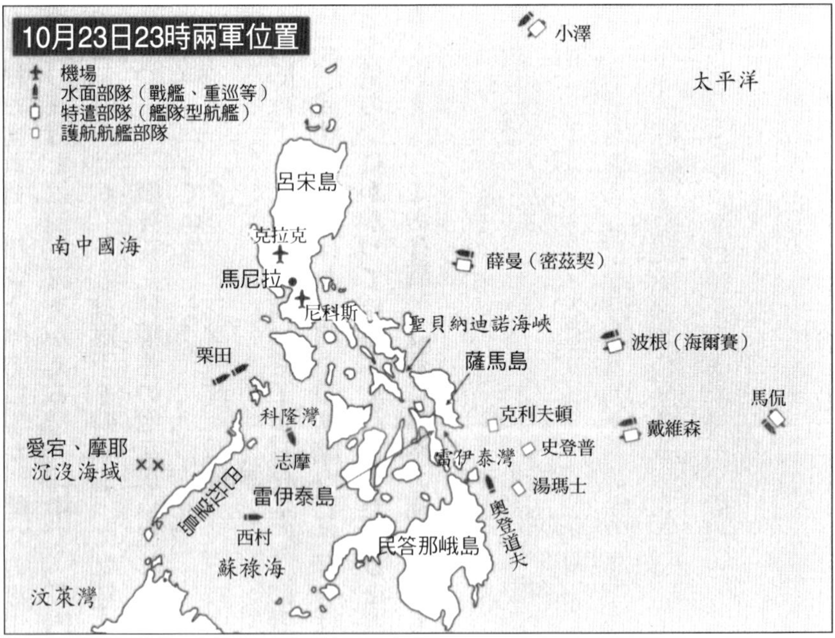

命令已經下達，作戰計畫已定。雖然日本海軍損失三艘重巡洋艦，但還是要繼續進攻。成功與否，端賴四支艦隊的各位司令長官與年輕軍官們的智謀、創意還有士氣，也繫於每一位勇士的奮戰之上。把格局放大來看的話，日本的命運，跟這場戰役的成敗也緊緊地牽動在一起。

第三章

戰機

十月二十四日上午

攻擊！攻擊！祝君好運

攻撃せよ、攻撃せよ、幸運を祈る

1

零點到六點

面對與強大的敵軍艦隊決戰，就算有再多的不滿跟批判，也必須把一切都藏在心裡，每一位官兵必須充滿勇猛果敢的鬥志。就算那項戰術是慢得錯失時機的決定，是令人存疑、荒誕的計畫且出了一些差錯，也是如此。志摩中將的艦隊依照集中兵力原則，在此情況下攻進雷伊泰灣，是最正統不過，最正確的戰術。哪怕只是多帶一門艦砲到目的地，捷一號作戰成功的機會就愈大。

凌晨二點，志摩艦隊在科隆灣的臨時停泊結束，為了最後的出征起錨。這對他們而言，是相當於「到第三次才算數」[1]的出師表。第一次是為了摧毀在台灣外海嚴重受損、殘存下來的敵軍特遣艦隊，在盛大的送行下從日本本土出擊；第二次是認為理所當然會收到參加捷一號作戰的命令，前一夜還拿出御賜酒、開了不拘禮節的慶祝宴會後離開澎湖馬公，這是艦隊第二度出師。現在離開科隆灣的時候，既沒有人送行也沒有酒宴。送別艦隊和迎接艦隊的，只有漆黑深邃的黑暗，艦隊在其中靜靜地揚起必勝之錨。

旗艦那智號巡洋艦的中央部位機槍群指揮官，馴田幸穗少尉，現在正身處南方海上，回想在北國青森大湊初次搭上這艘軍艦的往事。在畢業的江田島見到櫻花初開，在集合的東京目睹櫻花盛開，馴田少尉覺得，當時還一直下著細雪的大湊港，就像身處異國的軍港一樣。以馴田少尉為首，派到那智號的六名同期夥伴，盡是些在此之前未到過東京以北地方的人。從那之後經過半年多，他現在正如同字面所述，真的身在異國的海灣——白天皆與櫻花、雪國無緣，充滿夏日熱情的綠意，夜晚則身在南十字星之下。二十歲的少尉重新思考自己「生」的神祕。但是，到了明天，這個「生」也將失去，他將造訪從未有人去而復歸的黃泉之國……

前一天說了「真是大老遠跑來了一趟」，沉痛地沉浸在感慨中的驅逐艦霞號上的加藤少尉，這一晚則滿懷抑制不住、撼動全身的興奮。在「閒置人員，全體到前方甲板集合」命令下而聚集過來的官兵面前，艦長首度告知他們本次作戰的全貌，在上陣之際做了特別訓示。志摩艦隊要團結起來，從蘇里高海峽攻進雷伊泰灣，第二戰隊的山城號、扶桑號戰艦已經先行前進。然而，加藤對於大局的戰略、戰術狀況、捷一號作戰的構想與意義等，並沒有抱持特別的感想。真正從心裡深處打動年輕少尉的，倒不如說是艦長最後補充說明的事實。

艦長說：「我在此告訴各位，將毅然實施神風特別攻擊隊的計畫，所謂神風特別攻擊隊……」

……就是人跟著裝有炸彈的飛機整個一起撞上去。這是一種除了壯烈之外，別無他詞可以形容的玉碎戰法。儘管這個世界上大概沒有所謂「絕對」的事實或話語。然而，獨有這個戰法是「絕對的」。是

1　譯注：日本諺語。意指占卜或是賭博，第一次、第二次不可信，但到第三次就會變得可信。引申為事情做到第三次就會有符合期待的結果。

絕對不會有生還可能性的捨身攻擊。作為指揮官、作為人類，是不容許對下屬下達這種命令的。就領導下屬來說，這戰法是異端邪說。在海軍兵學校學的戰術，最多也就是以九死一生為限。從古至今沒有所謂十死零生的戰法。加藤耳聞私下流傳的消息，但他想都沒想過這會被當成正式戰法而斷然實施。長官下令，下屬服從。加藤的身軀顫抖著，因為想讓自己的死更有意義這件事，跟加藤的情感略有相通。

加藤像是要把口中的東西給吐掉般說了一聲：「該死！」雖然是要參加大決戰，但他並沒有特別的決心。他沒有想起家鄉，過去的事情也沒有像走馬燈一樣閃過。從他立志從軍以來，支配著加藤的只有「該死！」這個心情。聽聞神風特攻的消息，這個心情更形強烈。只是，這名少尉並不知道這是「該死！我也來死給你看」，還是「該死！我被拋棄了」。不論如何，對加藤而言，捷一號作戰的意義，就是「該死」。

在志摩艦隊離開科隆灣的同一時間（凌晨二點），暗黑、龐大的島嶼形狀在栗田艦隊的前方，現出模糊的輪廓。從海岸處驟然聳立如屏風般巍峨的山嶺，其身影有如在半空中伸展。艦隊左望坐擁哈爾康山的民都洛島，進入了島鏈之內。從這一刻開始，到這一天結束為止，艦隊要像穿線一般突破島嶼之間。沒有空中掩護的艦隊，被無數島嶼包圍在狹窄的水道之中，他們要在敵軍的制空權之下，光天化日下堂而皇之地前進。面對不論是否天亮了都可能來襲的敵機攻擊，艦隊只能一一擊退、撥開，不顧一切地往雷伊泰灣攻進去。

自從出擊以來，艦隊的官兵們一直引領期盼，機翼上畫著閃耀日之丸，威壓天空的大編隊通過艦隊上空。他們不斷往藍天裡想像，引擎聲響徹天空的零戰、天山、彗星、銀河等飛機的出現，飛機大編隊可以大到連這片廣闊天空也裝不下。他們將會擊落迎擊的敵機，絕對會破壞敵軍航空母艦，把敵軍戰艦打成蜂窩，剝奪敵人的抵抗力量，這是官兵全體一致的期待。但是，現實卻是連一架日本飛機的身影都還沒看到。官兵都想著「果然是這樣」，已經潰滅到如此地步了嗎？儘管已經有所預期以及覺悟，但在這種狀態下，隆隆的飛機引擎聲還是他們能依靠的一根稻草。

其實就如前文提到，陸上基地航空隊如艦隊官兵們的期待，為了要發動天亮前的總攻擊，斷然實施夜間出擊，人員跟飛機都全力運作。那時是凌晨二點，跟志摩艦隊離開科隆灣，栗田艦隊在左方望見民都洛島的時間點幾乎一致。起飛夜間偵察的水上飛機，傳送了內容為「在馬尼拉九十度方向二十五英里處偵測到大部隊」的無線電訊給基地航空隊司令部。見敵必滅是海軍的傳統，在福留中將一聲令下，總攻擊立刻開始，由戰鬥轟炸機、攻擊轟炸機、天山攻擊機、瑞雲水上轟炸機組成的攻擊隊起飛了，然而結果不盡如人意。由於夜間加上天候不佳，雨雲飄得很低，最後還是無法目視確認敵軍，飛機在幾小時後全數空手而歸。

決戰序幕總之暫時延後，事情全都得等到天亮後。緊張氣氛瀰漫在以菲律賓為中心的廣闊海域，就像弓弦已經拉緊到極限。

⚓

戰場的夜晚如同神經衰痛，讓人疲勞、發怒，孤單到無法忍受。栗田艦隊第二部隊第七戰隊的重巡洋艦利根號，聲納官兒島誠保少尉，就是在這時候做好了敵人今天就會到來的心理準備，全身換穿新的內衣褲，把至今一次也沒穿過的全新兜襠布綁好。兒島記得那時的心情，他有點裝模作樣，認為這就是武士的品味。

海上的夜光藻亮得異常，艦艇的航行軌跡在黑暗的海面上拖得長長地、閃閃發光，久久不散。兒島少尉覺得，這些夜光藻比在日本見慣的還大。天空中布滿星星，他把眼睛貼上望遠鏡，試著從民都洛島的黑色身影追蹤水平線。那裡有同樣的天空、同樣的星光、可以看見白色浪頭的同樣海洋。兒島砰地輕輕拍了一下胸口，覺得這樣就隨時可以去死了。他並不知道有什麼事情，會在何時，怎麼發生。此時如果被要求付出生命，可以輕鬆地說：「好啊，來啊」——那是在他二十歲的內心深處，一種初生之犢不畏虎的充實感覺。

栗田艦隊沿著民都洛島向東南方前進，上午五點五十分進入錫布延海，在島嶼南端改變航向，朝向東北方。他們現在要進入決戰戰場了。

2

六點到十點

在稍早之前，上午五點四十五分，就在東方出現些許亮光的時候，位在菲律賓群島東部，薩馬島北方的小澤艦隊，派出偵察機向南方飛。十五分鐘後的六點整，像是跟小澤艦隊互相呼應一般，海爾賽上將也在旗艦紐澤西號上，完成當天所有的作戰計畫，並通報全軍。在波浪起伏而搖晃的航空母艦上，飛行員正待命，他們已經做好出擊準備。首先從艦上起飛的，是以聖貝納迪諾海峽、蘇里高海峽，此兩處海峽入口為中心，負責監視範圍廣大海域的偵察機隊。小澤艦隊為了捕捉海爾賽特遣艦隊，而一心把偵察路線往南方推，但不知為何，海爾賽在這一天卻先集中讓偵察機往西飛。儘管歷史沒有「如果」這種事情的存在，但如果位在北方的日本機動部隊還擁有昔日的精銳戰力，羅馬戰神或許會在戰爭的最後時刻，再度對日本海軍展露笑容。

⚓

不是只有日本跟美國的航空母艦部隊派出偵察機。包含栗田艦隊與西村艦隊在內的各巡洋艦，也分別從彈射器派出搭載的水上飛機。每一架水上飛機的飛行員跟觀測員都接到命令，在燃料允許的極限範圍內尋找敵軍蹤影，燃料耗盡就返航菲律賓各個島嶼上的日本軍基地。

大坪少尉所在的輕巡洋艦矢矧號，派出了出身預科練[2]的偵察機飛行員佐藤，是一位與大坪年紀相仿的少尉。比起待在特任軍官官廳，[3]他更常待在下官廳，跟大坪等海軍兵學校出身的軍官意氣相投，

2 譯注：海軍飛行預科練習生，日本海軍培養航空兵的制度之一，採志願制。

3 譯注：一九一五年，日本海軍為了因應擴軍而增加的士官人力需求，不讓已經熟悉實務的准尉退伍，而設置特任軍官制度將其留用至五十歲法定退役年齡。實際上特任軍官受到的待遇，比出身海軍兵學校、海軍機關學校等學校的正式軍官還差。

是位性格開朗且勇敢的飛行員。出發之際，他跟大坪等人打招呼，然後爽快地說：

「那麼，我就跟這一起走啦！」

他拍了下胸膛，燦然一笑。胸前的那個口袋裡面，裝的是片刻不離身的愛妻照片。

⚓

就這樣，兩軍彼此長槍刺探摸索，在黑夜裡互相尋找對方，海上戰鬥從此開始。不久，黎明的寂靜與光輝到訪戰場。日本美國兩軍艦艇在水平線上一字排開，在一直變薄的黑夜面紗中，像是魔法之船一樣，在水墨畫中渲染浮現。

清新的南海空氣中，島嶼上茂盛的椰子樹，還有下一座島，清晰地勾勒出輪廓，現身迎接栗田艦隊。利根號巡洋艦的兒島少尉想著，這景色真像瀨戶內海啊。在青翠欲滴的綠色中，不時可看到洋房式的屋頂。比起瀨戶內海的優美，這景色帶著讓人嚮往南國熱情的紅色。

⚓

不，現在不是看風景看到入迷的時候了。此時陸上基地的第二航空艦隊，已經攜帶炸彈從菲律賓的基地起飛。在水面部隊還拿著長槍偷偷摸摸地刺探敵軍情況之際，陸上基地空軍已經迅速地放出第一箭。一百一十一架戰鬥機，七十九架轟炸機，六點半從馬尼拉西北方的克拉克基地起飛。接著第二波攻擊隊的十二架「彗星」艦載轟炸機，也從同一處陸上基地起飛。

直至攻擊開始，戰場迎來了片刻的寧靜……

栗田艦隊第一部隊以大和號戰艦為中心，第二部隊以金剛號戰艦為中心，以日間接戰序列，堂堂皇皇的圓形編隊進擊。上午七點四十五分，長門號戰艦的左舷瞭望員發現日暈中有小小的一邊閃著光、一邊靜靜移動的物體。根據紀錄，一分鐘後，俯衝轟炸機上的亞當斯中尉，在雷達上發現數個目標——人類的眼睛速度比機器還快！

總之，來自各艦偵察機的發現敵軍報告，幾乎同時送達日本、美國兩軍主將手中。上午八點十分，日本第二航空艦隊偵察機報告：「馬尼拉方位六十度，距離九十海里地點有四艘航空母艦正在東進當中。」這支航艦支隊，是北邊的「薛曼」支隊，他們在偵察機起飛後，正要前往呂宋島外海躲避。在起飛後一邊等待友軍偵察機報告，一邊向東進擊的第二航空艦隊的第一波、第二波攻擊隊，立刻就將機首轉向目標。

同時，儘管亞當斯中尉發現栗田艦隊的報告內容未必正確，卻極為詳細。報告指出日本艦隊由兩個分艦隊組成，有兩艘戰艦、四艘重巡洋艦、一艘輕巡洋艦、六艘驅逐艦，「往三十度方向前進，以速度十或十三節……」。

在亞當斯眼裡看來，這些艦艇就像玩具船般，點點散布在湛藍寬廣，讓人眼睛張得斗大的海上，朝著相同方向漂浮著。

總指揮官海爾賽上將機敏地回應這個報告。在即將迎來戰鬥的緊張氣氛中，位在中央的第三十八．二特遣支隊，波根將軍的旗艦紐澤西號，作戰指揮室裡的官兵動作變得更加活躍。海爾賽召回為了整補而前往烏利西基地途中的第三十八．一「馬侃」特遣支隊，對北方的第三十八．三「薛曼」特遣支隊與南方的第三十八．四「戴維森」特遣支隊，發出立刻到中央的波根特遣支隊所據位置的聖貝納迪諾海峽外海集結的命令，他要集結全部的兵力。

小澤司令部在一片死寂中修訂最後的作戰計畫，跟海爾賽司令部迅速果敢的動作大相逕庭。根據截聽到的第二航空艦隊偵察機的報告，敵軍特遣艦隊與小澤艦隊之間距離二百五十海里。若是這樣，兩軍都位在能由航空母艦艦載機進行攻擊的範圍內。小澤司令部的參謀們聽了為之振奮，立刻建議派攻擊隊起飛，然而小澤卻不為所動，默默地搖了搖頭。他根據過往地面基地飛機都很容易看錯艦型跟位置的經驗，認為此時應該再派出機動部隊的偵察機起飛，想要等老經驗的偵察機做確認報告。就日本的狀況而言，決戰只有一次，不允許任何重來的機會。

就這樣，日本的航空母艦艦載機沒有行動。然而日本的地面基地航空隊的飛機，卻打算率先攻擊。第一波與第二波部隊，已經將機首轉向第二航空艦隊偵察機所發現、位在北方的「薛曼」特遣支隊了。薛曼少將在雷達上發現日本飛機大編隊，儘管他已經做好攻擊栗田艦隊的準備，還是中止計畫，立刻派蘭利號、普林斯頓號、艾賽克斯號，還有列星頓號等四艘航空母艦上的全部艦載戰鬥機起飛。現在，攻擊栗田艦隊的任務，交給了波根特遣支隊與戴維森特遣支隊，此刻徹底保護自己的艦隊才是當務之急。薛曼命令升空的戰鬥機隊擊滅日本攻擊隊，薛曼特遣支隊打算逃進正好在附近的暴風雨中。

過了八點三十分，日本海軍開始進行福留中將所堅持，由第二航空艦隊大編隊發動的正面攻擊，駁回了大西中將「全機特攻」的懇切願望。戰鬥機、轟炸機共計一百九十架，在預計攻擊地點上空，撞上了美國戰鬥機群的厚重防禦網。他們使出全力想要攻進網中，然而已成老將的零式戰鬥機，在新銳的格魯曼F6F「地獄貓」戰機面前根本不是對手。另外不可否認的是，還在訓練途中就被找來參戰的飛行員，技術水準顯然不足。儘管敵人就在眼前，尚未投出炸彈的轟炸機隊仍然一架接著一架喪命。

就在這樣反覆你來我往的激烈空戰，在北方的薛曼特遣支隊上空開打時，身在中央波根支隊裡的海爾賽，牢牢抓著艦橋麥克風，對兵分三路的特遣艦隊全軍下達命令。正確來說，這時是上午八點三十七分。

「攻擊！攻擊！祝君好運。」

然而對在北方的薛曼支隊來說，根本談不上「攻擊」。前來攻擊的是敵機。海爾賽也在下達攻擊命令之後，立刻就收到日本飛機對薛曼支隊發動空襲的報告，一時間，他懷疑是否是航母艦載機來襲。總之他必須先擊潰朝聖貝納迪諾海峽過來的日本戰艦部隊，不能容許他們通過海峽，上將維持攻擊命令。

此時日本偵察機群幾乎掌握了海爾賽艦隊的全貌，在八點五十分到九點四十分之間，回報美軍艦隊分為第一、第二、第三支隊，航空母艦合計有十一艘。

不光是只有栗田艦隊被發現，從出擊以來一直徹底藏身大海之中，悄悄靠近目的地的西村艦隊，在今天早上終於也被美國偵察機之網所捕獲。儘管西村艦隊是日本海軍想藏到最後才亮出的兩片刀刃之一，但是戰爭不是只有一邊在打，被發現也是沒辦法的。清晨六點黎明時出發、最上號巡洋艦水上偵察飛機，首先傳回了堪稱當天第一功動的雷伊泰灣內敵情報告。而當友軍掌握敵情時，敵軍也會知道友軍的情勢。

「上午六點五十分，雷伊泰灣南部海面有四艘戰艦、兩艘巡洋艦。杜拉格登陸地點外海有運輸船八十艘。蘇里高海峽有驅逐艦四艘，十幾艘小艦艇。雷伊泰島東南沿海有驅逐艦十二艘以及十二架水上飛機。」

實際上是由十六艘護航航空母艦、六艘戰艦、八艘巡洋艦、三十艘以上的驅逐艦組成的登陸支援艦隊在此集結，但區區一架穿了木屐[4]的水上飛機可以偵察到如此程度，值得稱讚。

收到這份報告的時候，在最上號艦橋，官兵雀躍地對話。

「目標這麼多，閉著眼睛打，砲彈都會打中啦！」

「那睜著眼睛打，敵人不就要全軍覆沒了？」

最上號航海官山羽少尉，靜靜地聽著那些對話。從出擊以來就沒有舒展過手腳好好睡過的山羽，現在正想起日本老家裡的榻榻米。那是在海軍兵學校學生時代，第一次放假的時候。山羽咂嘴吃著媽媽做的萩餅，到了出發時間，他躺成大字形，自言自語地說了一句：「榻榻米真好啊。」此時山羽說的榻榻米真好，跟「日本真好」是同義的，跟「自己家真好」意義相通，也是指媽媽真好，這話恰恰展現出了少年的純情。

旗艦山城號戰艦的桅杆上這時升起了一面航空旗號，中斷了山羽的回憶，那是「發現敵機」的信號。這時候還只有一架偵察機，但是十幾分鐘後，西村艦隊遭到敵軍飛機編隊猛烈的攻擊，連喘息的空檔都沒有。時間到了九點稍晚，來襲的是第三十八．四「戴維森」特遣支隊的艦載機，是收到發現栗田艦隊的報告時，就已經在上空的二十幾架企業號航空母艦艦載轟炸機，他們從西村艦隊的右舷與艦尾方向開始攻擊。山城號戰艦以及在隊伍最後的扶桑號戰艦遭到集中的俯衝轟炸，敵機從在左側後方拚命應戰的時雨號驅逐艦頭上掠過飛走。

扶桑號因為艦橋與煙囪之間的彈射器附近被一枚炸彈擊中，延燒到汽油儲藏庫而起火，但火勢立刻撲滅。時雨號的一號砲塔也被一枚炸彈擊中，炸彈貫穿厚重裝甲在內部爆炸，砲班人員全體陣亡，然而

4 譯注：日軍對有浮筒的水上飛機暱稱。

對戰鬥航行沒有產生任何阻礙。

空襲結束了，西村艦隊沒有放慢速度，而是重排了隊形，沉穩地繼續東進。山城號以手旗對全軍發出信號。

「今後預期仍有敵機攻擊，各艦應嚴加防空警戒。」

然而，那一天針對西村艦隊的空襲，只有早上那次就結束了。位在南邊的戴維森支隊因為占據最近的位置，理應負責攻擊，但受到海爾賽的命令，為了跟位於中央的波根支隊會合，而開始趕著北上，沒辦法一直理會由兩艘舊型戰艦組成的西村艦隊。美國海軍的攻擊精神是「對最大的敵人，集中最大的力量來打垮」，而最大又最強的敵人，是位在中央的栗田艦隊。

九點十分，第三十八．二波根特遣支隊的航母艦載機，率先起飛前往攻擊栗田艦隊。第一波攻擊隊有戰鬥機十九架、轟炸機十二架、魚雷轟炸機十三架，接著又有十一架起飛。要抵達快速接近的栗田艦隊，飛行時間約需一小時多。目送艦載機隊陣容壯盛的出擊，海爾賽矮小的身軀洋溢滿滿自信。他指示前來集合的戴維森特遣支隊，朝日本艦隊所在地點過去。他沒有時間休息，只有強行攻擊，然後利用這段時間找出日本航空母艦所在位置，這樣就一切結束了。在第一波攻擊隊起飛之後，海爾賽的這般估算與自信立刻就動搖了。因為傳來了自一九四二年瓜達康納爾島爭奪戰以來，就久未聽聞的己方航空母艦被攻擊的報告。

在將視角轉向西村艦隊，或是轉向海爾賽所在的波根支隊時，都不能忘記，日本攻擊隊與美國戰鬥機的纏鬥，依然在北方、薛曼支隊上空持續著。美軍航空母艦支隊一直反覆靈巧地往暴風雨中藏身，當在空中的戰鬥機需要補給燃料、彈藥時，就從暴風雨中跑出來，收容戰鬥機，然後又把戰鬥機送上天。那是一場慘烈的空戰。數量占優勢的日本飛機，一架接一架起火，並看著眼前的敵軍航空母艦流下悔恨的眼淚。差不多就在日本的攻擊隊被擊退，薛曼支隊著手準備對栗田艦隊發動攻擊之際，九點三十八分，一架彗星艦載轟炸機，閃過還在上空睜亮眼睛警戒的戰鬥機群，從低雲中悄悄靠近，像盯上兔子的禿鷹一樣，果敢地俯衝下來，而且是單機。被鎖定的航空母艦普林斯頓號的雷達沒有捕捉到這架飛機，它突破防空警戒線驚慌地往上發射的防空砲火，這架日本飛機用「惡魔般的熟練與敏捷」，把一枚二百五十公斤的炸彈砸到美軍航艦甲板正中央。

炸彈穿透機庫甲板然後爆炸，延燒六架魚雷轟炸機的汽油，航空母艦立刻陷入火海，魚雷轟炸機搭載的魚雷轟然自爆。用於撲滅艦艇火災的損管系統準備萬全，官兵也迅速在救助普林斯頓號的行動中，展現平時訓練的熟練技能。掠過艦橋的日本飛機被僚艦蘭利號的戰鬥機逼得走投無路，但沒有人將視線放在那上面，全員都為了拯救艦艇在專心滅火。

3

十點到十二點

戰局態勢終於高漲起來了。栗田艦隊準備防空戰鬥，各艦為了保持行動自由，拉開距離。日本海軍日章旗在大和號的桅杆上飄揚，大面軍艦旗在斜桁上隨風飄動，紅色線條在陽光下格外耀眼，各艦也加以仿效。位於圓形編隊中心——大和號右前方的妙高號巡洋艦，像是露出尖牙般揚起白浪進擊，妙高號的機槍群指揮官島田少尉，仰望著自己艦上的日之丸旗幟，一邊想著這就是特攻的象徵吧！海上平靜無風，天空也放晴，一片深藍，遠處的積雲宛如夢幻國度般圍繞著戰場。看著天空與海上的景象，島田想，或許這預告著上空也會出現雲層，正是適合空襲的絕佳天氣，攻擊恐怕會持續一整天，島田就這麼做好心理準備。艦隊已經在八點十分左右被敵軍的偵察機發現了。艦隊立刻加速到二十四節，做好了戰鬥準備。

栗田司令部對全軍下達「敵機來襲將近，信天佑，盡人事」指令，妙高號艦長立刻用艦內廣播，向全體官兵傳達這道命令。儘管如此，從命令傳到，又經過將近二小時，到現在還是沒有敵機身影。正因為確定會來，看不到

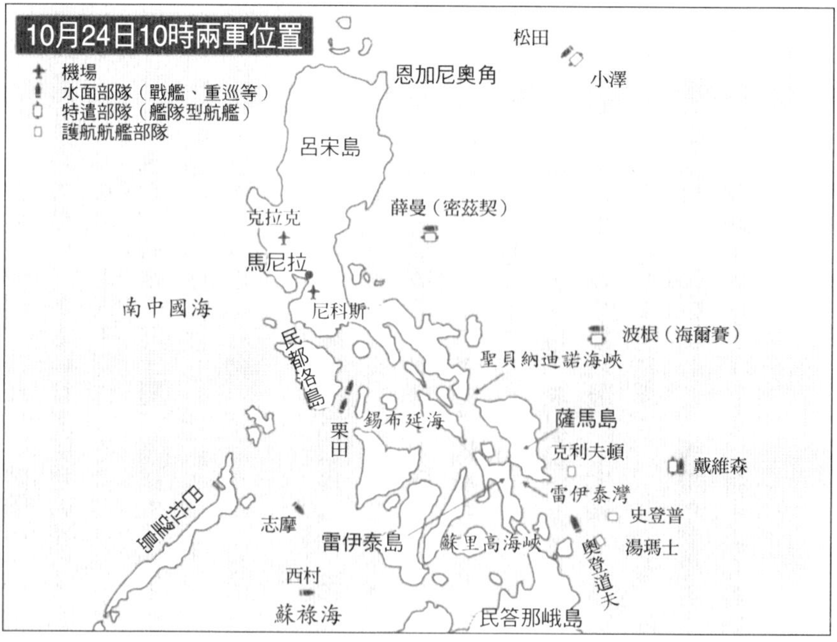

反而讓不安情緒高漲，包括島田在內，全艦都陷入了焦慮不安。島田因為自己在這種緊張兮兮的狀況，卻突然呼一聲地打了一個小小的呵欠而嚇了一跳。

十點稍早前，來自圓形編隊外側航行的秋霜號驅逐艦，在海面發現潛望鏡的報告傳到大和號。接著，來自西村艦隊的「我等遭到空襲」的電報也傳了進來。儘管接連收到直接反應艦隊受襲的通訊，栗田中將卻在艦橋不為所動地看著前方。

大和號上的市川，在副砲指揮所等待著終將下達的「戰鬥」命令的同時，回想起昨天傍晚他要上艦橋時，偶然見到栗田司令長官默然獨立的身影。在長官官廳上方甲板佇立的中將身影，少尉看著中將一動也不動地盯著漆黑海洋的背影，不禁回憶起司令長官的心境——任務重大，而前途還很遙遠。作為一個主將，在痛苦的作戰征途才開始沒多久，就失去了三艘重巡洋艦跟許多官兵的心情，是旁人所難以推量的。然而，應該不只如此，帝國海軍的傳統精神是「旗艦當先，死而後已」。意氣昂然的中將肩頭上，看起來藏著挺立在全軍最前方，像被逼進絕境的獅子一樣，要為了貫徹作戰而邁進的堅韌鬥志與智謀。想到這裡，市川自己也不禁感到熱切的戰鬥精神湧現。

十點二十五分，大和號的雷達終於捕捉到敵機編隊，立刻向全艦隊發出信號，「發現四十架敵軍小型飛機！一百六十度方向！」

第一游擊部隊主隊（栗田）10月24日圓形防空編隊

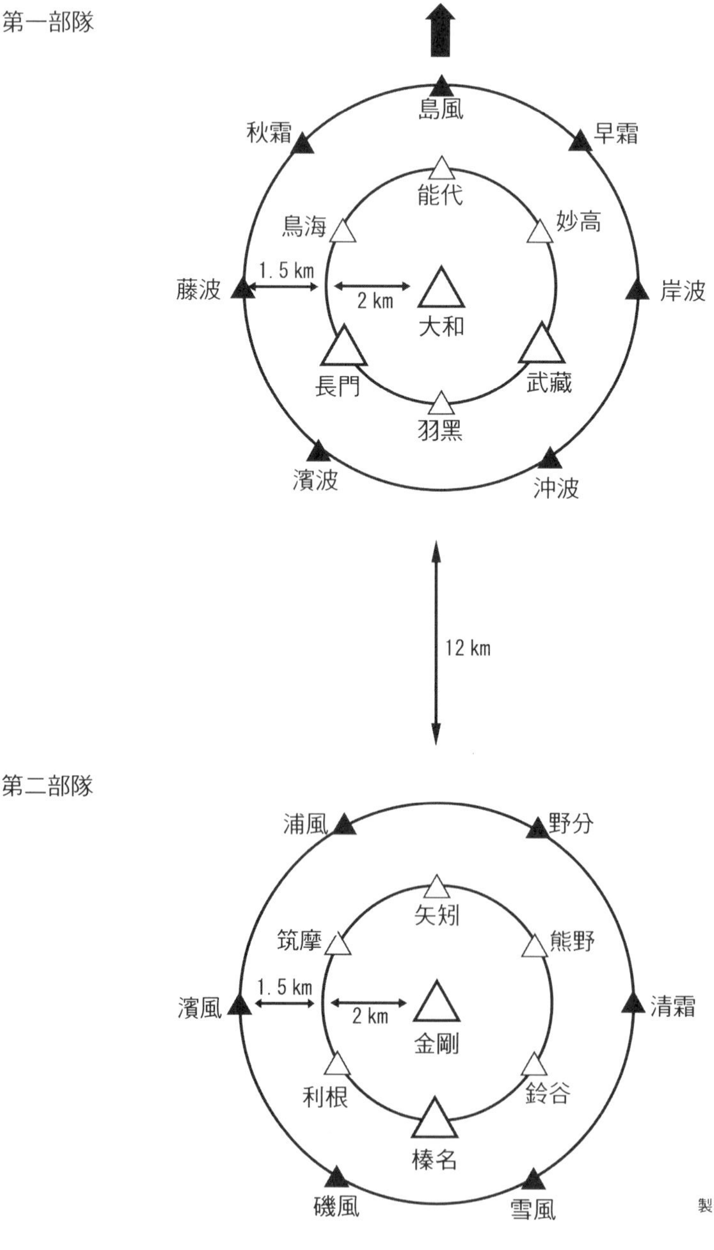

製表：Thsbhseven

「加速到二十四節！」

前桅杆這時正高高掛起了Z字旗。[5]開始標定目標，距離約二萬公尺，大和號的九門巨砲立刻晃動艦身，一齊轟鳴。不久後槍砲長能村次郎大佐來報：「擊墜五架敵機」的聲音，傳到副砲指揮所長市川那邊，是三式彈的效果。[6]下屬不禁紛紛歡呼：「好啊！」

各艦主砲開始射擊，栗田艦隊全部艦艇主砲數量共計有一百二十門，隨著敵機飛到上空，副砲、高射砲也加入射擊。天空中立刻布滿無數黑色或是黑灰色的花瓣。儘管彈幕像是雨傘一樣籠罩全艦隊，攻擊的敵機還是背對著太陽，衝破彈幕障礙，勇猛地下降飛到了圓形編隊裡。戰艦上的一百二十挺、重巡洋艦上的九十挺、驅逐艦上的三十至四十挺機槍一齊開火。機槍的槍響，夾雜在高射砲稍有點緩慢的連續聲響間，變得更加劇烈。大大小小的破片，像是把沙包撕破來灑砂一樣，在海面上濺起驚人的飛沫。

⚓

美國第一波攻擊隊的四十四架飛機，集中攻擊「神祕戰艦」大和號與武藏號。這些飛機越過外圍驅

5 譯注：國際海事信號旗以黃、藍、紅、黑四色順時鐘對角形成的字母旗。東鄉平八郎坐鎮的聯合艦隊旗艦三笠號，在日俄戰爭時，比照英國海軍將領納爾遜以此旗通令全軍，向全艦隊表明「皇國興衰在此一戰，諸君一同努力」。之後本旗語即作為日本海軍表達要全軍奮力一戰的代表旗號。

6 譯注：三式普通彈，或稱三式燒霰彈，是專為日本海軍主砲生產的對空射擊砲彈，內有九九九個彈頭，引爆後散出子彈，以高溫的方式攻擊敵機，母彈則是以爆炸後的破片造成傷害。

逐艦的猛烈射擊，連續投擲下來的炸彈在舷側揚起了林立的水柱。高聳的水柱遮蔽整座四十八公尺高的前部艦橋，從後方一萬二千公尺的第二部隊處遠眺，看起來顯然像是中彈了。在第二部隊最尾端處航行的磯風號驅逐艦，越智少尉身處艦橋，將來自第十戰隊司令搭乘的旗艦，也就是矢矧號巡洋艦發來的電文傳達給艦長，並監督負責戰鬥記錄的信號兵，下達艦長的命令，還得同時指揮在艦橋前方的機槍。在他持續著三頭六臂般、應付著忙碌地戰鬥時，還找出空檔用望遠鏡追蹤大和號、武藏號的身影。越智覺得好幾次看到紅色火柱從兩艘戰艦舷側往上噴。然而，巨大戰艦穿過可以用崩塌的巨大瀑布形容的水柱，現出兇猛而優美的身影。看見兩艦充滿力量，毫不退縮的奮戰，即使不是越智，艦橋上正在奮戰的將領與水兵，都不禁湧出想對他們鼓掌的衝動。

武藏號第二機槍群指揮官望月少尉的戰鬥，不是靠著同學鼓掌就能感到欣慰、得到鼓勵那麼輕鬆。作為十四座機槍群的指揮官之一，他在無處可躲的甲板上，正面迎接敵機投下來的炸彈，還有齊射的機槍。望月瞪大眼睛看著敵機，敵機則對他露出利爪。俯衝轟炸機排成直線隊形俯衝而下，出現在望月眼中的，是第一架機或第二架機，最多只到第三架機。第四架機後方的情況，被從艦艇前後左右噴起來的水柱，還有水柱崩落形成的巨大瀑布，或是因為槍擊而遭到破壞，四處飛散的構造物破片或硝煙隱蔽，幾乎無法目視。

跟望月同期的高地一夫，是武藏號的標定官，正在後方標定所奮戰。戰鬥時間經過三十幾分鐘，敵軍第一波機影有如退潮般，朝武藏號武器射程外的方向飛離。高地試圖撿起一顆貫穿後方鋼板，在狹窄的標定所內像老鼠般四處亂竄的敵軍機槍彈舉在手中，槍彈還帶著餘溫。如果這顆槍彈方向改變，可能就會奪走他的生命。高地一夫這麼想著，甚至對彈頭產生了奇怪的親近感。他一邊把槍彈拿在右手，又換到左手，又放回右手把玩著，像是在專心深究思考一件事情一樣，但其實腦中什麼都沒想，陷入了漫無目標的沉思。

儘管戰鬥結束了，武藏號的主砲卻突然齊射，官兵一度喪失了視覺與聽覺。產生耳鳴的望月與高地，耳朵深處一直持續轟鳴的砲擊聲。他們在很久之後，才知道就是因為那股撼動戰艦的轟鳴，在一瞬間將膽怯、遲疑或是束縛他們的恐怖感覺一掃而空。即使如此，該用何等言語形容那陣轟鳴聲？

大和號與武藏號同樣遭受敵機猛攻，但此時出現了微妙徵兆，顯示在圓形編隊中心的大和號，跟身處較外圍一層的武藏號將會走向不同命運。在第一次攻擊中，沒有魚雷或炸彈擊中大和號，武藏號的右舷卻中了一枚魚雷。速度沒有減慢，戰鬥能力也未發現異狀。

⚓

運氣不好的，反倒是重巡洋艦妙高號。右舷後方的輪機室挨了一記魚雷，速度掉到五節，顯然已經無法繼續戰鬥。妙高號的島田少尉，因為部署位置在右舷，所以親眼清楚目睹魚雷命中的那一瞬間。他的身體受到像要被丟飛出去的衝擊，在他以為爆震波跟砲彈碎片噴散到海面上的一刻，高達一百公尺的水柱緩緩升起。當水柱崩塌、化做水霧流到艦尾的時候，島田產生錯覺，以為冒著泡泡狂奔的海面，咕地一聲往自己的方向竄升上來。他就要這樣被吞進海裡了嗎？不是海傾斜了，而是艦艇傾斜了十五度。

島田天真地，而且在某種意義上呆滯地看著甲板上堆積如山的彈藥筒開始滾落，宛如幼兒看著開心的事物般。

在之後，島田自問自答，方才我的這場戰鬥究竟是怎麼一回事？他曾反覆向下屬傳達，說他會準備棒子敲打射擊手的頭來指示目標。然而，戰鬥甫一開始，連續不絕傳來令人眼花的閃光、令人喘不過氣的硝煙以及像在耳邊用力敲打鋼板的轟鳴聲中，即使他大喊或用棒子敲打，部下射擊手還是像瘋了一樣，拚命胡亂發射機槍。戰鬥有其戰鬥邏輯跟戰鬥行動。戰場上舉著機槍的，比用棒子指揮者的力量更大。存在著恐懼的，反而是指揮官這方。之後換來的，並不只是堆積如山的彈殼跟劇烈的耳鳴。島田感覺到自己的孤寂空虛。

總之，第五戰隊旗艦妙高號掉隊，被留在塔布拉斯島，由驅逐艦秋霜號擔任護衛。秋霜號到處奔走。司令官橋本信太郎少將為了換乘到二號艦羽黑號，在兩艦之間往返好幾次。在司令部離開之後，妙高號的艱苦命運依然持續。由於速度只剩五節，等於是死掉的艦艇，必須再度賦與艦艇能夠以自身動力航行的速度，讓艦艇重獲生機。驅逐艦好幾次往返，將陣亡者的遺體與重傷傷患送往艱苦奮鬥的妙高號。因為戰鬥可能還要持續，所以艦隊沒有餘裕安葬死者或是運載無法戰鬥的人。此時想到的，就是將死者的處置交給要掉隊的軍艦了。

島田把死者迎接到艦上，每個死者的死狀都令人想別開目光，戰爭是極為慘烈的。「決定你就這麼死掉或活下來，無論何者都跟本人無關，是別人幫你決定。」島田壓抑著忍不住氣餒的心理這樣想著。

掉隊的不是只有妙高號巡洋艦。妙高號遭到魚雷攻擊，同一時間，被日本飛機轟炸而起火的美國航空母艦普林斯頓號的火災，已經來到了無法挽救的地步。主要消防管線不能用了，逼不得已，只好將除了二百多名救火隊以外的人員都撤離，被留下來的艦艇在海上漂流，變成一座充滿爆炸、火焰與黑煙的火山。薛曼少將派出兩艘輕巡洋艦、三艘驅逐艦，命令他們不管發生什麼事，都要成功滅火，拯救航空母艦。

擁有壓倒性優勢兵力的美國艦隊，即使一艘航空母艦損傷，還有餘裕派遣巡洋艦或驅逐艦去救援，並能夠繼續前往戰場。但就劣勢的日本艦隊而言，受傷者必須靠自己的力量療傷、復原。所以，妙高號試圖要修復。儘管妙高號把破損處修復到能開出十五節速度，但十五節還是無法負荷戰鬥，而被戰隊司令官命令返回汶萊基地，但未能派出擔任護衛的驅逐艦，可能必須單獨突破有敵軍潛艦等待的海域返航。妙高號靜靜地載滿陣亡者與傷患離開戰場。

這段時間，因為日本陸上基地航空隊的空襲，而未能按照計畫行動、位處北方的第三十八・三「薛曼」特遣支隊，終於把日本飛機的槍矛撥開。薛曼支隊在士氣振奮起來的同時，準備好反過來把強大攻擊隊派向日本艦隊。十點五十五分，三十二架魚雷轟炸機、十六架戰鬥機、二十架轟炸機組成的大編隊，離開母艦飛舞向上空。在三支特遣支隊中，他們離栗田艦隊最近。

來自菲律賓陸上基地第二航空艦隊的大編隊，對薛曼支隊的空襲，延緩了要對栗田艦隊發動攻擊的艦載機起飛。但不僅如此，也造成讓前往北方的偵查機延遲起飛的意外效果。如果試著事後對整場戰鬥主觀解釋，會看出兩軍在「發現—攻擊—防禦」等行動上的微妙時間表，彼此重疊、矛盾、錯開，也就是偶然與偶然相乘，產生了看似是必然的巨大轉機。再重申一次，在呂宋島北方海面，一邊用之字航行，一邊南下的小澤艦隊的任務，是要最先被敵軍發現，想辦法把敵軍特遣艦隊從栗田艦隊處引開。因此自昨天晚上以來，旗艦瑞鶴號航艦可以說是大膽過頭地一直發出電波，但卻沒有任何來自敵方的反應。沒被敵人發現，戰爭就打不起來，北邊的薛曼支隊卻不打算往這方向派出偵察機。

在小澤艦隊本隊的輕巡洋艦大淀號上，航海官森脇輝雄少尉身處艦橋，目不轉睛地盯著牟田口艦長，看著他心情漸漸變差，而露出焦慮神色。他們已經盼望敵機身影出現好幾個小時了。如果是平時，沒被敵人發現應該要是種僥倖，不該憂慮。現在卻希望能看到敵機身影，哪怕一架也好，看不到反而飽嘗懊悔而想用力跺腳的滋味。二十一歲的森脇輝雄，所感受到的，與其說是諷刺，不如說是更巨大的，只靠著人類的意志跟願望無法左右，如天意一般的力量。

對森脇少尉而言，這次是初次上陣。大淀號在森脇輝雄許多友人喪命的阿號作戰中，擔任聯合艦隊的旗艦，是豐田司令長官的座艦，在內海柱島進行指揮。隨著作戰結束，全艦隊返回柱島，但當時森脇目睹戰鬥中受損的航空母艦身影，覺得沒有能夠直接參加戰鬥很可惜，心裡盤算著下一次作戰也要參加，而挑起了鬥志。那也是想要在第一線為祖國奮戰，是一個純樸而且深切的士兵願望。

正因為如此，在捷一號作戰之際，聯合艦隊司令部登上日吉的陸地，[7]被告知大淀號也將參加作戰的森脇喜不勝收。出擊前一晚，他從祈求必勝的慶祝宴會跑掉，從舷側垂下釣線安靜地享受釣烏賊的樂趣。那是在新月之後的一兩夜，天空有如塗滿漆黑的顏料，對岸的別府城裡閃爍紅色、黃色燈光，像是在挑起懷念故鄉的心情。如今身處戰場，想起那個夜晚，對於把二十年的歲月丟棄到這片安靜的海裡，卻並不感到憂傷。只要腦海浮現美麗祖國的山野景色，心裡深處便能感受到對母國的愛惜之情，他覺得自己能夠得到一個好的葬身之處。但是，沒被敵人發現，就連壯烈成仁都沒辦法了，不是嗎？

⚓

在錫布延海的栗田艦隊，將第五戰隊司令官旗，由妙高號換到羽黑號去。另外，在「一枚魚雷命中右舷，無礙發揮速度」的閃光信號從武藏號傳到大和號之時，另一方面的薛曼支隊攻擊隊也順利起飛。

十一點零五分，在呂宋島北方的小澤中將，正式收到來自派往南方廣布巡邏網的偵察機報告。

「敵軍特遣艦隊位置，在本隊二百一十度方向，距離一百八十海里處，往北方急駛中。為包含四艘

7 譯注：一九四四年九月二十九日，聯合艦隊放棄過去在海上指揮的傳統，將司令部遷至神奈川縣慶應大學日吉校區內建設的地下掩體中。

航空母艦、兩艘戰艦之強大部隊。另外，其東方與南方有暴風雨帶。」

沒有被敵人發現，卻首先發現了敵人，小澤判斷這是投球牽制的好時機。他認為也許能靠投球贏個一場，就算贏不了，敵軍也會察覺到我們航空母艦機動部隊的存在。

「本隊將傾全部航空兵力將之擊滅。」

命令傳往全部艦艇。然而，美國特遣艦隊所在的海域有猛烈的暴風雨。小澤在此加上了極為親切的訓示。

「艦載機隊，如因天候狀況判斷難以返回母艦，就降落到菲律賓的陸上基地。同時向本艦聯絡傳達此意。」

這項命令意味的是，儘管艦隊會因此變得手無寸鐵，但只要多一架飛機留在陸上，都會成為全軍的力量。反正艦隊總歸都會全軍覆沒，那樣子反而在戰略上能得到較多益處。

Z字旗在瑞鶴號的島型艦橋高聳的桅杆上翩翩飄揚——皇國興廢在此一戰。四艘航空母艦迎風挺立，由油料補給艦改造而成的輕型航空母艦瑞鳳號，是第三航空戰隊的二號艦。通信官阿部勇少尉，望著那些壓制天空，在圓形編隊正上方飛行，一邊揮動機翼回應來自各艦「揮帽禮」的飛機，他們一邊繞圈，一邊整理編隊。瑞鳳號的八架零式戰鬥機、四架艦載攻擊機天山、四架裝了炸彈的戰鬥機也在其中。阿部想起了比自己還年輕，出身預科練的每一位航空兵的臉孔。他們天真地嬉鬧，笑著飛向就要在數小時內逼近的戰鬥。阿部在心中低聲對著他們的臉孔說：「來世再會吧。」

戰鬥機、轟炸機、攻擊機合計五十八架，組成編隊之後，機影就消失在南方的天空。只有一架從千代田號起飛的戰鬥轟炸機，因為升降舵操作過頭，失速直接衝進海中。這也足以說明日本航艦機動部隊航空攻擊隊的技術現況。在不留情面的航空消耗戰中，就算是技能未達純熟者，也必須加入戰鬥。儘管不能抱著更多期待，這將會是自偷襲珍珠港以來馳騁太平洋的日本機動部隊，最後一次能夠發動組織性空中攻擊的行動。

十一點三十八分。小澤在通知全軍己方部隊位置的電報說：「攻擊隊全數兵力，艦載戰鬥機四十架、艦上轟炸機二十八架、艦上攻擊機六架、艦上偵察機兩架，將攻擊不之二加[8]之敵軍特遣艦隊。」所謂「不之二加」是表示海域的船艦用暗號。這樣一來，全軍都知道敵軍特遣艦隊所在位置了。但還有一件要注意的事情，根據這份電報，攻擊隊總共有七十六架飛機，但實際上從航空母艦起飛的只有五十八架。從這裡可以看到，有很多飛機來不及完成保修、維修或是做得不夠充分，但這樣就能了解這些飛機是如何從四處湊數而來的事實。

儘管這是稍後才發生的事，在一個小時後的零點四十分，栗田艦隊旗艦大和號的電報室確實收到了這份電報。電報室清楚記錄收取這份電報，但不知為何，就是沒有送到艦橋栗田司令部手上，這場海戰的悲劇由此而生。到底有誰能想像到，傳達小澤艦隊已經與敵軍接觸的重要電報，明明已經送到總指揮官的座艦上，卻沒有送到總指揮官手上這樣的重大失誤，最終導致奮不顧身的小澤機動部隊的攻擊無效？栗田司令部的通信員，因為被朝霜號救起，後送到汶萊去了，結果卻因此造成麻煩。是否因為大和

8 譯注：為日軍所用暗號「フシニカ」。

號的電報室沒有辦法消化蜂擁而來的電報呢？（作者注：有關栗田、小澤兩艦隊的通訊問題，請參照本書「結語」。）

現在不是為此嘆氣的時候。攻擊隊振翅，消失在南方的天空。接下來是漫長的等待時間，直到判明攻擊隊的成果之前，需要等待近二小時。

攻擊隊五十八架飛機，由艦載偵察機帶頭，他們也朝向遭第二航空艦隊攻擊隊襲擊的薛曼支隊飛過去。可惜，此次的行動，也被認為如果事前有為了進行協同攻擊而充分溝通過就好了。對瑞鶴號的峯、近松，瑞鳳號的阿部、千歲號的岩松，還有小澤艦隊的官兵們來說，此時靜靜流逝的時間，感覺像是無限期地漫長。

在此稍早的十一點鐘後沒有多久，在蘇祿海上航行的西村中將，對應該會過來會合的第五艦隊司令長官志摩中將發出電報表示：「將在凌晨一點攻進蘇里高。」志摩艦隊是在小澤艦隊的攻擊隊全數起飛完畢的正午前後，收到這封電報。志摩艦隊為了呼應他們，提高速度，並將航行方向改往西南。

幾乎在同一時間，美國的大型偵察機，在內格羅斯島西方發現這支戰力單薄的日本海軍艦隊。在志摩艦隊排頭航行的重巡洋艦那智號的監視哨，也發現這架飛機。但是大型偵察機的身影一轉眼變得像米粒般大小，消失在廣闊天空的藍色裡。如果被發現了，美軍偵察機採取的常見戰法是拉近距離，或是直接發動攻擊。所以志摩司令部判斷此時可能還沒被發現。

但是，隨著發現敵機，不管是否預想敵軍會來襲，志摩艦隊為了呼應西村的電報，最晚必須在一點之前攻進蘇里高海峽。西村、志摩兩支艦隊被賦與的任務，是在同一時間攻進同一個地點。然而奇怪的是，西村沒有打算減速等他，志摩也沒有打算採取任何謀求統一行動的處置。（參本節末作者注。）

儘管根據作戰計畫，要在黎明時攻進雷伊泰灣，志摩艦隊的輕巡洋艦阿武隈號的有村少尉，在途中被告知計畫有變，會在二點或三點時進攻。有村歪著頭想：「海軍一般是筆直地走決定好的路線，居然會有罕見的情況發生呢。」雖然他懷疑可能是發生了什麼狀況，但是個性樂天的有村，毫不打算再深究下去。他認為基層人員什麼都不知道也好，只要全力打就是了，心情反而變得輕鬆。

決戰第一天的上午將要結束。美軍的普林斯頓號嚴重損毀，妙高號掉隊，彼此互相向對方揮出的第一波劍法，不相上下。不，某種意義上是帶著日本的優勢揭幕的。然而，要說海爾賽失望，日本樂觀都還過早。第二波、第三波美軍攻擊隊已經以錫布延海為目標飛去。當然，日本海軍也可以抱著很大的期待。小澤機動部隊珍稀的攻擊隊正往美國特遣艦隊飛去，菲律賓基地的第二航空艦隊攻擊隊，也沒因為上午的損失被打敗，為了要發射第二、第三箭而穩穩地進行攻擊準備。

（作者注：關於為何沒有採取統一行動，是因為指揮系統在軍隊劃分上平行存在。此外也因為志摩艦隊是附屬性的關係，還有志摩、西村兩位中將的資歷順序這道棘手問題。兩人是海軍兵學校同期，到官拜大佐前，西村較資深，然而到晉升大佐時，志摩卻反超他，這樣的背景糾葛也是造成問題的原因之一。）

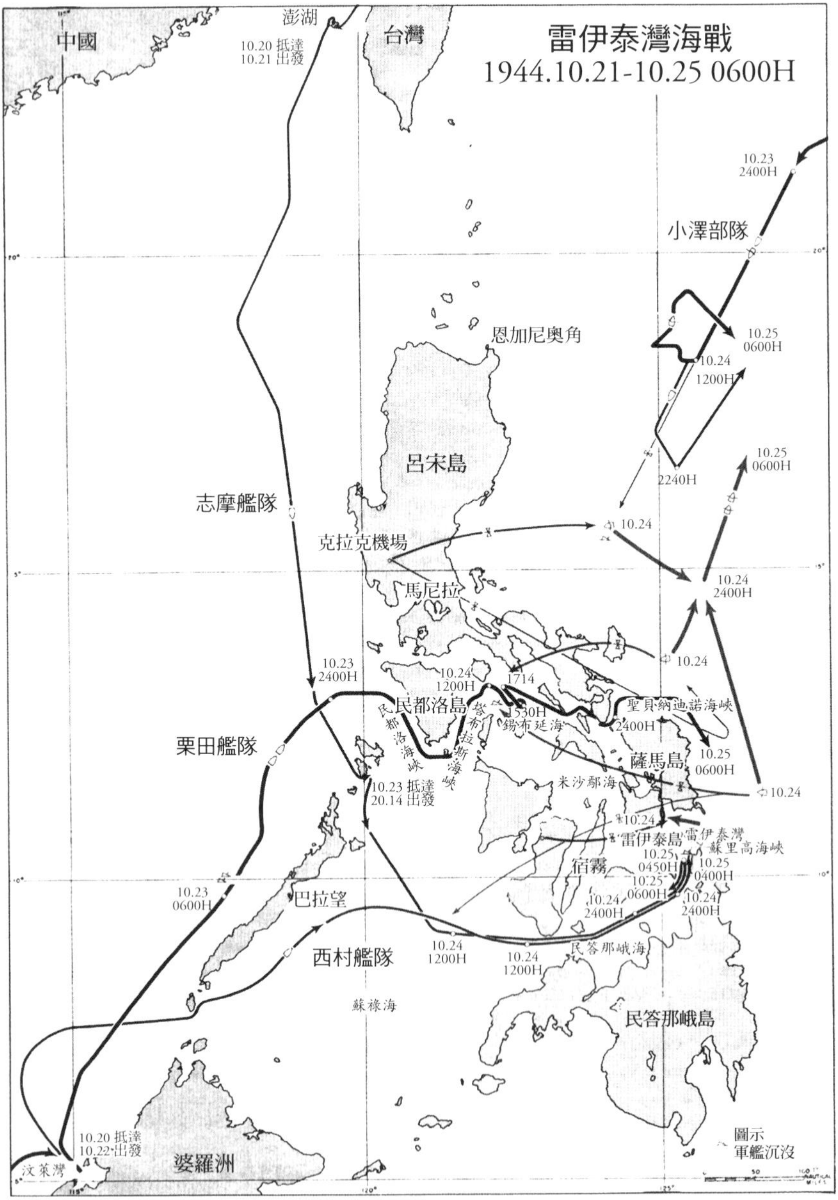
雷伊泰灣海戰
1944.10.21-10.25 0600H
中國
澎湖
10.20 抵達
10.21 出發
台灣
10.23
2400H
小澤部隊
恩加尼奧角
10.25
0600H
10.24
1200H
2240H
10.25
0600H
呂宋島
志摩艦隊
克拉克機場
10.24
馬尼拉
10.24
2400H
10.24
10.23
2400H
10.24
1200H
1714
民都洛島
民都洛海峽
塔布拉斯海峽
1530H
錫布延海
聖貝納迪諾海峽
2400H
10.25
0600H
栗田艦隊
薩馬島
10.24
米沙鄢海
10.23 抵達
20.14 出發
10.24
雷伊泰島
雷伊泰灣
蘇里高海峽
10.25
0450H
10.25
0400H
宿霧
10.25
0600H
10.24
2400H
10.24
2400H
10.23
0600H
巴拉望
10.24
1200H
10.24
1200H
民答那峨海
西村艦隊
蘇祿海
民答那峨島
10.20 抵達
10.22 出發
汶萊灣
婆羅洲
圖示
軍艦沉沒

第四章

犧牲

十月二十四日下午

堅信天佑，全軍突擊

天佑ヲ確信シ、全軍突擊セヨ

1

十二點到十六點

從第一波攻擊時被一枚魚雷擊中的損傷處，武藏號在藍色海面上拖曳出長長一條黑亮的油汙痕跡。然而武藏號只將之視為皮外傷，繼續航行前進。但是，油汙痕跡隨即成了第二波、第三波攻擊隊的絕佳目標。而且出乎武藏號意料，被魚雷擊中的衝擊，導致主砲指揮儀故障無法旋轉，巨砲因而無法齊射。

陽光依然燦爛地照耀，栗田艦隊通過塔布拉斯海峽，進入了錫布延海。武藏號的第一機槍群指揮官星少尉，在第一波攻擊中陣亡了，現在由從摩耶號救起的宇井野誠少尉接替他指揮。換乘到武藏號的原摩耶號官兵，在武藏號上分配到戰鬥位置。不光是宇井野少尉，他們擔任備援人員待命，萬一原本武藏號的人員倒下時，立刻就會接替。

⚓

十二點三分，第二波敵軍攻擊隊背朝太陽衝過來。這些是位於中央的第三十八．二波根特遣支隊的三十五架飛機。栗田艦隊的防空砲火同時炸開，在空中開滿粉紅色、黃色、黑色的花朵。其中有機槍子彈的曳光像火箭一樣在天空奔馳，有的敵機化成火球衝進海中。武藏號持續連射，像是要把一萬五千發砲彈，十三萬發機槍彈都打光一樣。砲彈與槍彈的碎片像暴風雨般落下，海面上濺起了陣陣白色飛沫。

正在這樣的戰鬥時，機槍群指揮官望月少尉大喊：「主砲在搞什麼？快停止射擊啊！」主砲指揮儀故障，直接對在甲板上的機槍群官兵造成影響。因為無法進行統一射擊指揮，所以交由各個主砲砲塔獨立運作。主砲原本的主要任務是用三式彈對敵機遠程射擊，在主砲發射時，機槍兵們要躲避，以避開爆震波。接近到主砲無法射擊的距離內的敵機，接下來應該是由高射砲或機槍負責迎擊。然而因武藏號主砲失去集中射擊管制，各個砲塔七零八落，而且在出乎意料的時候開始射擊。一枚重一點四噸砲彈的巨砲發射，砲擊威力驚人。爆震波穿過甲板，鼓膜因為衝擊被震破的機槍兵，身體騰空飛起。主砲要射擊時，機槍兵應該會收到通知，然而他們卻毫不知情。被隨便在耳邊開砲，是會受不了的。一百二十一挺機槍瞄具被折斷，變得無法發揮全力。然而，能射擊的機槍還算是好的。主砲的爆震波，將附近的機槍座和己方兵員如樹葉般吹飛殺傷。

望月在自己指揮的下屬因為爆震波而陣亡時，對猛烈射擊的主砲有著滿腔的憤怒。他認為身為指揮官，不可能也不允許讓不必死的人死掉。

而且武藏號新增設的機槍座，沒有裝設裝甲保護砲塔就直接暴露在甲板上。一直反覆來襲的敵機機槍掃射，把抓著暴露的機槍一直扣扳機的機槍兵，一個接著一個打倒。其間也有機槍兵目擊像是生物一般，拖著白色航行軌跡的魚雷來襲。由於不能離開崗位逃走，只能持續射擊。下一瞬間，魚雷把官兵粉碎到不見人形。即使如此，生存下來的機槍兵也沒有退縮。

第二波攻擊結束時，遭受集中攻擊的武藏號，因為左舷被三枚魚雷、兩枚二百五十公斤炸彈直接擊中，還有五枚近爆彈造成的重大損傷，速度掉到二十二節，漸漸開始脫隊。毫無疑問，由於主砲指揮儀故障，造成了戰鬥能力降低。

來自摩耶號的池田少尉，既沒有可拿在手的武力，也沒有該就定的位置，一直旁觀武藏號的戰鬥。他到現在還不曉得，這一天是在何時、何處吃過午餐了，只記得曾收到一瓶汽水跟一包餅乾作為戰鬥口糧。他在戰鬥中做的事情，或者說他派給自己的悠哉任務，是統計武藏號擊落的美軍飛機架數，以及究竟有幾枚魚雷與炸彈，擊中了這艘超無畏級戰艦。然而，池田將會實際感覺到，比起在隔離一切的上官廳，一邊因不安跟恐怖發抖、一邊想像戰鬥的推移，能用眼睛確實定睛細看，更讓人分外膽大。他發現，待在上官廳如果是要在戰鬥的空隙時抽菸，往往會因為手發抖，而很難順利點火，現在反而一下子就能點好火了。

美軍的第一波、第二波攻擊就這樣向著以大和號、武藏號為中心的第一部隊集中。然而，如果認為第二部隊的官兵沒有參加戰鬥，那就錯了。在戰艦榛名號的艦橋，注視著戰鬥的通信官榊原少尉，看到僚艦像是發瘋般地跟來自空中的惡魔奮戰的身影，就像是自己也被盯上，心裡也猛烈地持續戰鬥。一旦到了戰鬥駁火的時候，通信官因無事可做，只好幫忙在艦橋做戰鬥紀錄的士官，藉此壓制動輒襲來的恐懼心理。

第二部隊收到來自大和號的「第二部隊加速靠近過來」的通訊命令，提高速度，縮短與第一部隊間的距離。儘管不時會有幾架敵機來襲，但立刻就被全部砲火集中擊退。第二部隊毫髮無傷，而且對著遭受許多炸彈轟炸，扭動身體閃躲魚雷的第一部隊各艦，持續送出心中聲援，他們的心情宛若祈禱。在第二部隊的官兵看來，獨自承受攻擊、奮戰的武藏號，宛如一附有生命的生物，是傾盡完全的智慧與能力戰鬥的艦艇，上頭還有著堅強意志，也飽含悲痛感情。這名凝視著戰鬥的年輕少尉，不願被湧上心頭的感動沖走，他也在自己心裡的戰鬥中作戰。

⚓

大和艦上的艦隊司令部，無法忍受看著在後方，艦首微微低垂、漸漸掉隊而去的僚艦武藏號的身影。接下來敵人可能還會反覆來襲，上空卻連一架掩護的戰鬥機都沒有。不禁令他們懷疑，究竟基地航空隊是否真有對美軍特遣艦隊實施攻擊？還是小澤艦隊按照作戰計畫，把敵人引誘到北方了？儘管大和號的電報室於零點四十一分，收到了來自瑞鶴號的重要電報，但（據說）沒有看到這份電報的栗田司令部神色更顯焦躁。到日落還有半天時間，在預定要用全部航空兵力發動總攻擊的日子，卻在這邊受到了總攻擊。栗田司令部在跟武藏號通訊的同時，焦慮不已。他們受到的災難還會更加嚴重嗎？

一點十五分，栗田司令部帶著督促攻擊的意味，對指揮小澤艦隊以及第一、第二航空艦隊的南西方面艦隊發出電報。

「敵艦載機持續反覆對我進行轟炸及魚雷攻擊，欲請貴隊速報貼近偵察及攻擊狀況。」

對於這份電報的回覆，不會立刻傳來。不，要再次重申，小澤艦隊的攻擊狀況已經送到大和號，然而栗田司令部卻不知道此事，反而是敵軍的第三波攻擊隊要來了。北方的薛曼特遣支隊派出最強的編隊，蜂湧到栗田艦隊上方，時間是下午一點三十分。這支編隊有三十二架魚雷轟炸機、二十架轟炸機、十六架戰鬥機，共計六十八架飛機。栗田艦隊依然朝聖貝納迪諾海峽東進，已經來到錫布延海中央。

美軍機隊的攻擊，以負傷的武藏號為主要目標，當然也包含第一部隊，完好的第二部隊這次也被列為目標。飛機編隊背朝著太陽，像是大群胡蜂般，機身閃耀著金光，把紅得像火焰般的毒箭發射過來。他們飛走的時候，翅膀像玻璃般發光。

大和號的一號砲塔前部，也在這次戰鬥時被兩枚二百五十公斤炸彈擊中。炸彈貫穿了上甲板，在主甲板爆炸，第一次造成人員傷亡。敵機的槍擊、魚雷攻擊進一步持續。一直待在副砲指揮所奮戰的槍砲官市川少尉受命，為了在空襲的間隙調查受損狀況，因而離開指揮所，前往前方的受損處。爆震波跟砲彈破片把碰到的東西全炸飛了。鐵柱醜陋地彎曲，鐵片飛散，艙壁捲起，油漆被燻黑。傷亡者在簡易包紮後用擔架送到緊急救護所。上甲板的住艙與下官廳的浴室，分別成為傷患與陣亡者的收容處所。

市川看到前部搶修指揮官岩部哲郎少尉，躺在附近的戰鬥官科辦公室沙發上。岩部胸前抱著刀柄碎裂、散掉的軍刀，整個頭被繃帶包住，閉著眼睛，繃帶上滲著鮮血。岩部是他的軍校同期。市川不禁喊出：「喂，振作點，傷口很淺啊。」講完之後，對於在這種時候只能發出陳腔濫調，他心裡覺得非常可恥。然而，岩部閉著眼睛，微微點了頭。他呼吸平穩且正常。

市川看見的緊急救護所光景悽慘無比，裡面充滿火藥、血、油，還有鐵跟加了魚肝油的黃藥水的強烈氣味。被爆震波跟砲彈破片弄得亂七八糟的死者之肉、骨、血像地毯一樣鋪滿整片。室內充滿太多死亡，已經到了無法再承受更多的程度了。到處是被燒成焦黑的士兵、緊咬嘴唇的陣亡者、碎裂的手、腳。每個人都還穿著直到剛才還奮勇作戰的戰鬥服，傷口包著急救的簡易包紮。

市川止住了呼吸，黯然無語。他的身體變得僵硬，他想著是什麼區分了死與生？在同一艘艦裡，剛才還吃著同樣的飯，聽到同樣的命令，在同一艘艦上戰鬥的人，就因為位置些微不同、一瞬間的差異，竟然分離到如此程度。那超越了悲慘、殘酷、殘忍、無情這些形容詞。然而，市川反而是到了戰後，才真正強烈感受到戰爭的悲慘……

⚓

薛曼特遣支隊發動的第三波攻擊結束時，時間是下午一點五十分。這次是小澤艦隊的艦載機群，開始對可恨的敵軍母艦發動攻擊。儘管是由只有少量的戰鬥轟炸機十一架、零式戰鬥機六架、一架天山艦上攻擊機組成的單薄攻擊隊，他們卻背負著全軍的期望，勇敢地在紅色火箭之雨中舞動身軀。攻擊機盡是瑞鶴號上的飛機，瑞鳳、千代田、千歲的航空部隊也一併起飛，但是他們在暴風雨跟破片雲中看丟了其他部隊，變成只有瑞鶴隊自己一隊到達敵軍特遣艦隊上空。

二十架F6F格魯曼戰鬥機迎接了這支部隊，攻擊隊立刻就有一架、兩架飛機拉起火焰裙襬墜落。有六架戰鬥轟炸機躲過了猛烈槍擊，勇敢地用極高的俯衝角度對敵軍航空母艦攻擊，但有兩架被砲火擊中起火。攻擊隊員隔著飛機擋風玻璃，看到了兩艘有艦橋的艦隊型航空母艦、一艘齊平甲板構型的輕型航空母艦。炸彈脫離機身，飛行員沒有時間注視自己的炸彈掉落的方向。在用力拉起操縱桿後，就必須把身體像蝦子一樣蜷縮，往圓形陣外逃出。

日本機動部隊最後的攻擊瞬間結束。他們對航空母艦艾賽克斯號投下了一顆近爆彈，兩顆往蘭利號，造成的影響程度些微，但帶有損傷。在列星頓號左舷五十公尺處，也噴起了大水柱，但很遺憾地沒有造成損傷。一點五十三分，薛曼支隊的防空砲火停止了。上空的護衛戰鬥機隊，把來襲的日本飛機幾乎全都擊落後，陸續降落在自己的母艦上。

只有薛曼支隊從早上開始，就一直暴露在日本飛機的反覆攻擊下，只能用無暇應接來形容這狀況。因此，他們到現在還找不到向北方派出偵察機的機會。不光如此，來自小澤艦隊的艦載機離去後，他們以為在時間上得到了一點空檔，但也只是轉眼之間。緊接而來的任務，是收容完成攻擊栗田艦隊任務後返航的己方艦載機。驅逐艦為了救出因為飛機受損而迫降在海上的飛行員，翻遍大海。母艦逆風航行，趕著迎接燃料見底，搖搖晃晃飛抵的小鳥。

二點零五分，搭乘列星頓號的密茲契中將，終於下定了決心。他心想，一直這樣下去，天就要黑了。在阿號作戰時猛衝的密茲契，可能也在這次海戰中被海爾賽上將的獨裁專斷性格壓倒，遭到了冷落。密茲契認為這樣會壞了「勇猛密茲契」的名聲。他決定在沒有戰鬥機護航的情況下，派速度慢的偵察機到北方偵察。密茲契認為襲擊薛曼支隊的飛機，顯然是來自航艦的艦載機，因此懷疑日本機動部隊正在接近當中，把它找出來已經成為燃眉之急。數架偵察機將北方跟東北方的廣闊海面像網目般分區，從列星頓號的甲板上起飛而去。

密茲契的參謀長伯克少將目送偵察機，低聲說：「這真是場直冒冷汗、讓人討厭的戰鬥啊。」偵察機在雲朵碎散飄浮的空中飛行。在東南方數英里外，在那片不時有劇烈暴風雨的海面上，看得到普林斯頓號陷入火海噴起的煙雲。巡洋艦伯明罕號率領四艘驅逐艦靠近普林斯頓號舷側，冒著幾乎連自己都要被燒著的烈焰，用幫浦不斷灑水搶救。

⚓

位在列星頓號偵察機飛行方向外約一百五十海里處海域的小澤艦隊，在戰鬥空檔中依然艱苦的奮戰。從攻擊隊出擊開始已過了二個多小時，差不多該收到航空攻擊報告，卻不知道為什麼連一份也沒有送來。聯絡斷了，這恐怕意味著配有無線電發報機的艦上攻擊機、轟炸機遭受了嚴重損失。小澤艦隊的苦惱加深，覺得攻擊也未能發揮扭轉乾坤的效用，而且也無法達成把敵軍航空母艦引誘到北方的目的。

更讓人痛心的，是來自栗田艦隊的受害電報接連傳來。作戰顯然就要失敗了。

小澤長官下定決心——為了要讓作戰成功，有必要付出一切犧牲，進行徹底戰鬥，要用失去羽翼的艦隊僅剩下的戰力，也就是用大砲對敵軍特遣艦隊發動攻擊。然後不顧一切，一心把敵人給呼喚過來！不管會被批魯莽，還是被稱讚勇敢，他不介意這些小節。小澤決意豁出去。

二點三十九分，電文下達給全艦隊。

「我將堅決南進。前衛部隊應進入南方。抓住良機接觸敵軍艦隊，加以擊滅。」

大和號的電報室也收到了這份電報，結果卻沒有送到作戰室的栗田艦隊司令部。為什麼呢？悲哀的錯誤依然持續發生。

前衛部隊的日向號與伊勢號航空戰艦、秋月號、初月號、若月號、霜月號驅逐艦等六艦，立刻展開行動。伊勢號的標定官高田少尉，因為輪到自己上場而極度振奮。他認為要是對手是飛機的話，就不值得一提，但如果是要對敵軍艦隊進行砲擊戰，一直以來不斷反覆訓練的成果會直接展現效果。高田對友軍被逼入了極度不利的態勢一事，漠不關心。就算他知道了，也還是能泰然自若。這原本就是已無法用普通方法解決，只能孤注一擲的困難作戰。高田放下原本打算拿來射擊敵機，跟下屬一起充分保養的陸戰用機槍。派不上用場的武器，已經沒用處了。

當小澤決心南下時，栗田艦隊正遭受第四波空襲，數量約二十五架。南方的第三十八．四戴維森特遣支隊，也已經加入攻擊部隊行列。第二部隊的熊野號巡洋艦的艦務官大場少尉，其戰鬥位置是損管人員。他在部署位置的最上層甲板待命，得以清楚眺望戰鬥。映入大場眼簾的是友軍接連負傷，而前來攻擊的敵機卻彷彿不斷補充新銳部隊，源源不絕地投入戰鬥。艦載機想要在空中占據有利的攻擊位置，縱向、橫向四處飛，然後像禿鷹一樣襲擊過來，掠過桅頂大角度爬升。角度大到迎擊、追擊的日軍機槍都來不及迴轉。

熊野號是第七戰隊旗艦，以司令官白石萬隆中將為首的司令部幕僚，就在熊野號上。白石中將另當別論，幕僚當中有人自出擊以來就盛氣凌人，行為舉止簡直像特權階級；到戰鬥開始之前，有人不僅傲慢、仗勢欺人還官僚。大場聽過在艦橋的戰友曾提及，就是那種幕僚，會在遭受機槍掃射的時候，比誰都先把頭縮起來、身體趴下去。他想起了愈弱的狗愈會吠這句俗語，感到荒謬不已。

互相合作，高度協調的敵機襲擊，像浪潮一樣退去，砲聲也停了。大場如看著珍奇景物般，眺望砲煙變成雲飄走，最後散掉，接著就全是一望無際的深藍色海洋的情景。無法相信在這和平之海上才剛發生過慘烈的戰鬥。他看到受損的武藏號在第二部隊前方很近的地方漂浮，速度掉下來的巨艦，像是邊摸索著邊走般在海上爬行。清霜號驅逐艦在旁邊繞著，護衛著武藏號。

武藏號既沒有起火，也沒有冒煙，但是往左邊傾斜了大約十度。已經在能夠注水的部分注滿水了，也讓格外突出的艦首菊花皇紋露出水面，總算讓砲塔前方、上甲板的最底線，能夠在漂滿燃油的海面上露出來。半數以上的機槍兵陣亡、負傷，三分之一的機槍無法使用。彈藥搬運兵數量也減少一半以下，武藏號的戰鬥力被剝奪。現在，栗田長官下令要往馬尼拉撤退，武藏號已經遠遠落後於第一部隊，在第二部隊左前方四、五千公尺處的海上緩慢退避。

此時，第七戰隊三號艦重巡洋艦利根號艦長，黛治夫大佐判斷，第二部隊若全力加以掩護的話，還能拯救武藏號。所以就對第二部隊旗艦金剛號戰艦發送訊號。

「我認為有必要掩護武藏。」

答覆立刻送了過來。

「利根應立刻到武藏北方，擔任該艦警戒。」

收到命令時，黛治夫艦長露出憤怒表情。看武藏號的狀態，不可能單靠一艘利根號跟一艘驅逐艦就能保護。大佐認為，如果認真要救武藏號，應該要用第二部隊的全部艦艇來保護她，就算速度降低，也要讓她到達雷伊泰灣，讓她的巨砲打到彈藥庫空了為止。但是，命令至上，更何況這裡是戰場。艦長下達命令：

「左滿舵，第四作戰速度。」

利根號離開第二部隊的圓形陣，往受損的武藏號靠近。根據至今戰爭經驗所獲得的教訓，艦長知道離開圓形陣的艦艇是敵軍的絕佳目標，然而，壯士一去不復返。利根號的十三號電探雷達，很快就捕捉到敵軍第五波大編隊。下午三點十五分，南海的太陽稍微開始西斜。利根號的黛治夫艦長興高采烈地說：

「喂，大家做好覺悟啊！」

聲納官兒島少尉不待艦長命令，已經有所覺悟。他認為要保護武藏號，就是要幫武藏號減少前來攻擊的敵機，不管是一架還是兩架，那也就意味著利根號要接替武藏號的位子。兒島沉浸在前所未有的感動中，那是官兵間的友情、海上的合作精神，還有要達成這些的強固意志。利根號的任務，是承受數量龐大的敵機攻擊，徹底守護武藏號，而自己所屬的這艘利根號，要跟其他人合作，擊退敵人。這不是件能展現男子氣概、值得驕傲的事嗎？

利根號從北方二千公尺處，擊落要攻擊武藏號的敵機。武藏號本身的砲火防禦正在崩潰，巨砲已無法射擊。為了防止因為艦艇傾斜導致爆炸，彈藥庫已經注滿了水。但利根號並不知道這件事。利根號想要幫助武藏號，各個官兵心甘情願做了捨身的覺悟，不就是為了把她的巨砲帶到雷伊泰灣嗎？沒有主砲的武藏號，不過就是座廢鐵山。然而利根號為了徹底保護那堆廢鐵，拚命地砲擊。的確，利根號的戰鬥精神對武藏號來說，正是偉大的男子漢友情。

然而對敵機而言，這就是煩人且多餘的掩護。其中三十五架飛機受不了了，為了埋葬替補武藏號的利根號，一舉壓境。兒島被憤怒與憎惡衝昏頭，往那個方向看去。他沒有感到恐懼，他認為不該忍受這種囂張的挑戰。然而兒島絕望地知道，艦艇面對飛機是無力抵抗的。

從摩耶號換乘到武藏號的池田少尉，此時被直擊整個人炸飛了。事情緊接在他陷入奇怪錯覺後發生的，他認為可能是因為從早上開始的轟鳴聲、爆炸煙霧導致感覺麻痺了。他看著因為高射砲彈爆炸而被染上絢麗色彩的上空，看到入迷，連自己身在戰場都忘了，在想起故鄉煙火大會的那一瞬間，眼前一片黑。然後發現意識也消失了。「死！這就是所謂的死嗎？」母親的容顏在腦中出現，又即刻消失，連痛苦都沒有，一切就消逝在虛無中……

⚓

海爾賽對於已經投入特遣艦隊所有飛機攻擊，並且接連不斷造成重大損傷，卻還圖謀突破聖貝納迪諾海峽欲東進過來的日本艦隊，感到非常火大。而且到這個時候了，卻連一艘日本航空母艦都沒發現。太陽很快就要下山，為了到日落為止要收容好全部飛機，再攻擊一次就是極限。再下去就不可能從空中攻擊了。日本艦隊會突破海峽而來嗎？狀況稍微開始變得混亂，海爾賽被迫要進行明確判斷與迅速處置。

三點十一分，當雷達捕捉到敵軍大編隊，利根號為此振奮不已時，海爾賽對全艦隊下達一道命令，內容是「預定」要從特遣艦隊抽調艦艇，編成一支由五艘高速戰艦、兩艘重巡洋艦、三艘輕巡洋艦、十四艘驅逐艦組成，作為水面戰鬥部隊的第三十四特遣艦隊。海爾賽的意圖，是假若日本艦隊在夜間強行突破海峽過來，就用主砲砲擊的艦隊決戰來一決勝負。為此他任命砲術家威利斯・李中將為指揮官。海爾賽就這樣做好了萬一要進行夜戰的準備。

⚓

然後在這二十分鐘後，栗田艦隊卻採取海爾賽沒有預期到的行動……

當這一天最大規模，擁有飛機一百架以上的第五波攻擊部隊離開時，武藏號揚著細浪，依然往西方移動，速度一節。艦橋、機槍座、建材、甲板被燒爛、拉起，變成巨大的漂浮鐵塊。腸子、腳、手、頭，到處散亂，艦艇被血染成鮮紅。要讓這艘巨艦再挺立起來，需要永恆的時間與無限的努力。利根號也受損了，被兩枚炸彈擊中。清霜號也有傷亡發生。因為狀況令人擔心，武藏號艦長豬口少將向栗田中將請求加派一艘驅逐艦。栗田立刻派出驅逐艦島風號前往武藏號處，同時在三點三十五分，栗田竟然對全軍下令掉頭向西。

方向往西，不就是要背向聖貝納迪諾海峽，不，是要背向目的地雷伊泰灣了嗎？栗田司令部顯然動搖了。連一架在空中掩護的飛機都沒有，對作戰的情況完全無法掌握，就算偶爾有情資傳進來，也是不正確、半吊子的情資，有些甚至相互矛盾。在晴朗明亮，白天時間漫長的一天裡，艦隊一直暴露在猛烈的攻擊下。從原本五艘戰艦、十二艘巡洋艦、十五艘驅逐艦的艦隊戰力，現在減少到四艘戰艦、八艘巡洋艦、十一艘驅逐艦，而且各艦都受損，艦隊速度無法超過二十二節，艦隊變得不安定。小澤艦隊的誘餌作戰完全沒有成功的跡象，感覺只有栗田艦隊在孤軍奮鬥，被迫做出莫大犧牲。這樣下去，艦隊很快就要進入海峽狹窄的區域。要是在那裡受到空襲的話，等於是自投死地，這導致栗田艦隊司令部做出「掉頭」的決定。艦隊以旗艦大和號為中心，輕輕地掉頭一百八十度。

大和號的槍砲官市川少尉，走出副砲指揮所看到的光景，是槍管發燙的機槍，插在甲板上近爆彈的破片與敵機槍擊的彈痕，還有用擔架搬往甲板的傷亡機槍兵、高射砲班兵。擔任下官廳勤務兵的上等兵也在其中，他的下半身染成紅色。市川喊了他的名字，但因為痛苦，上等兵只能呻吟回應。岩部少尉頭部的傷奇蹟般地很淺。市川像是在懷念過去一樣，想起自己在第四波空襲時，聽到「防空戰鬥，就定位！」的警報，站起身對岩部說：「岩部，你要活著啊！」然後跑回崗位。

⚓

在朝西航行的同時，榛名號戰艦又再次經過正在拚命不讓自己沉沒的武藏號，榛名號的榊原少尉，正在跟內心的矛盾戰鬥。他心裡想著不要去看那即將沉沒的友艦，儘管他知道那會讓士氣低落，但雙眼還是不經意地朝向武藏號。他看見武藏正慢吞吞地畫著大圓圈。武藏號的船舵故障了嗎？他想起了被派上武藏號的幾位同期面孔，認為他們一定還活著，就是因為他們活著，很有精神地努力著，所以武藏號才沒有沉沒的。即使如此，榊原覺得肩膀好痛，他到現在才發現自己身體被破片打中受傷了。雖然只是擦傷，但突然深刻感到疼痛。

⚓

矢矧號巡洋艦的大坪少尉，也突然在腦中想起了武藏號上的同期。但他不在意他們的生死，也沒有對武藏號的慘狀感到畏懼。他極為乾脆地認為，自己總有一天也會走上相同的命運，死亡，就在他身邊的矢矧艦上發生著——是兩次直接命中。而且，他也忘不了今早佐藤飛行少尉的死，他胸前口袋裝著愛妻的照片起飛，那件事就緊接在第二波攻擊之後。在佐藤最後用無線電通報：「我被三架敵軍戰鬥機追擊。」之後聯絡就中斷了。在戰場上，讓人覺得欣慰的事情連一件也沒有發生。大坪覺得很奇怪，為什麼艦隊現在掉頭，是因為作戰中止了嗎？

沒有東西比「我雖受若干損傷，但無礙戰鬥航行」的電報，更令磯風號驅逐艦的通信官越智少尉高興。這是旗艦大和號緊接在激烈戰鬥之後，向全軍發送的電報。越智心想，就是這樣，那時候他鬥志滿溢到鼓掌。與其說是他，不如說驅逐艦磯風號這艘船本身，就是戰鬥精神的結晶。磯風號是自開戰以來，在偷襲珍珠港、第二次所羅門海戰、南太平洋海戰、瓜達康納爾撤退作戰、第一次及第二次維拉拉維拉海戰，馬里亞納海戰（阿號作戰）中，不斷奮戰生存至今的沙場老將，因此艦內風氣粗獷。儘管越智少尉在初任官登艦時，當場就被怒罵到慘叫，但現在他自己也粗暴、激烈地燃燒著。所以越智對現在大和號認為戰鬥航行無礙，卻率先要撤退的決定，不滿到受不了。越智輕輕敲了海圖上的雷伊泰灣好幾次，喊著：「到底是要去哪裡。是這裡！去這裡！東進！」

⚓

早霜號驅逐艦的石塚少尉，對二十五公厘機槍開始感到無比親近。機槍槍管因為連續射擊而變紅發熱，即使把機槍粗魯地操作到快故障的程度，機槍還是沒有問題，依然繼續發威。這挺機槍是用「可靠」這詞根本不足以形容的好朋友，石塚因為漸漸掌握跟這個可靠的槍械融為一體、對抗敵機的戰鬥訣竅，心中暗自滿意、自得其樂。說是「人槍合一」也不為過。從第一波攻擊到第五波之間，石塚的戰鬥表現確實已有所轉變。他逐漸理解與敵機對峙的微妙距離，學會在最逼近的剎那交火，拚命射擊到敵機急速脫離之時——甚至也逐漸能體會到，在交戰結束那瞬間，彼此都鬆一口氣的情緒交流。

就在他掌握這一切之時，戰鬥宣告結束，全艦隊正開始往西邊退避。

栗田艦隊用十八節速度，向西，向西前進。彷彿就像是艦隊無法忍受漫長、明亮的一整天持續下來的死亡痛苦，想從戰場離開。因此，原本要在日落後一小時強行突破聖貝納迪諾海峽的預定計畫亂掉了。下午四點，栗田用電報向聯合艦隊司令長官報告：

「第一游擊部隊主力，原本意圖與航空作戰策應，在日落後約一小時突破聖貝納迪諾海峽。然而敵軍自八點三十五分至十五點三十分之間派出二百五十架以上飛機攻擊我方，其機數與攻擊劇烈程度每波增加。與之相反，至今的航空偵察成果亦無法期待，只有被害逐漸增加，故勉強攻進亦只會徒成好靶，難期勝算。暫時退避到敵人空襲範圍外。判斷可策應友軍部隊戰果後進擊。一六〇〇『錫布延』海（北緯十三度零分，東經一百二十二度四十分）。」

為了激勵、督促陸基航空部隊，這份電報也發給了第一、第二航空艦隊司令。但兩位航空艦隊長官也並沒有眼睜睜看著栗田艦隊被攻擊。雖然他們在上午的第一波、第二波攻擊隊中，就有六十七架飛機未歸，仍然打起精神在下午派出第三波、第四波攻擊隊。然而因為天候不佳，全隊折返基地。福留中將仍不屈服，這時候仍然想要斷然實施薄暮攻擊，派出第五波攻擊隊二十四架飛機。在栗田艦隊訴說敵軍特遣艦隊囂張跋扈，懇切希望加以攻擊之前，陸基航空隊也早已投入全力戰鬥了。然而運氣不在我手，也就是無法拿出電文中所說的「友軍部隊戰果」。

2

十六點到十九點

下午四點，海爾賽收到艦載機隊有關栗田艦隊最新且意想不到的偵察報告。根據這份報告，栗田艦隊位在北緯十二度四十二分，東經一百二十二度三十九分的海域。他想，這個位置不是在距離這一天最後一波（第五波）攻擊隊突擊的海面十四海里外的西邊嗎？海爾賽首度得知栗田艦隊正在西行。而且飛行員的報告中，做出認為「栗田艦隊正在撤退當中」的結論。海爾賽也判斷敵軍艦隊受到重大打擊，正在逃跑。

不光是敵將海爾賽判斷栗田艦隊正在撤退，位在北方海面機動部隊的小澤也有同樣的想法。四點半左右，截聽到栗田發給聯合艦隊司令長官電文的小澤，懷疑是否因自己的機動部隊引誘敵人失敗，栗田艦隊放棄任務而些微地動搖了。在戰果不明的情況下，起飛的攻擊隊通訊中斷了，不光是戰果不明，返航回來的飛機，到當時為止也只算到兩架。小澤司令部推測，其他的飛機大概是到菲律賓的基地去了，這樣子就必須老實承認艦隊沒有艦載機了。即便如此，小澤艦隊還是必須要捨命執行為了把栗田艦隊送到雷伊泰灣，而戰到全軍覆滅為止的崇高任務嗎？

千歲號的艦長侍從官岩松少尉，在等待著

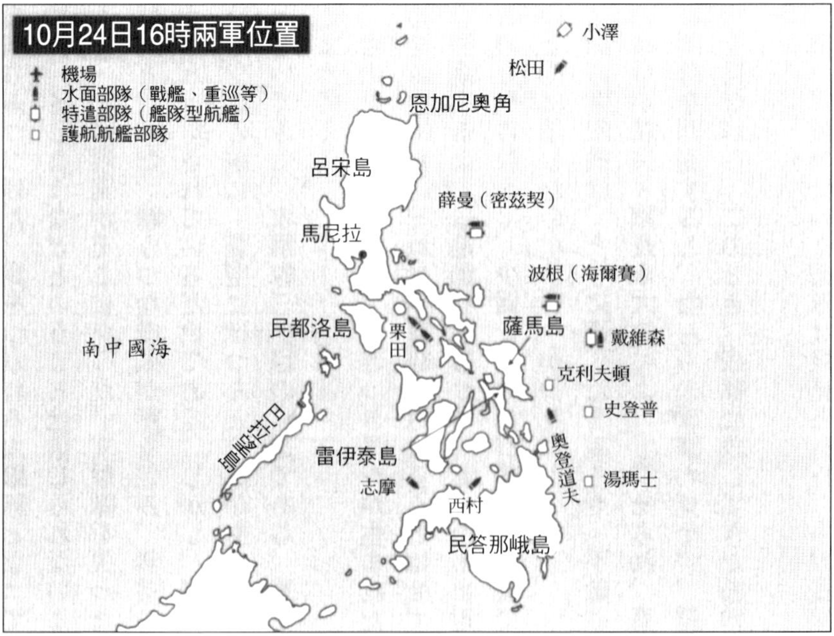

不會回來的艦載機而持續巡航的母艦上，一直望向南方的天空。他無法相信排成機翼相連的大編隊、出發攻擊的友軍飛機，就這樣消失在地平線底盡頭。然而，只有兩架飛機回來的嚴峻現實就擺在那裡。失去攻擊隊的機動部隊，之後連偵察都無法如願。沉重的氣氛籠罩著，時間無言地流逝，接著只剩下專心求死而戰了。但是，怎麼能白死？在步入那種思維的岩松眼中，藍天裡出現突出的黑點，黑點看著看著愈變愈大，最後轟鳴聲傳到耳裡來了——是攻擊隊第三架飛機回來了。揮動機翼到達母艦上空的飛機，往旗艦瑞鶴號航艦靠近。

岩松接著在剛才黑點出現的天空位置附近，看到另一個黑點浮現。那架飛機沒有一直線逼近，而是由左往右移動，躲進雲間，做出遠遠地迴避艦隊的動作，然後慢慢靠近過來。岩松發現那架飛機是敵人的偵察機，一定是跟在友軍後面過來的。敵軍的偵察機，一來到艦隊上空，大膽地向千歲號航艦俯衝。艦長岸良幸大佐立刻發出防空戰鬥命令，高射砲，防空機槍一齊噴火。敵機沒有作勢要進行任何攻擊，立刻逃走。岩松看著敵機消失的深藍色天空，在此時想起了留在故鄉的未婚妻容顏，心情酸甜參半。

⚓

現在艦隊被敵軍偵察機發現了。此時，小澤艦隊的士官與士兵心中都產生了揮之不去的詭異疑問。他們認為沒有飛機的航空母艦，就像是漂浮的臉盆，所以當然要趕緊逃走才是正常的戰法不是嗎？然而機動部隊卻持續南進。旗艦瑞鶴號航海官近松少尉頭一次查覺到，這項被交付的佯動特殊任務，是預期會全軍覆沒的準特攻作戰。沒有飛機的臉盆集團，被猛打、被揍、被踹，也必須要斷然戰鬥嗎？近松身體發抖，他不是因為害怕而顫抖，反倒是滿溢著「好，就去被揍吧」，這樣的敢鬥精神。現在，南進就是艦隊的任務。

各種電報、通訊，還有閃光信號構成的情資，交錯傳進海爾賽的座艦紐澤西號戰艦的電訊室。當中最重要的情資，是從三支特遣支隊起飛的攻擊隊，各自達成的大戰果報告。第三十八．二、第三十八．三、第三十八．四等特遣支隊儼然就像搶奪功勞一樣，把攻擊成功的數字浮誇上報。因為海爾賽搭乘戰艦，無法用自己的耳朵親自向結束戰鬥回來的飛行員確認實情，結果只能等正式戰鬥報告的上呈。根據那些報告，有四到五艘戰艦被魚雷攻擊或是轟炸造成嚴重損傷，其中有一艘大和級戰艦起火沉沒，最少三艘巡洋艦受魚雷攻擊或是因轟炸嚴重損傷而停航，還有一艘輕巡洋艦爆炸沉沒，一艘驅逐艦被擊沉，四艘受損速度大減，其他艦艇也都有所損傷。

海爾賽把這份戰鬥報告，送至尼米茲上將與麥克阿瑟上將，當然也有送給正在支援登陸部隊的金凱德中將，還不忘要他安心。然後還帶著滿滿的自信，在報告的最後，寫下暗示栗田艦隊已經不構成威脅的注記。

當海爾賽發出這份勝利報告，幾乎發生在同一時間，下午很晚才從第三十八．三薛曼特遣支隊起飛的偵察機，送來了在北方發現日本機動部隊的報告。「在呂宋島北端東方約一百三十海里海上，有朝二百八十度方向，以十六節速度前進的以四艘航空母艦為中心的艦隊」的報告，給有點沉醉在大戰果中的海爾賽帶來了強烈的衝擊。時間是下午四點四十分左右。他認為，自己差點就要被敵人給暗算了嗎？

特遣艦隊的幾位將軍，一齊將眼光放向了北方。狀況不容猶豫，海爾賽命令全軍集結。薛曼少將下令，讓在東方海面上漂流、如火山般噴發火焰的航空母艦普林斯頓號自沉，他認為這是艘早晚必須沉沒的航空母艦。在距此約一小時前，燃燒的航空母艦發生大爆炸，導致前來救援的巡洋艦伯明罕號嚴重受損。呈鋸齒狀的鋼板、跟屋頂差不多大的鐵板、各種碎片飛散到巡洋艦上，一瞬間把巡洋艦變成了靈骨塔。死者二百二十九名，輕傷、重傷者合計四百二十名。輕巡洋艦雷諾號，朝這艘像被惡魔附身般熊熊燃燒的航空母艦發射兩枚魚雷。四點四十九分，魚雷命中彈藥庫，航空母艦斷成兩截沉沒。對美國艦隊來說，這是自從重巡洋艦芝加哥號去年一月在拉納爾島海戰沉沒之後，就沒再發生過的主力艦艇損失。

儘管普林斯頓號沉了，武藏號卻依然為了活下去而努力。在往前方傾倒，而且隨時間更加傾斜的武藏號一號砲塔的左舷，海水開始上升。艦尾逐漸抬高，艦首沒入水中。武藏號住艙裡，從很早之前就流行著「活下來，事情才算結束」這句話，是相信武藏號不會沉沒的信念，驅使官兵創出這個標語。

在左舷的防空指揮官廣瀨大尉陣亡後，一直擔任左舷全體防空指揮的望月少尉，依然為了因應敵軍來襲而待在戰鬥位置上。然而看著時刻湧上的黑暗水面，他感覺自己對「不沉」的信念似乎將會崩潰。因為武藏號的艦橋、主砲等上層結構很重，重心很高，傾斜超過二十七度就會翻覆，望月沒聽人講過也知道這件事。雖然不知道現在已傾斜幾度了，但是實在太多敵軍魚雷聚集擊中左舷。軍艦已經不可能靠注水復原，儘管速度很慢，傾斜程度似乎確實在增加。若是這樣，末日最後還是會來到的。

在碰到末日這個詞的時候，望月的腦海中，突然浮現同期航海官，福田靖少尉在即將出擊之前，在新加坡上岸，挑選要給母親的紀念品時露出的開心笑容。直接命中的炸彈把防空指揮所的一方舷側削掉，貫穿下方的艦橋爆炸。那一刻，那個年輕的笑容在一瞬間永遠消失了。望月到現在還無法相信福田已經戰死的事實。

標定官高地少尉，想要見同期的戶邊順吾少尉，他像是在過吊橋一樣輕輕地跳著走過滿是坑洞的甲板，到了後方的機槍指揮所。戶邊在被半毀的鋼鐵圍住的指揮所坐下，點了菸。然後看到高地的身影就說：「喔……」兩人彼此心裡都深感，「你還活著啊。」

高地說：「傾斜得滿嚴重的，你有到艦內走過、看過了嗎？」個性放蕩不羈的戶邊卻露出笑容說：「不，因為我覺得走過看過也沒有辦法解決問題，所以就在這裡看啦。這艘軍艦也要沉囉。」高地不認為會沉，也不認為不會沉。只要彈藥庫沒爆炸，不是就不會沉嗎？戶邊彷彿要消除高地這種半信半疑的想法，確信地說：「是時間問題。一定會沉。啊，在那之前餐廳還開嗎？」

兩位少尉並排坐下，俯瞰著傾斜的海洋，邊喝汽水，邊吃羊羹。戰鬥結束了，讓人喘不過氣的沉默支配了武藏號。儘管近乎是廢墟，活下來的人們在傾斜的艦上，默默地執行各自的任務。收容屍體，用幫浦沖洗甲板上的血肉，灑水冷卻高射砲、機槍等。

然後戶邊少尉低聲地說：

「到了終於要死的狀況，真的很奇怪啊，在戰鬥中死掉的話另當別論，現在重新面對就要死了的狀態，就覺得有點著急啊。你不這樣認為嗎？」
高地對進逼過來的死亡預感比較淡薄，心情上也沒有空間針對死亡保持什麼想法。
「我沒怎麼去想死這件事耶。只有漠然地想，艦沉了就游泳。變成這樣的話，就沒必要死了吧？但是你好像已經徹底看破這些事情了……」
這期間，武藏號的傾斜情況已經演變成每個人都能感覺到了。高地正要去執行任務而站起來的時候，戶邊交給他一個白色信封說：「能幫我拿著這個嗎？」那很明顯是遺書。
「因為是現在這種情況我才講。我對生命的執著，深到連我自己都覺得可恥。明明是自己的想法，卻對自己心生厭惡。在今天的戰鬥中，自己是完全放棄生命在打的，但是一結束後，卻反而在想生跟死的事情了。我討厭拘泥於那樣的『我』。我想如果艦艇沉了，就不帶情感地行動看看。活也好，死也好，因為這沒有第二次的機會了。」
朋友一邊用力撕開靈魂的內牆一邊說。
「我比你更懂得珍惜生命喔。既然你講到這樣，我也要說，不怕死是沒有意義，是很蠢的事。我現在想要跟你當更久的好朋友。你的遺言，應該要你活下來從你的嘴裡講出來。我要把這個撕掉。好嗎……」
戶邊沉默了。高地直接把疑似是遺言的信封撕碎，丟進旁邊的傳聲管，然後再跟戶邊互看一眼、分別。高地走在通往官廳的路上，突然感覺到戶邊所憧憬，也常跟夥伴們提起的女演員水戶光子的面容，以及剛剛分別的戶邊的笑容，在他的內心重疊起來了。

被爆震波吹走的池田恢復了意識，不知道已經過了多久的時間。他跟大概三十名官兵，一起像骨牌被推倒般跌倒——倒不如說是鋼鐵的天花板、艙壁、地板像砸雞蛋一樣把人壓爛。他看見血肉模糊地黏在血跡上的肉片、燒得焦黑的腳、眼球凸出來的臉。池田茫然呆立，他也因為胸部劇痛吐血好幾次。耳朵可能是因為鼓膜破裂，他失去了一切聽力。戰鬥服上衣五個鈕扣也都被炸飛了，上衣變成像細繩門簾一樣，縱向細細裂成幾十條。池田沒有因為自己幸運地位處角落撿回一命而感動。

漫長的一天正要結束。澄澈如鏡的錫布延海，映照著彷彿遺忘激戰的美麗夕陽，各個島嶼飄著熱帶性薄霧，周圍漸漸被暮色包圍。艦橋的玻璃、十二公分望遠鏡也因夕陽照射，反射著紅光。

五點十四分，栗田中將在大和號艦橋說：「現在可以了，回頭吧。」

就這樣，栗田艦隊再度改變航向，轉一百二十度方向，恢復向東航行，朝聖貝納迪諾海峽前進，因為預見今天的空襲已經結束。就算這樣，在三點過後的第五波空襲之後，到天黑明明還有數小時時間，為什麼美軍飛機沒有現身？那是因為海爾賽發現了位於北方的小澤艦隊，因此中止攻擊，命令三支特遣支隊集結追過去，當然，栗田司令部不會知道這件事。

看到消失在地平線彼端的栗田艦隊又回來了，最高興的恐怕是武藏號艦長豬口敏平少將。他在遺書裡寫道：「本艦的損失極大，因此，我懷疑本艦是否對於要擊滅敵軍的戰鬥一事變得消極，也並非是不自然的事情。」艦隊西進的行動，對充滿鬥志的豬口艦長來說，也是消極的嗎？現在栗田艦隊再次回頭前往雷伊泰灣。這不是喜悅是什麼呢？打破戰場運勢的機會又來了。

從摩耶號來到武藏號的官兵裡，其中還能作戰的人，此時正移轉到靠在武藏號左舷後部的島風號驅逐艦上。聽到艦務官喊：「有摩耶號的人嗎？」而趕過去的人數大幅減少。二百一十七人陣亡，其他還有因受傷動彈不得者。在摩耶號爆炸沉沒時撿回來的命，再次跟武藏號一起丟掉了。摩耶號的池田平安無事，他像是被戰友抱著般走過墊板，換乘到島風號去。接替的機槍指揮官宇井野少尉，也轉移到島風號。在轉乘的時候，同期的戶邊少尉，在舷側露出精神充沛的笑容揮手送別的情景，詭異地在宇井野內心深處留下記憶。

就這樣，島風號載了還要繼續作戰的摩耶號生還者，到下午六點，跟濱風號驅逐艦交接護衛武藏號的任務，回到從武藏號旁邊通過的第一部隊的圓形編隊中。接著濱風號全速往武藏號接近。

⚓

利根號巡洋艦也中止為武藏號警戒的任務，再度回到第二部隊的固定位置，並對金剛號戰艦發出訊號：「千載難逢，我艦要參加決戰。」利根號的黛艦長及部下，正猛烈燃燒著戰鬥精神。然而，第二部隊旗艦卻無視要求，答覆：「繼續現在的任務。」反而是走在遠處前方的栗田司令部，認同利根號的突擊精神，從大和號傳來了命令：「利根號回到第七戰隊。」就這樣，第二部隊發出的訊息失效了。時間是下午六點三十分，以艦長為首的利根號官兵，一齊歡聲雷動。聲納官兒島少尉心想，這樣那些因為保護武藏號、所以中了兩枚炸彈而陣亡的人，也會得到安慰。雖然疲勞、緊張、不安、恐懼這些實在不受歡迎的東西，可能會一起找上門，但是攻擊雷伊泰灣才是他們的本命。太陽已經完全下山，栗田艦隊把受傷的武藏號跟兩艘驅逐艦留在漆黑的海上，繼續東進。除了在舷側跟波浪嬉鬧而開始發光的夜光藻，海洋上跟天空中連一點亮光都沒有。

3

十九點到二十三點

這如同是象徵捷一號作戰本身的一句話。

「堅信天佑，全軍突擊」

這份來自聯合艦隊司令長官的命令送到大和艦上時，時間是六點五十九分。接到栗田艦隊表示要掉頭西撤電報的聯合艦隊司令部，感到無比震怒、驚愕。他們知道因為連一架護航的飛機都沒辦法派給栗田艦隊，所以栗田艦隊被迫苦戰。但是他們認為，眼前若在這裡退下，今後何時還能把水面艦隊用於決戰？實際上，小澤艦隊跟西村艦隊都斷然朝敵方進擊不是嗎？豐田聯合艦隊司令長官，決心要把菲律賓作為日本海軍葬身之地的總體戰思想，在此發揮了作用，總之就是要帶著激勵行動。他決定發出海軍成立以來最悲壯的電報。豐田長官憑著將要死亡的心情，下令艦隊就算會被完全殲滅，也要進擊。

然而，這道姿態很高的命令，並不受早在超過一小時之前就再度掉頭朝著敵人而去的栗田司令部歡迎。他們認為，因為栗田艦隊向西掉頭，就堅信那是撤退的聯合艦隊，他們驚慌失措的樣子，不是清楚擺在眼前了嗎？如果更正確地閱讀掉頭的電報，就會發現是要「暫時到敵機空襲範圍外退避」，沒有一行文字意圖要繼續西退。

儘管栗田司令部解讀命令的方式是那麼地諷刺，但這份電報卻讓許多官兵覺得高興，這也是事實。磯風號驅逐艦通信官越智少尉，在收到這份電報時，一下就產生了「就是這樣。不這樣不行啦」的想法。他很不喜歡栗田司令部拖拖拉拉，一下往東走，一下往西走的軟弱態度。他認為，原本就知道會全軍覆沒了，為此所要付出的代價應該不是問題才對，不是嗎？越智深切感到，平常老是在講「棄車保帥」，並不只是寫在看板上的口號。

熊野號巡洋艦艦務官大場少尉，也是對司令部的懦弱行徑，深感疑惑的其中一人。老實說，真正在戰鬥的是士官跟士兵。機槍群當中有很多士兵看起來就像是徵召來的，雖然初次上陣，但他們很勇敢，忠實執行任務。這些人奮戰的表現超出義務，優秀地達成了超過責任範圍的全力戰鬥。然而，大場有點無法理解艦隊司令部認為「因為損失很多，所以要退下」的軟弱心態。

被留下的武藏號，卻陷入了無法「堅信天佑」的狀態。所有可搬動的重物已經全被搬到右舷。彈藥跟屍體也都搬至右舷了。但是，這些努力也是白費，艦艇急速傾斜，已經注定要沉沒了。他們只是在強烈的意志下做最後的奮戰。

清霜號收到命令，打算拖曳武藏號，從艦尾慢慢靠近過去。巨大的城堡武藏傾斜，彷彿要把天守閣推向夜空一樣。

下午六點半，在「全員到後甲板集合」的命令下，還活著，數量多到讓人覺得竟然還有這麼多人活著的官兵，到後甲板集合。約二千人在黑暗中點名。艦首已經化成遼闊的大海，只剩巨大的砲塔像小島般浮著。在《君之代》的齊唱聲與官兵的敬禮中，軍艦旗被降了下來。此間，滿是燃油的漆黑海水進逼到甲板上，左舷的欄杆沉入水面下。

高地少尉用左手抓著砲管，保持直立姿勢。望月少尉站在三號砲塔上，正要結束身為左舷機槍群指揮官最後一次的點名。此時，堆放在後甲板右舷的重物，發出巨大聲響，失衡掉入海裡。想要活下去的人、期望死亡的人，在一秒鐘之後的生死完全不明——這種不明，恰恰是所謂的命運吧。事到如今，望月才感受到這個平凡的真理，那跟人類的意志沒有任何關聯。

數百名官兵一起從甲板滾落左舷海中，許多人慌慌張張地跳下右舷，反而被艦艇腹部的巨大爆炸洞口，或是被破壞後如鋸子般銳利的鋼板所傷，當場死亡。

危急的時候，人類會陷入恍惚的境界嗎？高橋即刻呈現了靠住砲塔的恍神狀態。聽到下屬士官說：「分隊官，要怎麼做？」他才回神。眾多下屬的視線，像是射過來的箭一樣集中在少尉身上。他反射地指著下沉的左舷，說：「這邊。」他們要做的已經不是跳進海裡，而是直接一個拖著一個，像倒下去一樣地進到漂著油汙的海裡。高橋認為武藏號真的很努力奮戰了，他輕輕地敲了砲塔的冰冷鋼鐵表面，就進入了海中。這時候，潛藏在他心裡，對死亡的恐懼突然湧了出來。就像戰鬥結束時，友人戶邊少尉所說的「重新面臨就要死了的狀態」，高地激烈地感受到對生存在世的焦慮。

⚓

逐漸靠近的清霜號官兵看見的，是慢慢地橫臥倒下的天守閣。剎那間，武藏號艦首砲塔附近的黑暗被劃破，同時傳出震耳欲聾的巨大聲響，冒出了鮮紅色的火柱。清霜號艦長大喊：「全速後退！」

從前進的栗田艦隊各艦上，也能眺望到那道閃光。海上發出兩道閃光，同時升起了很粗的火柱。已經沒有必要說明，大家都知道那代表的是怎麼一回事了。

⚓

高地少尉在海中潛水游泳時，看見海底深處亮起一片鮮豔的紅光。他本能地用腳踢水，讓屁股遠離那團火光。因為他腦中閃過的是，如果肛門受到水壓，那可就完了。海中的紅光像花瓣般展開，眼睛裡的水看起來像血，水中的爆炸連續了兩三次。高地也接連嘗到兩三次被丟到火焰中的感覺，接著一股水壓包覆全身。那時不知為何，高地產生了身在母親胎內的錯覺，心情陶然起來。

武藏號把烏黑的四片螺旋槳跟兩片舵舉到半空中後，就沉了下去。吃水線下的丹紅色油漆與其紅黑映襯，宛如魔像。落水者的頭上，有幾具被魚雷炸出的洞口勾住的屍體浮了上來，時間是晚上七點三十五分。武藏號讓那些持續苦鬥到最後的人們留在海面，自己的身影往海底的墓地消逝了。白天空襲時受到損傷的清霜號，用閃光信號呼叫濱風號驅逐艦。

「我無法使用無線電聯絡。希望由貴艦上報狀況。」

濱風號立刻向大和號傳送武藏號沉沒的噩耗。

當濱風號的電報傳到栗田長官手邊時，這時海爾賽做出決定。

那是他跟幕僚花了很長時間反覆討論、研究出來，也是在旗艦作戰室的兵棋台上充分做過兵棋推演得到的結論。上將下定決心，堅決往北推進。他立刻通知第七艦隊司令金凱德中將。

「根據攻擊隊的報告，日本中央部隊（作者注：栗田艦隊）已經受到極大損傷，我將率領三支特遣支隊北上，在明天早上拂曉時攻擊敵軍航空母艦艦隊。」

海爾賽確實是說「率領三支特遣支隊」。負責支援麥克阿瑟登陸作戰的金凱德中將，照著字面理解這份通知。他以為聖貝納迪諾海峽在海爾賽的特遣艦隊主力離開之後，會由海爾賽在白天的電報裡講到，以高速戰艦為中心組成的第三十四特遣艦隊來防守。但此時卻發生了「改變歷史軌道與國家命運」的天大誤解。

有關第三十四特遣艦隊，海爾賽的確提到可能會編組。金凱德等第七艦隊指揮幹部，一如平常地把這個時候的「可能會」，當成實行命令，那是現在進行式的時態。金凱德相信，當時水面戰鬥部隊正在編組。但是海爾賽說的是「如果有需要的話」，這種有附帶條件的「可能會」，也就是純粹的未來式。

對海爾賽來說，「率領三支特遣支隊」是指麾下的全部艦隊，但對金凱德而言，只是扣掉第三十四特遣戰艦部隊的三支航空母艦特遣支隊。這是個巨大誤判！

總之，決策已下，命令傳至全艦隊了。各個司令、艦長開始忙著做北上的準備。頻繁地派員聯絡，計算抵達敵軍所在的距離，補給燃料、彈藥。從全體的戰鬥隊形，到戰鬥口糧，都以一個巨大的齒輪為中心，井井有條地組裝起來。

⚓

在海爾賽發電報給金凱德十六分鐘後，晚上八點零六分，獨立號輕型航空母艦的夜間偵察機用無線電通訊告知，栗田艦隊還在。「日本艦隊還在。正在東進當中。速度二十四節以上。」儘管很可能是飛行員誤判了速度，即使如此，日本艦隊仍然在執行令人無法置信的進攻行動。

密茲契中將的參謀嚇到了。他們認為理應受到嚴重損傷、失去戰鬥能力，而往西撤退中的栗田艦隊，竟反而正朝著聖貝納迪諾海峽猛衝過來。參謀長跟資深參謀聚在一起討論，帶著結論敲了密茲契的房門。中將正呼呼大睡。

「司令，應該向海爾賽上將建議。編組高速戰艦部隊（第三十四特遣艦隊）的同時，我們也掉頭前往聖貝納迪諾海峽。」

密茲契根本不打算爬起來，這也是因為自作戰開始，他一直被海爾賽忽略而在生悶氣。

「上將也知道那份報告，他如果想聽建議的話，就會講啦。」

被指名擔任戰艦部隊司令的李中將，打電話給海爾賽司令部。「聖貝納迪諾海峽好像要被突破了。應該要趕緊採取對策。」

但是回覆只有一句「知道了」。

⚓

不管發生什麼事，猛將海爾賽的決定都不可能會更改。海爾賽率領著第三艦隊全軍六十五艘艦，以小澤機動部隊的十七艘艦艇為目標，在夜晚的菲律賓海上往北，他們一心向北、快速前進。速度是全速二十五節。

聖貝納迪諾海峽一瞬間空掉了。海爾賽判斷，就算栗田艦隊突破過來，也是一支在白天的空襲被徹底痛打過的艦隊，靠金凱德的護航艦隊六十七艘船艦就可以充分對抗。堅信著迎擊栗田艦隊是海爾賽艦隊的任務，而不是自己任務的金凱德，正為了迎擊持續朝著蘇里高海峽過來的西村艦隊而苦惱。他打算用六艘戰艦、三艘重巡洋艦、五艘輕巡洋艦、二十六艘驅逐艦，還有三十九艘魚雷艇迎擊，聖貝納迪諾海峽不在他的思緒範圍之內。

⚓

攻過來的西村艦隊，是一支由兩艘戰艦、一艘重巡洋艦、四艘驅逐艦組成的小部隊。然而，他們的鬥志卻不見絲毫衰退。他們只有在這天上午受過一次空襲，之後很奇妙地連一架敵機身影都沒看到。他們平穩地在民答那峨海直往東行，快要日落時，重巡洋艦最上號與兩艘驅逐艦，跟其餘四艘拉開間隔，進行砲戰、魚雷戰等操演。同時也想要試試看雷達的精密度是否可靠。日落後，還進行了探照燈照射演練。儘管把探照燈的強烈光芒投向黑暗的大海未必安全，艦隊卻斗膽做了這件事。主將西村中將所想的，很明顯是要打夜戰。劣勢艦隊對大軍挑起日間戰鬥，肯定必輸無疑。拖到夜戰，趁著混亂報一箭之仇，這就是讓西村比計畫更早攻進蘇里高海峽的理由嗎？

最上號的航海官山羽少尉，已充分整備好作為友軍識別信號的哨信儀。他認為若要進行夜戰，就必須懷著發生混戰的心理準備。儘管夜戰正合他們一開始的打算，但仍必須避免被友軍誤擊。友軍識別燈，是將四個白色燈泡，以及紅色、藍色燈泡用大約五十公分間隔裝在從桅杆垂下來的細繩索上。哨信儀則是利用紅外線的裝置，是可以不被敵人發現、互相傳遞訊號的新型機器。山羽少尉結束萬全的保養，跟信號手們交談。

「我認為如果跟第五艦隊一起攻進去，仗會比較好打，但是也有指揮系統不同的問題，應該不可能這樣做。」

第五艦隊（或稱志摩艦隊）正在後頭追著西村艦隊，這是廣為人知的事實。

「那，現在開始減速的話，就可以跟第五艦隊一起突擊了耶。」

山羽像是看破了一切，說道：「要不要那樣做，也是山城號戰艦上的司令官說了算，我們基層的不會知道啦。」

處於基層的人不會知曉。不，不知道的人未必盡是基層。提到八點二十分，就是偵察機回傳報告栗田艦隊東進、讓美軍受到衝擊的時刻。在大和號艦上的栗田司令部，也收到了來自西村中將，並令他們大吃一驚的消息。那份電報報告的是，西村艦隊將在二十五日上午四點攻進杜拉格（雷伊泰島東岸城鎮）。這不是在開玩笑，西村艦隊的任務不是跟栗田艦隊「進行協同攻擊」嗎？在最初的作戰計畫中，

二十五日上午六點是進攻的時刻，但是栗田艦隊因為空襲、退避、掉頭延宕了多達六個小時，現在西村艦隊反而進展過頭，早了二個小時。

西村意圖為何？他在想什麼？栗田司令部感到不知所措。

總之，捷一號作戰，是拋棄了戰略常識訂定的自殺式攻擊，從一開始就不可能預測其成敗。即使如此，最有效的戰術，除了協同攻擊以外沒有別的選擇。要藉由同時進攻，讓敵人的注意力與戰力分散於南北，攻其不備才有攻進去的可能性。而且這才是這次作戰的基本。

即使如此，要把西村艦隊拉回作戰的原點，已經太慢，來不及了。如果更早就告知的話，栗田司令部也還有其他方法可用。到了現在，已經太過靠近敵人，沒有能讓他們回頭，或是原地踏步的手段了。就算有，風險也太高。栗田司令部只能仰望天空，祈禱西村艦隊的奮戰。

同時，志摩艦隊為了不落人後，憤怒地瞪大眼睛，在西村艦隊後面追趕。霞號驅逐艦中部機槍群指揮官加藤少尉，在聽到「換上戰鬥服裝！」的命令時，用少許的水擦洗很久沒洗澡的身體，然後用剃刀刮了很久沒刮的鬍子，感覺格外爽快，猛然打起精神心想：「好！跟你戰到死啦！」重新繃緊了情緒。

在可能會是最後一夜的夜晚，艦隊用二十二節速度排成接敵序列，朝著蘇里高海峽衝刺前進。有少許星星在雨雲的縫隙中閃爍著，因為四周異樣地黑，所以星星亮到可以一個一個數。

看著那些星星，也有官兵想起了和平的風景。這一天，志摩艦隊一直在蘇祿海南下，有幾艘划艇輕鬆划過。看著跟戰爭無關的人的生活，驅逐艦曙號的石塚少尉頓時忘了自己戰士的身分。

跟他相反地，足柄號巡洋艦的安部少尉感受到的緊張與憂慮，或許是首次面臨實戰的人的共通感受。不管至今長達幾個月的訓練、士氣如何，總是在擔心沒有為這一刻做好心理準備。擔心在戰鬥之際自己是否臉色發白，嘴唇發抖。但是，當安部知道在至今為止的進擊之間，一有什麼狀況發生，下屬的臉就會立刻轉向他這邊看過來的時候，卻意外地打起了精神。安部認為，對實戰感到恐懼，不是只有自己感到羞恥的弱點。既然大家都會感覺到的，那靠大家合作努力，或許就能試著加以克服。

即使如此，他還是很在意到底戰鬥會怎麼發展。他想，如果我們的任務是巨大齒輪其中一個小部分，那到底中心的大齒輪是怎麼運轉的呢？有時候，遠望著出現閃電的地平線彼端，望著那空曠的天空，二十歲的安部擺出一副自以為遠觀全體戰局的架勢，暗想：「真是個死了真可惜的晚上。」

⚓

那個時候，也有人在眾人惋惜中死去。以絕不沉沒自豪的七萬噸鐵塊，永遠地離去了，只剩下無邊無際的大海，那片海已經吞噬了許多男人。藍色、銳利的新月，在遠方菲律賓的山峰稜線上升起，漆黑的海洋表面微微地亮了起來。海面上漂浮的油汙，溫暖地令人昏昏欲睡。但是如果睡著，那就全完了。武藏號望月少尉無法不感到自己那似乎超出精神跟體力的極限，他靠著抓住漂浮物，總算撐住生命。

嘔吐物湧了上來，高地無止境地吐著鹹鹹的液體，他感到好像所有的內臟都要跑出來了。意識逐漸模糊，好幾次被旁邊的人拉到海面上。他想起了在武藏號沉沒前的海上，曾遇見戶邊，他是被沉沒時的漩渦捲進去了嗎？他因為在附近的海面看不到戶邊的身影，感到寂寞。海洋的那道狂嚎，究竟是不是被漩渦吞噬而死去人們的叫喊、呻吟跟哭聲呢？自己馬上也要隨之而去了。總覺得肛門有張開的感覺，彷彿冰冷的海流自由地從嘴到肛門通過，高地感到自己身體裡藏有其他的溺死者。

清霜號與濱風號驅逐艦眺望著海中的武藏號官兵，持續行動。被命令護衛武藏號去科隆灣，然而武藏號沉了，所以應該認定命令不存在了嗎？若是這樣，要追隨本隊到雷伊泰灣嗎？還是應該竭力救援武藏號的生還者？無線電發射器因為轟炸而破損的清霜號，請濱風號代為傳訊（八點零三分）。

「請發如下電報。清霜呼叫大和。緊急通訊。本艦正在救助武藏溺者途中。請求關於今後行動之指令。」

此時大和艦上，正值西村發來的電報相繼傳入，陷入無從回覆的時刻。栗田司令部是連針對兩艘驅逐艦的行動指導命令，都沒辦法做了嗎？接不到指令，清霜號跟濱風號都很焦躁。清霜號傳訊給濱風號說，那現在先去科隆，等待長官的命令如何？濱風號回覆：「意見相同。」就這樣，兩位被留下來的艦長，在通訊對話中，決定「自己的行動，自己負責」。

做出決定，膽子就大了。清霜號立刻放下小艇。海面上武藏號的生還者們別說是唱歌，連回話的精力都沒了，這時卻突然又有了活力。大家約好，一起齊聲呼喊求救，喊著：「一、二、三，驅逐艦……」也有開始往小艇的方向游過去的人。在黑暗的晴朗夜晚，海面上只有些微的月光。儘管持續的時間很短，濱風號打開探照燈射出箭矢般的亮光，用亮光的尖端鎖定了人群。在被認為有敵軍潛艦出沒的水域執行救援行動，這除了用大膽來形容之外，無法言喻。

武藏號的望月，一邊踢水游泳，一邊用快要忍受不了的懇切心情握住雙手指頭，他潸然淚下，覺得想活下去。

「由本艦收容者，准尉以上，輪機長以下二十名。士官、士兵三百二十名。」（十點十五分。清霜號。）

「武藏副艦長搭乘本艦。」（十點半。濱風號。）

「據秋野大尉言，裝有天皇玉照與軍人敕諭的三個箱子都下落不明。可能在漂流。本艦探照燈無法使用。請求貴艦協助。」（十點五十分。清霜號。）

驅逐艦的惡戰苦鬥還在持續當中……

⚓

有另外一場噴火的戰鬥，已經在別的海域開始。就在終於要攻進蘇里高海峽的晚上九點，西村中將分別派遣最上號巡洋艦、朝雲號、滿潮號、山雲號驅逐艦等四艦，命令它們到位於海峽入口的帕納翁島偵察後，在海峽入口集合。最上號與其他驅逐艦立刻離開本隊前進，山城號、扶桑號戰艦、時雨號驅逐艦跟隨在後，航速十八節。

晚上十點十五分，巡邏的美國魚雷艇雷達，捕捉到西村艦隊本隊這三艦，三艘魚雷艇立刻展開攻擊。在將近十一點的時候，在旗艦前方二千公尺航行的驅逐艦時雨號，發現了那些魚雷艇。時雨號發射照明彈，接著戰艦部隊的扶桑號與山城號也開始砲擊。勝負轉眼已定，魚雷艇根本來不及逼近發射魚雷，三艘魚雷艇都被砲彈擊中，遭到驅散。然而，這些魚雷艇發出「發現敵人」的報告，送到接獲命令在蘇里高海峽深處布陣，要在當晚摧毀西村艦隊的奧登道夫少將手上，全軍已就戰鬥位置。一大群魚雷艇滿滿排到海峽遠方，接著在海峽裡面的第二層是驅逐艦部隊，再後面是九艘巡洋艦，還有第三層的驅逐艦，然後六艘戰艦在雷伊泰灣口嚴陣以待。

西村艦隊沒有呆立，卻朝著那堅固的陣地衝了過來。在黑暗中，偶有閃電，雷電穿過各個島上的山頭，聲響模糊。山城號艦橋的夜光時鐘指針，正要指向凌晨零點。這是十月二十四日戰鬥的結束，同時也是二十五日無比悽慘決戰的開始。

第五章

攻入

十月二十五日黎明

已經跑不動了吶，只有用爬的了

もう走れないな、這って歩くだけだ

1

零點到三點

對現正要在狹窄水路上相見的美日將領而言，蘇里高海峽過去有著什麼樣的歷史，可能跟現在一點關係都沒有。這裡有著珍貴的歷史，葡萄牙探險家麥哲倫環航世界一周時，就首度從這裡通過。世界史記載了麥哲倫在這個海峽西方數海里處，遭原住民殺害就此生命畫上句點，那是大航海時代的事了。其後四百二十三年間，歷史的書頁上，再沒有記載任何有關蘇里高的事情。然而，或許正是因為被遺忘了，兩軍將領若是知道這項歷史事件的話，心裡或許會產生某種感念吧。但是現在已沒有這種時間了，他們必須在歷史上加寫上屬於自己的一頁。

蘇里高海峽是連接民答那峨島與雷伊泰灣的狹窄水路，其西方由雷伊泰島、帕納翁島，東邊由迪納加特島、民答那峨島分隔。其長度約三十海里，寬度在南邊入口處二十海里，通往雷伊泰灣的北方出口處寬度為二十五海里。海峽海流湍急，險峻峭壁聳立於東西海岸。

主部隊與剛才分派出去、以最上號巡洋艦為中心的前衛部隊，之所以會發生友軍誤擊，正是因為兩岸的峭壁地形導致雷達失靈的緣故。過了凌晨零點，最上號在右邊三十度方向發現艦影。還來不及裝上白天由山羽少尉等人保養的友軍識別信號燈之前，就遭到來自不知是敵是友的艦艇砲擊。儘管下令左滿舵轉向，但還是來不及。最上號的後部中了一枚近爆彈的同時，也完成了砲戰準備，點亮識別信號燈。對面的艦影隨即也點亮同樣的信號燈。接著在黑暗中用螢光信號現出了「カ」字，那是在詢問艦名。

「我是最上，你是誰？是誰？是誰？」

「我是扶桑，扶桑！」

最上號的信號手們被航海長叫去集合，並下令封口。因為憂慮誤擊友軍的事情在艦內傳開，會令士氣沮喪。戰爭運勢之神，已經拋棄這支艦隊了嗎？最上號不管在現實面上或心理層面都受了傷。

零點三十分，西村艦隊再次會合，排成了接敵序列，朝蘇里高海峽方向前進。四艘驅逐艦占住三叉戟的矛頭位置，山城號和扶桑號戰艦、最上號巡洋艦跟隨在後。航速是第一作戰速度，二十節。完全看不到月亮，不知是已經西沉還是被雲擋住。儘管此時西村中將仍然不知所措，他應該已經看到栗田中將所發出的命令。雖然栗田艦隊因為敵軍空襲而遲到，但一定還是要在二十五日上午十點左右攻進雷伊泰灣。是故西村艦隊要「依照預定攻進雷伊泰泊地之後，在二十五日上午九點於蘇魯安島東北方十海里處與主力會合」。如果依照這道命令，前往指示的地點跟主力會合，從速度來看，會在五點半左右抵達，也就符合最初的作戰命令，在黎明時攻進雷伊泰灣。然而，西村沒有等待，一心持續進擊，也無視要與從後方追來的志摩艦隊合作。這正是聯合艦隊的電報命令中寫的「堅信天佑，全軍突擊」的意象。

零點三十五分，敵軍魚雷艇群再度襲擊西村艦隊。儘管被戰艦的探照燈捕捉到，他們仍然勇敢地逼近，各自發射了，不，是總算發射了兩枚魚雷。西村艦隊就像橫綱在處理「取的」[1]一樣，一揮手就撂倒它們。魚雷艇揚起煙幕，狼狽地逃走了，魚雷一枚都沒有命中。西村艦隊距離海峽入口還有一小時距

1 譯注：相撲力士中地位最低的幾個階級的通稱。

離，魚雷艇層層埋伏準備攻擊西村艦隊。

⚓

此時，讓三支特遣支隊集結，放空聖貝納迪諾海峽、開始北上的海爾賽艦隊，為了要在拂曉時對小澤艦隊發動攻擊，持續趕路前進。海爾賽與密茲契，都懷揣著黎明時將戰果豐碩的夢上床。然而，卻也有興奮到睡不著的指揮官，其中一人就是第三十八．三特遣支隊的薛曼，他誇口說：「敵軍機動部隊就像鴨子背著蔥一樣，我這次絕對不會放過他們。」的確，從開始北進為止，美軍將領在戰術上抱持各種意見，然而一旦下達決定，他們就成為盯上獵物的獵人了。想要消滅敵人的狂熱立刻支配了他們。薛曼還說：「布局得真好。看來是到可以殲滅敵軍主力艦隊的時候了。敵軍僅剩的一點點航空母艦，大搖大擺地跑出來啦……」

⚓

相信聖貝納迪諾海峽正由海爾賽麾下的高速戰艦部隊——第三十四特遣艦隊防守的奧登道夫，徹底感到安心，而把視線集中在接近西村艦隊這件事上。零點二十六分，陸續接獲從魚雷艇隊接力傳來發現敵軍艦隊的報告，奧登道夫再次確認作戰計畫，務求萬無一失。他打算「先以魚雷艇發動襲擊，在降低敵人速度時，由驅逐艦部隊進行魚雷攻擊，最後由巡洋艦、戰艦部隊粉碎敵人」。總之，奧登道夫相當滿意，他認為不會再有如此充分地準備、做好部署、發動攻擊的機會。

幾件沒能讓奧登道夫完全滿意的事，是他的艦隊以支援兩棲登陸部隊為主要目的，針對水面艦艇為對象的砲擊、魚雷戰等戰技熟練度不足，還有對艦砲戰的穿甲彈也不夠。艦隊火力百分之七十是對地面目標用的砲彈，也在登陸雷伊泰島以來的五天砲擊中，幾乎打光了百分之六十的彈藥。對艦穿甲彈的數量，可能僅夠五次的全艦隊齊射就差不多到極限了。奧登道夫不得已，必須避免以雙方主砲交火的方式進行決戰，採用以魚雷為主的近身戰。

因此，白天在巡洋艦路易維爾號舉行的作戰會議上，奧登道夫強調說：「鑑於砲彈不足，戰鬥必須一氣呵成而且具決定性。無論如何都必須避免拉長時間，還有變成全面性砲戰。」

根據這項前提，美軍布成六層，以魚雷戰為優先的戰鬥隊形，奧登道夫對各項安排都感到近乎十足滿意，剩下就是讓敵人當場斃命而已。

以戰艦大和號為中心的栗田艦隊，在被美軍艦隊忽視的情況下，於西村艦隊正在打散敵軍第二波魚雷艇的零點三十五分，航駛出了聖貝納迪諾海峽，在廣闊的太平洋上展現英姿。艦隊以一千公尺為間隔，一艘接一艘，總共二十三艘，排成蜿蜒的長蛇隊列，通過了海流湍急，速度最快可達八節的狹窄海峽。上弦月照映出聳立的陸地影子。全軍就戰鬥位置，盡是老手的各艦艦長，配合著在前方航行的艦艇，左右轉舵，分毫不差地追著航行軌跡，前後距離沒有一點紊亂。四個月前，隨著阿號作戰發動，同樣有大艦隊通過此處海峽，雖然也有警戒，但當時只是針對敵軍潛艦，官兵們心裡還覺得輕鬆。現在則是因為通過敵境的緊張感，全艦繃緊神經。矢矧號巡洋艦的大坪少尉一宿沒睡，彎著背站在艦橋前機槍瞄具的位置。這不只是因為他身型高大，這個姿勢也意味著這四個月期間的戰局惡化，還有他對戰局惡化的淡淡感傷。

海峽出口中央有一座小島，黑暗中隱約可見島上燈塔的白色塔身。儘管沒有點燈，看著燈塔的大坪，心裡突然像是亮起一盞燈。如果這是最後一次看著這個世界，一切都將變得令人懷念。帶著濕氣的風很冷，大坪目不轉睛地看著海洋上的黑色地平線。如果敵軍先一步在海峽出口的外海排好五、六艘戰艦，無需費力，就能殲滅一艘接著一艘駛出的日軍艦隊，就算是潛艦也難逃這樣的下場。栗田艦隊的官兵對此感到畏懼，因為他們會無法抵抗而全滅。幸運的是，他們平安無事地出了聖貝納迪諾海峽。

在這段期間，一直到艦隊通過狹窄水道為止，兩岸的島上接連點起烽火，燻黑了夜空。大概是跟美軍策應的當地情報員。就算不是，也必須認定突破海峽之後就會被敵軍的雷達網包圍，再撐一下就到雷伊泰灣了。早霜號驅逐艦通信官山口少尉，加倍繃緊神經。艦長叫住了山口等人，說：「軍官先默記好雷伊泰灣內的海圖。聽好，就算只剩一人，還活著的就負責指揮攻進去，懂了嗎？」

山口心想，死期終於到啦。就算只有一點點，也還是能為祖國做出些貢獻。儘管緊張，山口的心情卻奇妙地清爽。然而，四肢到底還是感受到連日不眠不休造成的些微疼痛。

通過海峽之後，雨量沛然的暴風雨籠罩全艦隊。栗田艦隊在暴風雨中整頓夜間偵察部署的陣容，沒有任何來自敵方的反應。然而，敵軍特遣艦隊不是預期要做拂曉攻擊戰鬥，滴水不漏地收緊包圍網了嗎？栗田艦隊脫離了暴風雨，但是隊形卻遲遲沒有變換。夜晚陰森的海洋恢復了平靜，到處都狂風暴雨，如同垂放白色紗幕一般，能見度可能連十五公里都沒有。

⚓

被留在錫布延海黑暗夜晚裡的濱風號與清霜號驅逐艦，持續救援行動以及進行信號交換，確認彼此意志。他們一邊與可能被敵軍潛艦攻擊的心理恐懼搏鬥，一邊救起戰友。從昨晚八點前開始，分秒交錯的行動已經過五個多小時，這個時間長度顯示出這項任務有多麼困難。救助隨著漂流的武藏號官兵喪失體力與精神而更顯困難、速度漸慢，而進行救助的一方疲勞感也會急速增加。

被救上來的官兵呆坐在甲板上，互相緊貼身體，盯緊海面。每個人臉上都是一副彷彿世上只剩自己一人及被打垮了的表情，甚至無法相信自己還活著。

「本艦結束救助遇難者。」

凌晨一點，清霜號送出訊號，十分鐘後濱風號答覆。

「預定凌晨一點半結束收容。」

又經過六分鐘後，清霜號報告：

「收容人員准尉以上三十一名，士官兵四百六十八名。」

滿編一百八十員的驅逐艦，加上將近五百名生還者。擁擠、狹窄、痛苦、絕望完全籠罩了這艘排水量二千噸的驅逐艦。還有傷患跟陣亡者，不，陣亡者已經接連被丟到海裡。不管是對驅逐艦官兵，還是對武藏號的生還者而言，在這片令人感到悲傷的海域，把死者跟油料一起拋下，都令人感到難以忍受。

武藏號的機槍群指揮官望月少尉被清霜號救起。在驅逐艦上，其他原本武藏號同期的臉龐，連一個都沒看到，他覺得好像被狠狠背叛了。儘管他無法相信他們已全消失，卻始終不了解湧上心頭的這份悲傷算什麼？不知道為什麼，一直有種淨是好人都死掉的念頭：航海官福田靖少尉，不管在多痛苦的時候都一直保持微笑；老是在提水戶光子的戶邊少尉；煞有其事地幫下屬看手相的通信官奧田聰少尉；副砲分隊官溝淵美津夫少尉——是同班同學老粗中唯一的貴公子。還有艦務官佐野芳郎少尉，在即將沉沒的微暗甲板上捧著天皇玉照立正。然後是標定官高地少尉……

不，高地獲救了。他跟十四、十五位戰友一起抓著漂浮物，相互幫忙，竟然在武藏號沉沒之後，在油汙之海上漂浮了長達五小時以上的時間。當驅逐艦發現他們靠過來時，他聽著輪機的聲響與艦內的口令，卻把它們當成像是聽到另一個世界了的音樂。

高地被救後安置的地方跟望月不同，是在濱風號的甲板上。他在魚雷發射管下躺平累癱的身體，就那樣暫時失去了意識。

一點四十五分，濱風號在高地睡著時進行通訊：「希望告知能航行的最大航速」。清霜號在三分鐘後清楚地回覆：「十八節」。

兩艦同心協力，在黑暗的海上動了起來，天亮了可能就會遭受空襲。要是大意的話，難保不會變成潛艦輕鬆得手的獵物。既沒有可以贏過占壓倒性優勢敵人的希望，也沒有可供躲藏的友軍保護，只能兩艦相依，在這廣闊的大洋上，用可以容許的極限速度盡快脫離。

此時，西村艦隊通過帕納翁島南端，往北轉向，終於進入蘇里高海峽。美軍魚雷艇接連不斷地猛攻。凌晨二點，在滿潮時進入狹窄水道的前方，利森中尉指揮的第三波魚雷艇開始猛衝過來發動近身攻擊，一共發射二十一枚魚雷，但沒有一枚命中。西村艦隊的火炮射擊很準確，將其擊退。利森艇起火，砲彈像雨淋般落下引發大爆炸。以友軍魚雷艇噴發的紅光火焰為背景，照射探照燈、發射照明彈奮戰的日本戰艦身影浮現在夜空上，變成在對岸待命、由塔班中尉指揮的魚雷艇群的絕佳目標。他們立刻攻擊，發射六枚魚雷，然而攻擊徒勞無功，他們遭到日本艦隊猛烈射擊，也撤退了。

在前方二海里處，還有麥肯弗雷希少尉的攻擊部隊潛伏著。對岸有斯隆森中尉等人在等待機會攻擊。他們用全速偷偷靠到近處，從左右接連不斷對擔任前衛的日本驅逐艦發射魚雷。他們判斷攻擊有效，打算後撤，卻遭到日本艦隊砲擊擊中，接二連三出現損傷。

美軍魚雷艇是由三艘組成一個小隊，他們的任務是在發現敵軍艦隊的同時，送出編隊、速度、航向等情報，然後再攻擊。諷刺的是，他們接著就被日本艦隊的探照燈照射，遭到猛烈還擊，然後點起煙幕逃走。別說是要宰掉西村艦隊，他們連擾亂編隊都辦不到。然而對奧登道夫少將來說，因為他們傳來的報告，而有了可以因應日本艦隊進攻的機會。

⚓

總之，三十九艘魚雷艇的攻擊沒有命中任何日軍艦艇，這一回是西村艦隊獲勝。後來尼米茲上將說：「不管怎樣，他們的熟練、決心還有勇氣，都值得給與最大的讚賞。」

西村中將可以得意地向栗田中將報告到此時為止的戰況。

西村發出電報：「凌晨一點三十分，通過蘇里高海峽南部入口，攻進雷伊泰灣。除目視確認若干魚雷艇外，未確認有敵軍艦隊。儘管有暴風雨，天候大致上漸漸放晴。」

電報中提及「攻進雷伊泰灣」並不是指已經攻進，而應該是正要攻進去。雷伊泰灣還在航程一個小時多的彼方。

凌晨二點十三分，魚雷艇群的攻擊全部結束了。西村艦隊繼續安靜地攻入雷伊泰灣。二分鐘後，奧登道夫座艦路易維爾號巡洋艦上的雷達，捕捉到從前方二十五海里處前來的日本艦隊。在海圖上作業的軍官對於日軍實在太過堂而皇之、無所畏懼的前進，面露驚訝之色。

「他們的戰術跟作戰，實在是與勇氣不成正比。」

日本艦隊或許真的是有勇無謀地狂衝，也或許是白白地把四千名官兵送進死地。然而，講到命令必遵守的軍隊領導統御跟心理壓抑，恰恰是日本艦隊最為拿手的事情。

第五十四驅逐艦戰隊長柯華德上校，一用無線電話向奧登道夫少將傳達「現在我要南下」，就立刻把部隊分成東側三艘，西側兩艘包抄西村艦隊，開始截擊。驅逐艦雷米號艦長菲亞拉中校，對官兵作戰前喊話：「這裡是艦長，」表示自己是先鋒攻擊隊，要堅決阻止敵人的前路，這就是任務，還說：「願上帝今晚與我們同在。」

時間是凌晨二點半，三十分鐘之後，他們絕對是衝進地獄，要暴露在砲火中了。開始往南阻擊的，不光只有第五十四驅逐艦戰隊的五艘。第二十四驅逐艦戰隊的六艘、第五十六驅逐艦戰隊的九艘軍艦也先後打算加入行動。

接著，寧靜維持了三十分鐘。

2

三點到四點

用高速追趕上來的志摩艦隊，此時已經到達西村艦隊後方二十海里——蘇里高海峽南邊入口前海域。時間是接近凌晨三點時分。那智號、足柄號、阿武隈號等巡洋艦編成單一縱隊，潮號驅逐艦在那智號艦首前方右側，曙號驅逐艦在左側負責警戒。在阿武隈號的後方，不知火號與霞號驅逐艦排成一列接續。那智號的艦橋人員，咬牙切齒聽著接二連三地傳來西村艦隊動靜的敵軍即時電話報告，大概是魚雷艇發的。志摩想派在後方護衛的兩艘驅逐艦前去加以驅趕，但兵力實在太少，黑夜裡雲層又密又低，能見度極差，就算派出驅逐艦，也不能期待會有什麼好效果。

志摩艦隊各艦在夜風中揚起了旭日的戰鬥旗，以及識別友軍用的白色風向袋。在隊伍最後航行的霞號驅逐艦上，加藤少尉在中部機槍群指揮所，看著戰鬥旗與風向袋，緊繃著腹部。他的自信不是來自於頭腦思考，而是在肚臍附近慢慢堆積出來的。加藤看著前方遠處天空變得像閃電般明亮，一眨眼又恢復黑暗，然後天空又迸出新的閃光，前方的西村艦隊可能已經開始戰鬥了。儘管大砲的低沉轟鳴，沒有大聲到蓋過艦艇輪機發出的高音，在加藤聽來那就是戰鬥的聲音，此時卻胃部脹氣，想要靠著出聲喊「該死！」試圖把不舒服的感覺給忘掉。

西村發來的電報，不斷送給在那智號艦上的志摩中將。電報寫著：「發現疑似敵軍艦影。」焦躁感開始在志摩司令部內蔓延開來，他們不知道戰鬥會如何進展。然而，那智號中央機槍群指揮官，馴田少尉卻沒有悲觀的餘地。他矮小的身軀充滿了鬥志，熱心、精神旺盛地期待終將到來的戰鬥。雷伊泰灣裡塞滿了敵軍的運輸船團，敵護衛的艦隊很強大，但他被告知要自己親手把它們打爛，覺得只要那樣就夠了。又有西村發出的電報傳到志摩司令部。要是駟田知道電報內容的話，他或許會很驚訝。

「敵軍像是要往海峽南下。」

進攻方明明是日本海軍，敵軍卻攻了過來，對駟田來講完全出乎意料。

志摩艦隊由曙號驅逐艦走在前方，正要進入蘇里高海峽的狹窄水道。凌晨三點零五分，曙號艦上，對整場作戰幾乎完全不

第一游擊部隊第三部隊（西村）蘇里高海戰接戰隊形

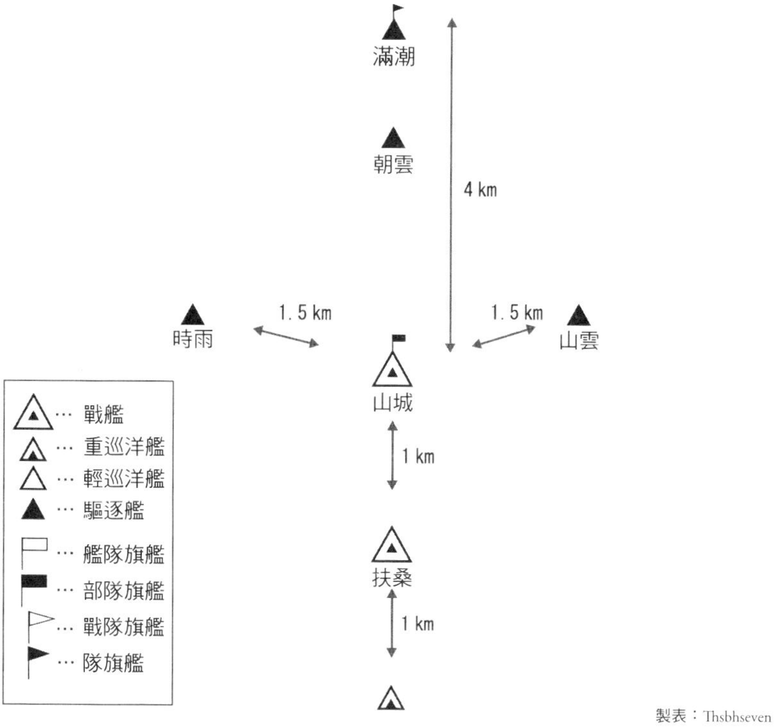

製表：Thsbhseven

了解的石塚少尉，跟岩上司令並排站著，在艦橋執行操艦任務。他們邁進的海洋籠罩在陰森的寧靜中，周圍一片漆黑。暴風雨不時來襲其中奔馳的艦艇。一脫離暴風雨，在前方一片伸手不見五指的視野中，岩石的輪廓突然地顯現，急速逼近。在峭壁底部可以看見破碎的白色海浪，而且有時石塚的耳朵連破碎的海浪聲都會聽見。那岩石是海峽入口處的帕納翁島南岸。曙號緊急左轉，以潮號驅逐艦為首，那智號、足柄號等艦艇卻向右一百一十度緊急轉彎，結果出現了只有曙號單艦脫離本隊的狀況。曙號不得已，只好直接三百六十度回轉，沿繞帕納翁島南岸，追上進入海峽的本隊。操艦的石塚感到丟臉之極。

此時，霞號驅逐艦上的加藤少尉，目睹來自一艘占據前方位置的艦艇左舷機槍在射擊。身為機槍群指揮官，加藤瞬間想起那是敵軍魚雷艇的攻擊。曳光彈像是被吸引而來似的，從前方一艘應該是阿武隈號的艦艇左舷方向的黑暗中飛過來。阿武隈號也加以反擊，但立刻就停止了。來自艦橋的傳話，傳到因為完全搞不清楚情況而呆住的加藤耳中。

「剛才的機槍射擊是阿武隈號跟潮號誤擊友軍，注意識別友軍。」

在混亂襲擊過後，寧靜與黑暗又回來了。海岸線盡是破碎的白色浪頭，其他什麼都看不見。加藤覺得很像有什麼事情要發生了。不，他確實感覺到有什麼事情正要發生，而且這種感覺愈來愈強烈。

的確是有什麼事情正在發生。就在志摩艦隊總算進入水道的凌晨三點過後不久，西村艦隊在東側發現三艘反向航行過來的敵艦，正用探照燈照射並開始砲擊。夜戰開始了。山城號戰艦率先回擊，扶桑號戰艦跟進，最上號也開火。開砲的閃光在各艦艦橋上浮雕出艦長、副艦長等人毅然挺立的身影。各艦發射曳光彈，白色冰冷的死亡之光，閃亮地照映著揚起煙幕試圖回頭遁逃的敵艦。

柯華德上校指揮的驅逐艦戰隊，爭先恐後地以對方射來的閃光為目標，發射出二十七枚魚雷，然後掉頭。三艘驅逐艦各自邊閃躲砲彈，邊用三十三節速度沿著迪納加特島退避。十分鐘後，位在西側的兩艘驅逐艦衝進來發射了二十枚魚雷，然後向右迴轉，沿著雷伊泰島退避。

此時西村艦隊正要編排戰鬥序列。以無線電話跟閃光信號傳達訊息，聯結各艦。在滿潮號和朝雲號驅逐艦單一縱隊的後面，擔任右方前衛的山雲號與擔任左方前衛的時雨號驅逐艦，分別向左右轉舵，在他們後方，是山城號、扶桑號、最上號排成一直線的編隊。就在此時。從右方前衛驅逐艦左舷處，噴起了火柱，附近的風景彷彿就此停住。驅逐艦裝有爆炸威力強大的魚雷跟深水炸彈，而且這些武器很容易殉爆。巨大的橘色閃光照亮了周圍的海洋與上方的天空。山雲號裂成兩截，猛烈的火焰因為沉沒而熄滅了，山雲號在自己失去光明的同時，被吸入海底。接著大海掩蓋驚愕與絕望，沉重地翻騰著。

山雲號爆炸沉沒的同時，滿潮號也噴起了水柱，該艦也立刻陷入無法航行的狀態而脫隊。扶桑號也中了一枚魚雷。朝雲號的艦首被炸飛，搖搖晃晃，幾分鐘過後，山城號也遭到接著把魚雷射過來的美軍第二十四驅逐艦戰隊的毒手，這是完全沒得防範的連續拳擊。看著看著，山城號上的火柱就籠罩了整艘船，隨著風飄向艦艇後部。即使如此，山城號依然維持前進。西村向栗田長官發出電報。時間是三點三十分。

「蘇里高水道北方出口兩側有敵軍驅逐艦、魚雷艇。友軍兩艘驅逐艦被魚雷擊中。艦隊持續警戒航行。山城號被一發魚雷擊中，無礙戰鬥航行。」

⚓

接續其後的志摩司令部也收到了這份電報，接著也在山城號發出的緊急通話中聽見：「紅紅」（一起緊急向左四十五度轉）的聲音。然而，衝進海峽的志摩艦隊也傾盡全力跟接連來襲的魚雷艇搏鬥。

足柄號機槍群指揮官安部少尉，對敵人的勇敢讚嘆不已。魚雷艇一打完魚雷，就一邊用機槍掃射，一邊交錯離去。也有沒裝載魚雷，只用機槍就前來挑戰的魚雷艇。足柄號前部、中部、後部的三十幾座機槍，對他們傾瀉曳光彈。在狂亂轟鳴聲中，看見敵軍魚雷艇染成紅色的景象，讓安部留下了深刻印象。在這般激烈的戰鬥中，安部看見魚雷從左舷擦身而過，心中暗叫：「哎呀。」他告訴自己，要是吃到一發，就要被打沉啦。

然而，嚇到安部的魚雷無比難纏。儘管沒有打中足柄號，卻在其前方找到別的目標。緊跟在足柄號後頭，阿武隈號的艦體側面，都暴露在魚雷前進方向上。因為足柄號擋住了視線，阿武隈號很不幸地晚了些發現魚雷。通信官有村少尉的戰鬥位置，是指揮艦橋正下方的第一機槍群。有點樂天性格的有村，因為無法忍受自己待在這個位置上被暴風雨淋到發抖，臨時起意想說要不要放膽到通訊室裡取暖。

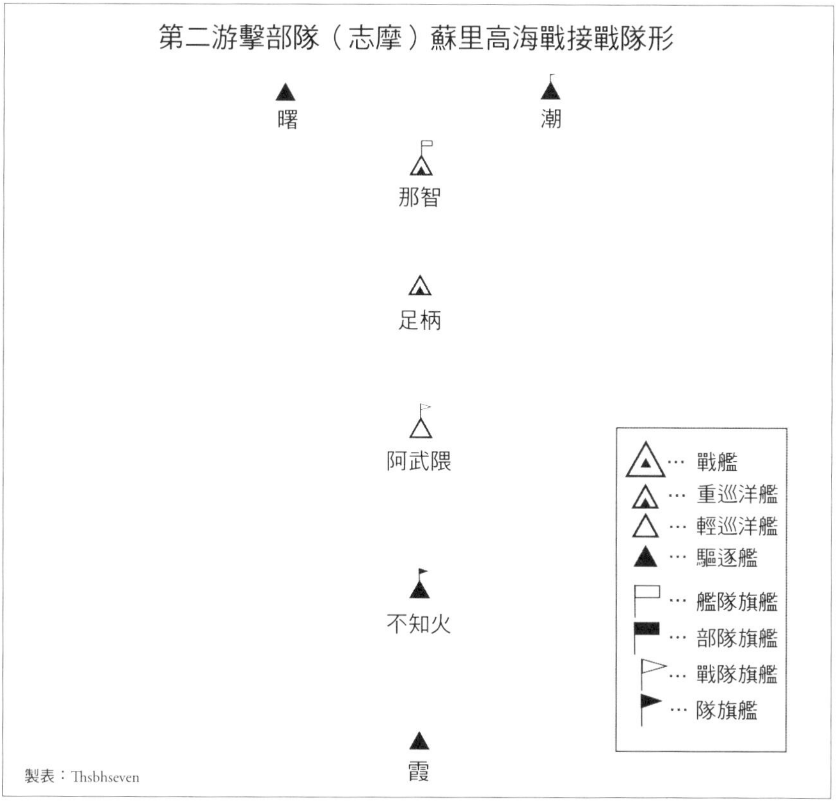

然而他覺得在戰鬥中離開崗位應該不是好事，最後改變想法。緊接著阿武隈號左舷艦橋前部被魚雷擊中。魚雷很明顯地沒有爆炸。儘管水柱跟火柱都沒有噴起來，該艦還是停止，艦內也停電了。

有村對連爆炸都沒有的魚雷深表輕蔑，但他同時感到困惑。因為他馬上發現阿武隈號正在傾斜，艦首略為下沉。僚艦把阿武隈號留在原地離去。有村找不到自己的艦艇為何不前進的真正原因，對此大感不滿。

雖然有村此時還不知道實情，但緊接著，當損害情況擺在眼前，他卻為之愕然。通訊室全軍覆沒，下方進水，通訊室充滿了毒氣。被魚雷擊中的衝擊，導致艙蓋無法開啟。通訊科官兵因為氣體中毒全員陣亡，完全喪失通訊功能。如果那時候選擇躲進去保暖，有村此時應該已經喪命了。人的命運有時很難以理解，有時搞不清楚是該悲傷還是高興。他在崗位上坐下，針對命運深思了一番。他好像快要變成宿命論者了。

⚓

前進方向正北。在此期間志摩艦隊仍筆直朝北繼續進擊。凌晨三點二十五分，那智號巡洋艦在隊伍前方，與足柄號巡洋艦、不知火號、霞號、曙號、潮號等驅逐艦編成單縱隊，進入了進攻路線。速度二十八節。不久後，黑暗的海峽前方傳來隆隆砲響。戰場隨著震耳、動地的轟鳴聲，開始被火焰包圍。在黑暗中也明顯可見硝煙或是煙幕飄盪，感覺就像是在海面上爬行，那正是火焰的風暴。巨大的鋼鐵被重擊，互相擠壓並發出嘎吱聲。海面狂亂，閃光不斷強勁地射向眼睛。紅、黃、白的曳光彈色相互交錯，劃破黑夜，劃出美麗的弧線。

走在隊伍最後面的潮號，完全搞不清楚情況。別說敵情，他們連對友軍的狀況也無法明確判別。通信官森田想起了不久前與阿武隈號誤擊友軍的事情。當時潮號驅逐艦慌張地打開紅白色識別燈，停止射擊，幸好人員跟武器沒有受損，所以沒關係；但現在，他反而覺得這簡直不像話而生氣。難道我們真拿這場宛如狂風豪雨般的交火射擊一點辦法都沒有嗎？

走在前方的那智號巡洋艦艦橋上，可以遠遠看見明顯正在交戰的一艘艦艇，在一瞬間爆炸，火海馬上覆蓋全艦，高聳的桅杆緩緩倒下的情景。那智號的馴田少尉帶著想要大喊「萬歲！萬歲！」的衝動，眺望著巨艦形同冒著黑煙與火焰的火山那樣的臨終時刻。在這個時間點上，沒有一個人認為被濛濛蒸氣、黑煙與烈火包覆的那艘艦是友軍。連站在艦橋，用平靜的表情看著此景的志摩中將，也判斷那是敵艦。不，應該說相信那就是敵艦。凌晨三點四十五分，志摩發出電報說「本艦抵達戰場」。那是為了要鼓舞西村艦隊的士氣而發的。

足柄號上充滿鬥志的安部少尉，也理所當然地，毫不質疑地認定那就是敵艦，他無法冒出除此以外的想法。從出生到現在，他連一次也沒想過，在火海中的巨艦，竟然會是屬於「無敵」聯合艦隊這一方。

抱持著同樣幻想的人，還有曙號上的石塚少尉。石塚是因為不知道西村艦隊已經先衝進去了，以為只有自己的部隊要攻擊。他沒發現自己眼睜睜看著沉下去的是自家的軍艦，還嘲笑著說：「你看看你。」志滿意得地以為在前頭的諸位學長挺厲害的，打從心裡對他們讚賞跟鼓掌。石塚沒有發現自己邏輯上的矛盾，就連思考一貫相當理性的石塚，都必須要相信我軍無敵的虛構故事。因為戰局不順，更不能容

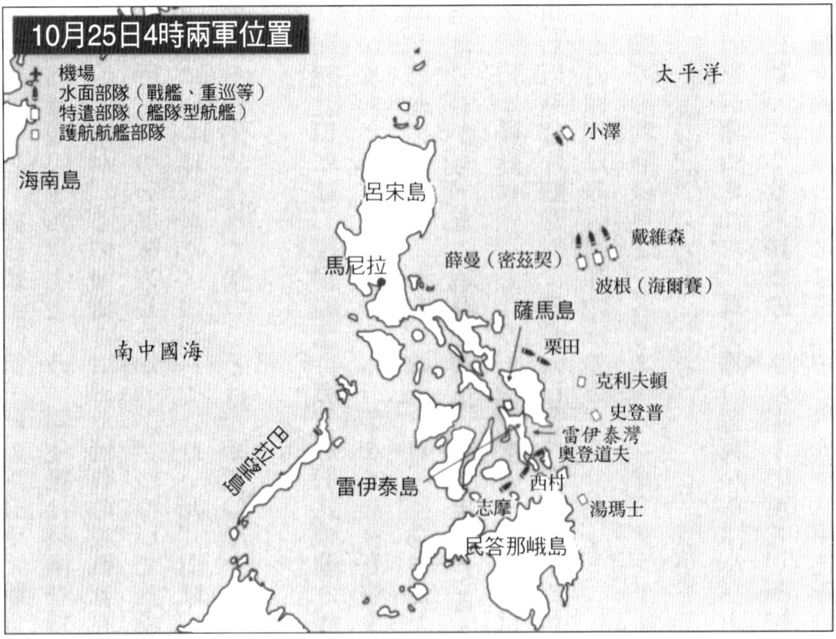

許自己對據以行事的前提抱持懷疑。就算知道那只不過是幻想也是如此……

⚓

根據紀錄，從最初三艘魚雷艇發動攻擊開始，到第三波驅逐艦部隊第五十六驅逐艦戰隊九艘驅逐艦的魚雷攻擊為止，把日本艦隊視為目標發射的美軍魚雷數量有一百二十枚以上。西村艦隊的驅逐艦只剩下時雨號，其他三艘都脫隊了，山城號被擊中一枚，扶桑號兩枚，西村仍然將無數布滿此處海面的殺戮者推開、前行。然而，戰爭的運勢始終不在我方。扶桑號接續被命中第三枚魚雷，疑似造成船舵故障，扶桑號開始不受控制地向右轉，接著又是一枚。山城號、時雨號、最上號依然勇往直前，但是每艘艦都難以長久保命了。

⚓

在海峽北方出口，燃燒著復仇意念的六艘美軍舊型戰艦，把八艘巡洋艦排在前方，反覆來回等待著獵物。這六艘當中只有一艘除外，其餘五艘都是在偷襲珍珠港時沉沒，後來從海底打撈起來、改裝，重獲生命得以參與這場海戰。眼前這場戰鬥部署，正是身為海軍將領夢寐以求、理想的「T字狀況」。日本艦隊排成一列，用直角方向往排成橫列隊形阻擋的美軍艦隊闖了過來。六艘戰艦的巨砲可以一舷齊放集中攻擊隊伍前方的日本軍艦。對此，日本艦隊能用來反擊的只有艦首的火砲而已。

兩軍間距急速縮短，奧登道夫在日本艦隊近到距離八海里以內時，命令各艦「開始砲擊」。三點五十一分，巡洋艦首先開砲，二分鐘後，戰艦開始齊射。西村艦隊面對從珍珠港海底撈上來、改裝後瘋狂發射砲彈過來的戰艦火砲人員，燃燒最後的戰鬥精神。

退讓出作戰空間的第五十六驅逐艦戰隊各艦，散布在兩軍艦隊中間，那是眺望兩軍砲戰的絕佳位置。戰隊長史慕德上校後來說：「沒有任何比那更值得一看的了。夜空中劃出弧線，交錯飛行的曳光彈，簡直像是在小山上發出隆隆聲響奔馳的火車車燈一樣。一開始，看不見敵艦。後來看到起火，就知道它們爆炸了。」

⚓

對西村艦隊來說，敵軍的砲擊就是在左舷前方遙遠的黑暗中突然閃現的紅色火焰。那火焰接連左右閃爍，據說就像是在黑暗的室內電話交換台上，陸續點亮的指示燈。最上號艦長立刻下令「左舷砲戰」。然而目標並不清楚，雷達無法分辨島嶼與敵艦，無法算出距離。艦橋籠罩在一片死寂當中，艦長不得已說：「沒辦法，把閃光當目標射擊！」

西村艦隊已經不可能統一指揮了，各艦只能在各自位置上竭盡所能。敵軍砲彈開始到處落下。熊熊火舌從山城號的桅頂上竄出來。敵軍砲彈有組織、整齊、毫不留情地打爛巨艦。敵軍砲彈密集地打過來，日本艦隊失去了時間感。包圍他們的水柱、硝煙、閃光，把時間完全炸飛了。

山城號發出的最後通訊送達各艦，二千瓦信號燈在激烈戰鬥中閃爍。西村不畏敵軍砲彈的強烈意志傳達給了全軍。

「我艦陷入難以航行的狀況。各艦前進，攻進雷伊泰灣！」

山城號戰艦上甲板從艦首到艦尾都陷入火海，到處已經沒有可以讓官兵躲避火焰熱度、拯救生命的餘地。最上號巡洋艦也受傷了，然而最上號依然在應戰，還轉舵找出合適的位置發射魚雷。蘇里高海峽的夜空，各處都被紅色亮光灼燒。

不是只有日本艦隊在燃燒。位在兩軍中間，眺望砲戰的第五十六驅逐艦戰隊的三艦，在日美兩軍的砲擊、爆炸的暴風雨中，同時對兩軍露出漆黑艦影的輪廓。從北方跟南方來的砲彈像雨般落下。三艦朝北方喊「我是友軍，中止砲擊」，但來不及了。驅逐艦格蘭特號被二十枚砲彈命中，立刻就沉入波浪間。

西村艦隊正急速走向死亡的彼岸。山城號把巨大的火柱與煙火般的鋼胚噴上夜空。扶桑號已經停船，烽火四起。滿潮號跟朝雲號，則是已經無法從海上看見身影了。最上號左舷輪機室被砲彈命中，最大速度只能維持八節，陷入奄奄一息的狀態，沉痛的氣氛籠罩著艦橋。

艦長藤間大佐用像是在跟副艦長、航海長商討般的語氣說：「已經跑不動了吶。只能用爬的去了。」

沒辦法攻進雷伊泰灣了，不可能的。」

航海長中野信行少佐的語氣似是反駁，回道：「艦長，本艦已經抵達海峽北部入口了。」

艦長用很鎮靜的語氣說：「不。」加以否定。還說：「我認為可能還在海峽中途之間。所以應該左轉舵衝上雷伊泰島，還活著的人上岸改當陸戰隊繼續戰鬥！」

航海長低聲喊：「艦長，本艦是戰鬥艦艇，我們是水兵，沒有人打算活著回去。戰到最後，跟艦艇共生死，衝上陸地實在太浪費了。」

最上號依然持續應戰，然後被砲彈擊中，水柱高聳覆蓋周圍。

中野加重語氣道：「只要還留有一門砲，就應該要衝進灣內。」

「你喔，就算你那樣講，我艦已經被打成這樣了。」藤間面露怒色說，「背著火把在敵人的砲擊下夜航，是要怎樣游進灣內啊！」

航海官山羽少尉把視線轉過去，緊盯海圖桌桌面的同時，聽著艦長等人的爭論。敵軍砲彈緊接在這之後直接擊中艦橋，敵軍砲彈在左舷爆炸，一瞬間就把坐成一排的本艦幹部給掃倒了。

奧登道夫在凌晨四點十分，收到友軍驅逐艦在中間位置嚴重受損起火的報告，慌忙地命令停止砲擊。讓官兵們麻木的暴風雨般聲響消失了，撕裂黑暗的閃光一被除去，夜晚的黑暗就降臨四周。到此時官兵們才注意到，東邊方向——迪納加特島的天空正透出魚肚白。

宛如收到了相同的命令一樣，日本艦隊也中止了砲擊。正確地說，不是中止砲擊，而是無法砲擊。趁著美軍停火的間隙，時雨號在四點十五分左右，做一百八十度掉頭，打算脫離戰場。一舉失去指揮幹部的最上號，由身在射擊指揮所而躲過一劫的槍砲長荒木義一郎少佐領導下，也一百八十度轉變方向，打算撤退。由於志摩艦隊會從後方而來，最上號打算跟他們會合，請他們掩護撤退。西村艦隊的悲劇之戰結束了。

3

四點到五點三十分

志摩艦隊得知正在起火的兩艘艦，是疑似山城級的友軍戰艦時，受到了巨大的衝擊。兩艘軍艦相隔約六百公尺距離，全艦著火、停航。

「分隊官，那好像是友軍的戰艦耶！」

被直屬的機槍班長這樣說的時候，霞號驅逐艦的加藤少尉再度像是被說中心事一般，為之愕然。儘管目視範圍所見，因海戰的硝煙從起火的軍艦、艦砲砲口飄來而略顯暗沉，但那些一定是呈く字型的山城級戰艦艦影。然而，來自艦橋的廣播卻說了：

「右前方燃燒的是敵軍戰艦！」

恢復寧靜的戰場，除了偶爾響起的砲聲之外，彷彿是被人們給遺忘了。加藤在崗位上坐下，眺望在遠處燃燒的戰艦，實在太安靜了。他太了解那是上級想要提振士氣的策略了。他領悟到這次就是他們的死期。

「該死！」

加藤站起來，身體打了個哆嗦，對下屬士兵下命令說：「注意敵軍魚雷艇。」但是這時候的加藤，不知道自己的身體為何如此顫抖。

在艦隊前方航行的曙號驅逐艦通信官石塚少尉，有點被擊垮了。在他的腦海裡，混亂喚來了更多的混亂。他想起了昨天收到的各種電報內容——巡洋艦被攻擊，然後武藏號也中了好幾枚魚雷。他認知到正在進行大規模作戰，然而是在哪個海域，有哪艘艦艇參加，進行何種作戰，卻完全搞不清楚。眼前還有扶桑號和山城號正在燃燒的事實。石塚覺得有股連自己都無法理解的憤怒填滿了心頭。

比起憤怒，有人則是感受到無比的悲傷，那智號巡洋艦的馴田少尉就是這樣。對他來講，毫無道理的戰鬥正在進行。他看到一艘停航的驅逐艦罩著濃濃的煙幕，那艘掛著友軍識別旗的艦艇用閃光信號問：「是誰？」志摩司令部回答：「我是那智號」之後，該艦只對全速航行通過的志摩艦隊傳訊說：「我是時雨號，舵機故障中。」就融進南方的黑暗彼端。那些艦艇，是看似就要沉沒的兩艘日本戰艦與一艘漂流的驅逐艦。馴田想起了派任駐扶桑號的同期，他認為雷達官金谷茂平少尉應該是在扶桑號的前桅樓頂端的雷達室執勤。

「我有一個妹妹，因為我家是兩兄妹，所以我很疼她。」總是像口頭禪一樣掛在嘴邊的西脇賢治少尉，他的戰鬥位置在航海艦橋下一層的密碼室。然而包裹紅色火焰的黑煙在前桅樓跟密碼室附近噴發出來。馴田遭到悲痛心情打擊，幾乎無法控制自己。

四點二十分左右，處在那智號艦艇中央部位附近的艦橋上，茫然自失的馴田在零度方向，距離九海里處發現兩個目標，並在右前方發現一艘起火停航的艦艇，志摩中將下令：「準備左舷戰鬥。」航行在那智號後頭的足柄號，做好了發射魚雷的準備。志摩認為，直接這樣猛衝，加上用起火的艦艇當背景的話，很容易變成敵艦的目標，他計畫在敵人跟前往右轉舵，向兩個目標發射魚雷。那智號、足柄號都用雷達追蹤射擊，往二十度方向發射了八枚魚雷。在這之後，卻發生了不幸事件。

那智號艦橋的官兵，此時都沒有注意到，他們推測起火、停航的艦艇，其實緩緩朝著那智號的行進方向移動。夜間肉眼觀測也能明顯看見艦首劃開白色的水波。起火的艦艇，是勇敢奮戰的最上號巡洋艦。最上號從艦橋頻頻用藍色的輕便信號燈連續向友軍艦艇傳訊：「我是最上，我是最上。」那智號以二十度角撞上最上號的前部，緊緊咬在一起的兩艘巡洋艦就直接併排、緊貼著一起航行。最上號被那智號的速度拖著走，然後那智號的艦首扭曲，速度立刻掉到十八節。

來自煙囪後方被火焰包圍，為了活下去而持續拚死掙扎的最上號，艦橋的擴音器聲音，傳到茫然自失的那智號艦橋上。

「本艦艦長、副艦長陣亡，最資深軍官為槍砲長。舵機損壞、因為陷入靠輪機回轉微微保持航向的狀況，抱歉無法躲開。能開出的航速只有十節。」

那智號的這個拙劣失誤，只能用在悲劇戰鬥中發生的喜劇來形容。因為那智號的失誤，進行中的海戰就要草草謝幕。

⚓

跟在那智號後頭的足柄號，精準地操舵，安全地把方向錯開，轉到相撞的兩艦外側，不知火號與霞號驅逐艦跟隨在後。足柄艦上流竄著針對那智號拙劣操舵技術的惡評，年輕的安部少尉儘管為之震驚，卻也對旗艦的喜劇式奮鬥憤怒莫名。後來這件事被基層軍官評論說：「艦長是看哪邊在開船的？竟然在戰場上相撞，真不像話。要切腹了啦！」

這時候，曙號與潮號打從心底震怒。接到志摩中將的突擊命令，兩艘驅逐艦用豪俠氣概，一心在黑暗的海峽北上，航速來到三十二節全速，到處都沒見到敵人蹤影。驅逐艦主砲雖小，卻也轉到仰角極限。砲班人員在砲塔，魚雷班人員在魚雷發射管準備戰鬥，儘管他們不甚清楚戰鬥情勢，總之全艦是帶著要為山城號、扶桑號復仇的氣概，猛烈燃燒著鬥志。曙號的石塚少尉，一邊操舵一邊想著，艦隊主力是在拖拖拉拉什麼東西？雖然他完全不知道那智號跟最上號相撞，但石塚的決心突破天際，認為本來就不該畏畏縮縮地來，現在卻要背向後方航行。儘管認為有敵艦在的北方海面已經融入黑暗中，安靜得更給人一種陰森的感覺，但他不以為意。

燃燒死中求生志氣的，還有潮號驅逐艦的航海官森田少尉。他聽到全軍突擊命令，心想：「好！來啦！了解！」然後去問輪機科有關燃料的事情。根據速度與消耗的燃料量，森田很快地計算出可以航行的距離。潮號勇敢豪壯地闖進完全看不見敵人蹤影，深不見底的黑暗中。資深軍官筆前大尉在森田旁邊，精神抖擻，直挺挺地站著。本艦逆著風猛衝，筆前大尉突然說：

「你有種嗎？」

聲音隨著風飄散到後方。

森田慌張地四處張望，然後不禁笑了出來。

「沒問題，有！」

「很好，要好好珍惜。」

兩位軍官在對話的時候，依然凝視著黑暗的遠方。

幾分鐘後，志摩司令部判斷慎重勝過愚勇，因此決定脫離戰場，要到海峽外面查看狀況，命令全軍掉頭南下。這是撤退——曙號與潮號也接到命令，因為主力在發射魚雷時向右轉了，所以就直接繼續轉彎南下。四點四十三分，艦隊整好隊後，打算離開戰場。西村艦隊的時雨號已經在前方航行，嚴重受損的最上號也擠出剩下的力量，儘管速度很低，還是追在志摩艦隊後面，在蘇里高海峽滑行。

志摩艦隊猛衝、相撞、退避的情況，都是奧登道夫在確認誤擊友軍，下令中止砲擊的短暫時間裡發生的。在奧登道夫讓嚴重受損的格蘭特號以外的驅逐艦去避難，再次下令開始砲擊的時候，除了在海峽漂流的格蘭特號跟起火的山城號以外，雷達什麼都捕捉不到。戰況混沌不明，到剛才為止，奧登道夫很明顯有看到一支後續部隊，現在那支部隊卻像被抹掉一樣消失了。

清晨四點五十一分，接獲奧登道夫最後命令的重巡洋艦艦隊五艦，伴隨著驅逐艦，為了掃蕩殘存的敵人，脫離死守雷伊泰灣的陣形，開始向海峽東側南下。警戒四方的同時，用十五節速度在染血的海上奔馳。海峽西側由三艘重巡洋艦與三艘驅逐艦負責，蘇里高不再是戰場。以山城號、扶桑號為首的西村艦隊，除了受傷退避當中的最上號與時雨號，全葬身海底。天還沒有亮，日本海軍儘管戰力不強，但不管怎麼被打都還是採取攻擊、前來應戰，對於擁有壓倒性戰力的美國海軍官兵來說，從來沒有一場砲擊戰像今夜這麼漫長。

七艘巡洋艦的砲擊非常猛烈，發射了約四千三百枚砲彈。各艘戰艦遵照奧登道夫節省彈藥的命令，西維吉尼亞號齊射了十六次，田納西號十三次，加利福尼亞號九次，馬里蘭號六次，每一艘艦都謹慎射擊。而賓夕法尼亞號到「停止砲擊」的命令傳來為止，連一次齊射都沒有。儘管如此，還是有近五千枚砲彈向西村艦隊七艘艦發射過去。

金凱德在砲戰正酣的四點鐘過後，對海爾賽發出電報：「我與敵軍在蘇里高海峽交戰中。第三十四特遣艦隊在聖貝納迪諾海峽嗎？」在一小時之後又發報：「敵軍從蘇里高海峽撤退，我在追擊中。」這些電報送到海爾賽手上，是很久之後的事了。總之，這時候第七艦隊司令金凱德中將，肯定是處在欣欣得意的狀態——他漂亮地擊滅了敵人。

⚓

朝南一百八十度方向，以十八節航速在薩馬島東方海上航行的栗田中將收到的電報，跟海爾賽收到的不同，而是令人憂慮的內容。首先是西村發出的「發現疑似敵軍艦影」的電文，接著是「兩艘驅逐艦被魚雷擊中，山城號被一枚魚雷擊中，無礙戰鬥航海」，西村艦隊就此沒了音訊。再來是來自志摩號的「本隊到達戰場」的電報，是期待達成豐碩戰果，在夜晚的太平洋上攻擊的時候。時間是上午五點二十二分，儘管電文很短，負責宣讀志摩號電報的參謀，卻在中途發不出聲音來了。

「第二戰隊全軍覆沒。最上號嚴重受損、起火。」

大和號艦橋上的所有人驚嚇到喘不過氣來。頭上戴著的帽子後方寫著「司長」（司令長官簡稱）的主將背影，微微地顫動了一下。浮現在黑暗中的藍白色電報紙上的文字，顯露出坐在椅子上的栗田中將的心理動態。志摩艦隊的電報還在持續進來。

「本隊結束攻擊。暫時脫離戰場，之後再謀他策。」

通訊到此結束。接下來蘇里高海峽被鎖進完全的靜默中。但是，不論西村、志摩兩支艦隊成果如何，又或雷伊泰灣內的敵軍戰力、部署如何，栗田艦隊依然一路開向雷伊泰灣。此時距離灣口還有六小時航程。

這一晚的太平洋，溫暖而黑暗，從偶爾放晴的暴風雨間隙看到的星星很美。風向東北東，風速每秒四公尺，海上隨著艦艇南下而起浪。細細碎裂的黑雲像箭那樣飄動。早霜號驅逐艦通信官山口少尉跟同期阿部，在艦橋並排站著，遠望低垂、沉重的雲朵——真是發動奇襲的絕佳機會。雖然都是最低階軍官，但兩人靠在一起就覺得相當安心。

⚓

同樣是他們同期的最上號航海官山羽少尉，即將壯烈成仁。因為在艦橋被砲彈掃倒的時候他呼吸尚

蘇里高海峽海戰

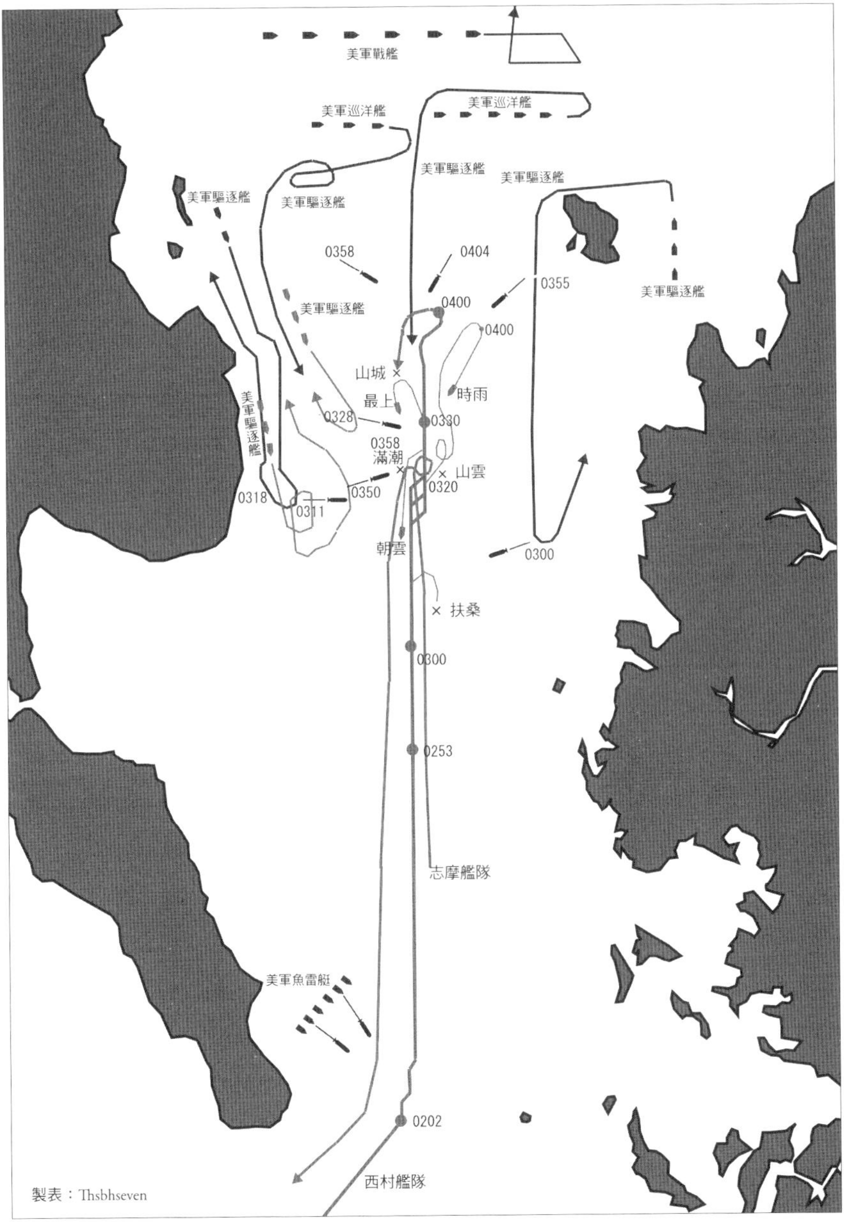
美軍戰艦
美軍巡洋艦
美軍巡洋艦
美軍驅逐艦
美軍驅逐艦
美軍驅逐艦
美軍驅逐艦
0358
0404
0355
美軍驅逐艦
美軍驅逐艦
0400
0400
山城
時雨
最上
美軍驅逐艦
0328
0330
0358
滿潮
山雲
0320
0350
0318
0311
朝雲
0300
扶桑
0300
0253
志摩艦隊
美軍魚雷艇
0202
西村艦隊
製表：Thsbhseven

存，被搬進作戰室躺在沙發上。在他直到最後都還忠實執行任務的海圖桌上，上頭的雷伊泰灣地圖都被鮮血染上紅色。作戰室的地板上，還躺著中傷的信號手長谷川桂一中士，他用沙啞的聲音喊山羽少尉：

「航海官，航海官，怎麼了？」

沒有回應，山羽的身體不時痙攣，從沙發上垂下來的手，出現在長谷川眼前。山羽的心跳要永遠停止動作了。只剩下手腕上的手錶像是要永遠指示出時間一樣在動，時間是五點二十分。

「二十五日日出，〇六二五時。」

長谷川想起現在已成廢墟的艦橋小黑板上這樣寫著。

4

五點三十分到六點三十分

夜晚的風還是冷颼颼地，那陣寒氣讓在濱風號魚雷發射管下方昏睡的武藏號標定官高地少尉恢復了意識。這時，有一名士官對他說：「有個像是下官廳軍官的人，在後甲板快死了。」

高地聽見那句話，站了起來。然後跑到了下官廳。高地在那裡看見懷念的同期——濱風號通信官桐谷禮太郎少尉，說：「是我啦，」然後對驚訝的桐谷少尉說：「有氧氣筒嗎？我想要氧氣，麻煩你了。」

在後甲板失去意識的人，果然是同期井上守少尉。兩名軍校同學在接下來這段時間，為了搶回另一位同學的生命，在後甲板上做了最大、最完善的努力。儘管他們只有兩個氧氣筒，要將快要死去的男人從死神手上搶回來，沒有比這更有力的武器。不，能讓死神畏懼、更強而有力的武器，不就是他們的友情嗎？他們有八名同期上了武藏號，現在濱風艦上看到的，只有高地跟井上兩人。不能讓好不容易得救的同學死去啊。

桐谷說：「沒問題啦，雖然到下一個港口馬尼拉要五個小時，有這個就沒問題了。」高地用盡力氣癱倒了，朋友得救了嗎？高地此時第一次體會到戰鬥沉重的疲勞感。

同一時間，還留有數十名或者數百名為數不詳拒絕求生、渴望死亡的男人，留在清晨的蘇里高海峽中。早上六點左右，美軍驅逐艦的內燃機艇、小艇、還有魚雷艇，在天色漸亮，四處有冒火的殘骸、破片漂流、覆蓋厚厚一層燃油的海峽中，四處奔走尋找落海的日本兵。然而滿身沾上油汙，連救生圈都沒拿、飄泊的西村艦隊生還者，卻一直拒絕美軍的救援。

日本兵頑固的敗北情景，令美軍官兵無法想像。指揮救援的康雷上校仰望天空，他認為戰鬥已經結束了。但是，海裡的生還者卻堅拒援手。不，是連看都不看過去。軍官們邊游邊對著下屬喊：「不要投降！」就算沒有軍官的指示，他們很明顯也會抵抗救援，直到最後。

即使把他們強行救上驅逐艦也是徒勞。一心求死、上到甲板的日本官兵，又再度默默從舷側縱身跳下，海面濺起好幾處水花。

海面上有數百人漂浮，被救起的只有一小撮。留在海面上的他們是怎麼回事？在出現朝霞天空下的雷伊泰島跟迪納加特島，就近在眼前。儘管海上一切都看起來很近，也似乎是游泳的話就能抵達的距離，他們之中也有人打起精神游了起來。他們成功到達岸上，但是他們不知道海岸上有憎恨 Hapon（日本人）的居民，拿著磨好的小刀跟開山刀在等待。他們是為了被屠殺而游的嗎？山城號僅有十名生還者，扶桑號不過數名。

有人打算接下來要死。不，也有人為了要尋求自己的生存，而打算殺死敵人。上午六點稍早，上空警戒戰鬥機從第三十八特遣艦隊的薛曼、波根、戴維森所屬的特遣支隊，合計十艘航空母艦上升空，偵察機緊接著起飛，然後是第一波攻擊隊六十架戰鬥機、六十五架俯衝轟炸機、五十五架魚雷轟炸機的大編隊從飛行甲板上騰空而去。在深夜裡集結，持續向北推進恩加尼奧角外海的猛將海爾賽麾下的攻擊隊，正張目決眥，要讓日本機動部隊全軍覆沒。

自戰爭開打以來，日本跟美國數次的航空母艦對決中（珊瑚海海戰、中途島海戰、南太平洋海戰、馬里亞納海戰），即使受到重大打擊，到最後總是能保存絕大部分艦艇，避免全軍覆沒的情形發生。如果從戰術勝負來講，雙方比分是二比二。以此意義來說，這次正是要分出勝負的艦隊決戰，是最後的海上航空戰。海爾賽的決心，就聚焦在這一點上。首先必須要宰掉航空母艦，而且不只是航空母艦，必須宰掉所有的艦艇……

另一方面，即將要遭受攻擊的小澤機動部隊，則是從一開始就期盼會全軍覆沒。他們對全部艦艇都將沉沒一事沒有異議。再次重申，這是拋棄自己生命，幫助主力艦隊攻進雷伊泰灣的捨身任務。他們早已覺悟要做出犧牲。到這一天為止，小澤艦隊的戰鬥是在情勢完全不明的情況下慢慢展開的。然而試煉之日的時間流速很快，開始激烈飛逝。

上午六點十分，黎明的天空幾乎沒雲，東北風清爽地吹著。小澤派五架戰鬥轟炸機、四架攻擊機、一架俯衝轟炸機，往菲律賓呂宋島上的土格加勞基地飛去。他認為，比起平白地讓飛機變成敵軍的獵物，不如在陸地上發揮功用更好。剩下的是十九架用來護航的戰鬥機。機庫空了，反擊的手段只能靠槍砲火力。後來美國將這場海戰命名為恩加尼奧角海戰。說這是偶然巧合，也很不可思議，這個地名在西班牙語是指「誘餌」、「擺你一道」的意思。實在是太有象徵性的稱呼了，不是嗎？

機動部隊本隊（小澤）
10月25日防空警戒隊形

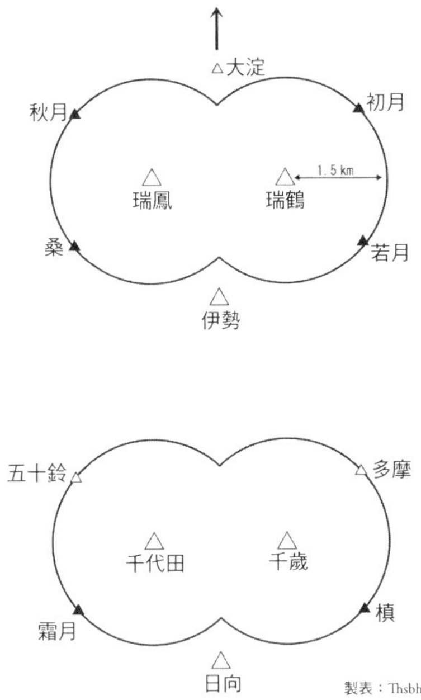

製表：Thsbhseven

小澤艦隊以八公里為間隔，排成兩個圓形編隊。以瑞鶴號、瑞鳳號航空母艦為中心的第一部隊，有伊勢號航空戰艦、大淀號巡洋艦、秋月號、初月號、若月號、桑號驅逐艦等八艦。第二部隊是圍繞著千歲號、千代田號航艦的日向號航空戰艦、多摩號、五十鈴號巡洋艦、霜月號、槙號驅逐艦等共七艘。前進方位三十度，他們為了要穩穩地引誘敵軍離開主要戰場而北返。

⚓

處在圓形編隊前頭的大淀號，森脇少尉內心沒有出現像在離開日本，輕輕對日向地區的群山告別時的悲壯情緒，反倒是對於心不在焉占據了此時的心情而感到驚訝。他並沒有振奮起來，也沒有期待任何事物。他只想著一件事——敵機能不能趕快出現，解決這段沉悶的時間。身在艦橋的森脇，不禁感覺這段空白時間極度漫長。

伊勢號在從大淀號拉開圓形編隊直徑距離的隊伍最尾端位置航行。儘管標定官高田少尉在此發著牢騷，還是跟下屬保養著陸戰用機槍。昨晚，在預計要進行夜戰，獲命準備要攻擊時，他非常興奮。但是當天晚上十點，第二部隊掉頭，再度跟第一部隊會合，就轉為航空戰了。高田的任務又變得有跟沒有都一樣了。接下來要開打的戰鬥，對高田來說不是砲戰，而是對空機槍戰。高田又再度認為，就算如此，還是勝過擔任沒有飛機好保修的保修官來得強啊。

第六章

決戰

十月二十五日上午

混帳東西，敵人就近在眼前啊！

馬鹿野郎、敵はすぐそこにいるんだ！

1

六點三十分到七點

日出時間，上午六點二十七分。

在此前一小時，栗田艦隊進入防空戰鬥狀態，發出排成圓形編隊的命令，各艦為了要就規定位置增減速度奔走，在攪拌海水的同時繼續前進。太陽從他們的左手邊升起，海上的日出是震撼靈魂的色彩大亂舞，但當天的薩馬島外海卻連日出的前奏都不想給人看。雖然白浪正在驅散夜晚還殘留在海上的黑暗，但周圍的暴風雨、灰色的霾，跟低矮的積雨雲連接海洋，把陽光完全遮住。

現在，神風特攻隊六架吊掛二百五十公斤炸彈的戰鬥機與四架護航機，在這沒有陽光照耀的早晨，正要從民答那峨島的達沃基地起飛，尋找敵軍航空母艦的身影。這六架飛機中，兩架是朝日隊，兩架是山櫻隊，兩架是菊水隊。在幾乎同一時間，還有大和隊的兩架特攻機與一架護航機，正要從雷伊泰島西邊的宿霧基地起飛。

用身體衝撞——這是第一航空艦隊把僅有的三十架可出勤飛機，全用來斷然實行這種違背常理的戰法。那是指揮官變成戰鬥之「鬼」、強行違反統帥的正道、違背傳統、違反人性所決定的十死零生的戰法。決斷採用這種背離常軌的戰術，自己背負「鬼」之汙名的人，是第一航空艦隊司令長官大西瀧志郎中將。後來他對副官說：「針對我的評價，就算蓋棺了也論不定，百年後我也是不會有知己的。」

的確，只要是跟航空戰有關的事情上面，日本海軍是被逼到絕境了。捷一號作戰，原本是在航空實力還相當充足時制訂的。但日本海軍在之後的多次空襲行動中被徹底痛打，能作戰的飛機數量驟減。因此到作戰開始日期為止，日本都處於美國航母艦載機在頭上恣意飛舞的情況下，日本飛行員被迫要忍辱負重。賭上日本命運的大作戰開始了，飛行員的心底冒起了怒火，想要狠下心來，就算對敵人航空母艦用衝撞的戰法也好，想將之擊沉，讓作戰成功。他們所處的現狀，已經是面對敵軍特遣艦隊的攻擊，幾乎不可能期待會生還。他們認為，橫豎都是死，就要用有價值的方式陣亡。年輕飛行員們的心情，變成了想要讓自己死得有意義。他們在祖國將要滅亡的時候，哪可能會對為國殉死感到猶豫？在國家、軍隊還有餘力的時候，要從傳統戰法飛躍式地發展新戰法已非易事，現在連那份餘力都沒有了。這是在以雷伊泰灣為目標猛衝的小澤、栗田、西村、志摩各艦隊上，所有年輕少尉也都共通的純真心情——死得光榮，就意味著曾經活得比別人更好。這個時候的日本人，尤其是年輕人，都在心中進行同一場戰鬥。

神風特攻這種驚天動地的作戰，如果有榮耀的話，應該要頒給抱著炸彈衝進去的年輕人。衝撞，是快被絕望沖走的人，為了把自己留在人世，面向全世界，用盡最後的力量釘下去的鉤子。此舉同時也是「要如何死，通往要如何生」，事關當時的日本人人生觀的基本問題。他們在對日本人拋出這項問題的同時，正要赴死。

菲律賓的群山描繪著平緩的線條。濕潤、美麗的早晨來臨，映照出被雨淋濕的綠樹，這是激烈戰鬥開始前的預幕。裝著炸彈的飛機已經動起來，敵軍艦隊的位置被標示出來了，特攻隊員們跑著上飛機。維修人員絲毫不想離開飛機，咬緊牙齒，撐起滿是眼淚的眼睛，就算快被吹走了，還是用工作服的袖子不停擦拭駕駛座的擋風玻璃。要赴死的特攻隊員輕敲他的肩膀，示意說：「好了啦。」地勤人員像是不得已般，低著頭行禮好幾次，跌跌撞撞地從飛機上離開。

上午六點三十分，再也不會歸來的飛機離開地面起飛。

⚓

十八分鐘後，在恩加尼奧角外海的海爾賽上將，對著金凱德中將傳來「我與敵人在蘇里高海峽交戰中，第三十四特遣部隊在聖貝納迪諾海峽嗎？」的電報，露出不可思議的表情，金凱德怎麼到現在還來問第三十四特遣部隊的事？海爾賽怒氣沖沖地說：「首先，四點二十分發出的電報，太慢送出了。」戰局已經露出微妙的動態。他說的應該是，如果發生栗田艦隊要突破聖貝納迪諾海峽的狀況，才會編組第三十四特遣艦隊。所以海爾賽立刻回電：「不，第三十四特遣艦隊，現在正跟我的高速航空母艦支隊一起與日本機動部隊交戰中。」也就是說，其所在位置，是遙遠的恩加尼奧角外海。這份電報直接送到雷伊泰灣內的金凱德手上。時間大概是在七點零五分前，金凱德還覺得，這份回覆時間太快的電報，來得太晚了。那麼，在聖貝納迪諾海峽出口，連一艘友軍艦艇都沒有嗎？

⚓

此時，栗田艦隊的隊形，實在不太好看。艦隊被烏雲跟暴風雨籠罩。隊伍左起為矢矧號巡洋艦、浦風號、磯風號、雪風號驅逐艦組成的第十戰隊。接著是熊野號、鈴谷號、筑摩號、利根號巡洋艦組成的第七戰隊。然後是羽黑號、鳥海號巡洋艦組成的第五戰隊。最後是以能代號巡洋艦為旗艦，由早霜號、秋霜號、岸波號、沖波號、藤波號、濱風號、島風號驅逐艦組成的第二水雷戰隊，儘管隊伍稍微有點不整齊，但還是排在第五戰隊旁邊。在第二水雷戰隊左後方不遠處的是金剛號、榛名號戰艦組成的第三戰隊。接著是大和號、長門號戰艦組成的第一戰隊。各艦以大和號為中心，從前後左右靠近。各艦忙碌地升降信號旗，航海長緊抓著傳聲管，定位好自己的軍艦。儘管防空戰鬥圓形編隊還沒有完成，栗田艦隊也漸漸排出形狀，艦隊在暴風雨中將航向轉變為一百五十度方向，以二十節速度開向雷伊泰灣。

轉向一百七十度之後，緊接著脫離了暴風雨雲。正確地說，是在上午六點四十四分的時候脫離的。就在矢矧號巡洋艦來報說，幾乎快碰到地平線上方的位置有飛機影子的同時，大和號前方桅頂的瞭望哨迅速對艦橋大喊：「四根桅杆，疑似驅逐艦，左邊六十度方向，距離三萬二千。」

報告持續傳來。「剛才的目標是敵軍。三艘航空母艦，四艘巡洋艦，兩艘驅逐艦。航空母艦有飛機起飛當中……」

一擊就會決勝負，栗田既不猶豫也不遲疑。現在，歷史正要寫下重大的一頁。命令像是河水流動一樣發出，一切決定於行動有多迅速。艦艇待命隨時加速到最大作戰速度，往一百三十度方位變換編隊方向（在一道命令下，一齊往同一方向轉變航向）。部署方位一百一十度（友軍艦隊為了進行作戰，應該前進的主要方向）。用全速前往敵軍航空母艦上風處，阻止敵軍飛機從航空母艦起飛，用連續發射主砲的方式將之摧毀。軍官與士官，都像是橡膠人偶彈跳在半空中一樣，就戰鬥位置，廣播聲高聲響徹四周。

利根號巡洋艦的聲納官兒島少尉，聽到發現敵軍特遣艦隊的通報，不禁覺得「真是幸運」，還朝著敵軍合掌。從艦橋接過來的擴音器，傳出艦長充滿活力的聲音：「在東方發現敵軍特遣艦隊，將立刻靠近攻擊。」艦上歡呼響起，也有人哭了出來。他們直到剛才，都在死中求生，衷心期望想要與敵軍特遣艦隊一戰，發揮聯合艦隊最後的威武。他們原本覺得不可能達成這個目的，就要放棄了，但即便放棄了卻還沒有徹底死心放下。然而，他們想要一戰的目標——美軍特遣艦隊，就隔著三萬公尺出現在正對面了。兒島想起了武藏號昨天極為悲慘的結局。空襲結束，穿白色衣服的士兵在頭跟手上纏上繃帶，在甲板上休息。他親眼看見士兵們無力地從逐漸傾斜的甲板，無力地、宛如渴望死亡般，毫無阻力滾滾落入海中的情景。不只有武藏號，他想，因為這支敵軍特遣艦隊，有多少朋友飲下數不清的怨恨而死去？而這個敵人現在就近在伸手可及處，此時兒島確實是極度憤怒。

在艦隊前頭奔馳的羽黑號巡洋艦艦務官長谷川少尉，聽見發現敵軍航空母艦的通報，首先就告訴自己：「必須冷靜，因為我原本就是個行事衝動的人。」可能是因為他位在最上層甲板，可以像在看落光葉子的楊樹梢頭般，用肉眼看到陸續出現在地平線上的敵艦桅杆。數著，三根、四根、五根。感覺情勢大致穩定，要得意起來的時候，在後方大和號的九門四十七公分巨砲一齊噴火，那砲擊立刻讓長谷川陷入狂熱的興奮狀態。砲擊強烈到讓人感到用全速奔馳的巨艦，彷彿像生物那樣在晃動身體咆哮。重達一點四噸的砲彈，飛越位在大和號與敵軍艦隊中間的重巡洋艦部隊頭頂，飛到敵陣。是右舷戰鬥。長門號戰艦的主砲也隨即發射。榛名號戰艦，還有占據北方位置的金剛號也都開砲了。一陣難以置信的鋼鐵洪流，往美國艦隊集中過去。被打中的話，沒有人能得救。長谷川在心裡喊：「是天佑，這就是天佑。」

戰艦、重巡洋艦戰隊，在六點五十四分接獲大和號傳來的「靠近攻擊敵軍航空母艦」的命令，要衝過去的時候，以驅逐艦為主體的第十戰隊與第二水雷戰隊，卻收到栗田司令部傳來的「跟在後面繼續行動」的命令。這是因為司令部認為，在大白天想要找到機會對只想撤退的敵軍高速航艦發動魚雷攻擊，應該不容易，而且用全速去追擊的話，也要考量到我方驅逐艦的油量狀況，然而，此舉卻讓驅逐艦全體官兵無比失望。在戰艦群射擊，火光照亮灰色天空，巨大煙雲籠罩海上，轉成漩渦的狀況中，磯風號通信官越智少尉，覺得栗田艦隊司令部很可恨。他認為，在近戰中，應該是要由高速的水雷戰隊打頭陣。一枚水雷戰隊的魚雷，經常就能擊毀一艘船，而且我們明明現在是距離敵人最近的位置，卻要我們跟在速度慢的大和號、長門號後面，這是怎麼回事？大和號的主砲用三十秒一發的速度發射，越智覺得這次砲擊意義非凡。這場砲擊不正是為了每位官兵歷經被迫屈辱撤退的時光，那些在瓜達康納爾島、所羅門群島、塞班島上每一天經歷的無數死亡；愛宕號、摩耶號、高雄號、武藏號為此沉沒，不正是為了好不容易撐到的這一刻而戰的嗎？越智怨恨萬分。但是，在這榮耀時刻，驅逐艦威力薄弱的火砲，是什麼用處都沒有的。如果可以的話，他真想扛著砲彈到敵軍航空母艦去攻擊……

⚓

第二水雷戰隊的島風號驅逐艦，也跟磯風號一樣被命令跟在後頭，敵人就在眼前卻沒有作為，痛苦地被迫觀看大艦戰鬥。槍砲長焦急地喊說：「射擊！射擊！」要強行開砲，但艦長不准。驅逐艦的十二公分砲，只會在距離外於無人地帶空虛地揚起水柱而已。摩耶號槍砲官池田少尉，占據艦橋後方位置，凝視著艦長跟槍砲長的互動。他在「戰鬥」命令下達的同時，甩開軍醫長的制止，衝上艦橋。他想確實用自己的眼睛，觀看這場千載難逢的大海戰再死。池田用幾乎是搶奪的方式，跟瞭望哨員借了望遠鏡，捕捉連做夢都會夢見的敵軍航空母艦身影。他想起了許多戰友，他們在巴拉望水道跟著摩耶號，還有在錫布延海跟著武藏號喪命，為什麼他們那麼早就死了呢？真想讓他們也看看敵軍航空母艦慌張失措樣子的念頭，讓池田的心情興奮了起來。

2

七點到八點

栗田艦隊會讓水雷戰隊退到後方，是因為堅信遇到的敵軍航空母艦部隊，是高速的艦隊型航空母艦。作戰計畫是要藉戰艦、重巡洋艦的砲擊打擊敵人，視乎之後的戰鬥情勢跟敵軍動態，機動地指揮水雷戰隊參加攻擊。然而，栗田司令部並不知道，真正的敵軍高速特遣艦隊，遠在恩加尼奧角外海上，由海爾賽指揮，一心只關心要摧毀小澤艦隊。

那麼，栗田艦隊眼前的美軍艦隊，那又是什麼呢？只不過是由金凱德指揮、隸屬第七艦隊，支援登陸雷伊泰島陸軍部隊的第七十七．四護航航空母艦特遣支隊。其任務是從空中掩護登陸雷伊泰島的部隊，進行防空、反潛巡邏，掃蕩殘存敵人。跟敵軍砲擊戰、魚雷戰並不在其任務內。直接指揮戰鬥的，是湯瑪士．史普雷格少將。還有，這些護航航空母艦是由商船或是運油船趕工改造而成，艦載機數量至多也不到三十架，最高航速只有十八節，是性能低端的輕型航空母艦，裝甲只有一片鋼板厚度。所以美國海軍稱這些航空母艦為小嬰兒航艦、吉普車航艦，內部人都把它們當成笑柄。

這天早上，湯瑪士少將把麾下的航空母艦特遣支隊每六艘分成一隊，總共分成三隊，每隊編配三艘驅逐艦、四艘護航驅逐艦（專門執行反潛），他以雷伊泰島為中心，在北方部署第七十七．四．三特遣區隊（代號塔菲三號），中間部署第七十七．四．二特遣區隊（代號塔菲二號），南邊部署由史普雷格少將親自指揮的第七十七．四．一特遣區隊（代號塔菲一號）。北邊的塔菲三號司令官，是同姓的克利夫頓．史普雷格少將。塔菲二號由菲力克斯．史登普少將指揮。

而在意想不到的時間，在出乎意料的地點遭遇栗田艦隊的，是最北邊，由克利夫頓．史普雷格少將指揮的「塔菲三號」的六艘護航航艦與七艘驅逐艦。幾乎就跟栗田艦隊在地平線上發現敵艦桅杆同一時刻，正要喝早上第三杯咖啡的克利夫頓收到巡邏機發現日本艦隊的報告，不禁失手弄掉了咖啡杯。

克利夫頓下令：「確認是敵是友！」

下屬的回答短得簡潔，「確認是敵軍。有日本戰艦特有的寶塔式桅樓。」

飛行員的聲音僵住了。發生了令人驚愕、驚慌失措的情況。接著瞭望哨也在北方的地平線上，望見了朝友軍巡邏偵察機發射的防空砲火，到了連日語對話都截聽得到的時候，他們已經不可能有空閒精雕細琢作戰計畫，只能撤退。

「全速航向九十度，全機起飛，施放煙幕。」

克利夫頓光是要對全艦下達這些命令，就已經很勉強。一分鐘後，高聳、像是在向後仰的水柱，開始在「塔菲三號」的航空母艦部隊周圍林立。航空母艦想邊逃邊讓飛機起飛，「小嬰兒」要勇敢地對抗巨人。不知道是不是偶然，前進的方向上，有像是在海上垂下灰色布幕的暴風雨，艦隊航向往東。「塔菲三號」的六艘護航航空母艦，拚死要逃進暴風雨中護身。指揮官用明碼向直屬長官湯瑪士・史普雷格少將要求緊急援助，報告自己的位置、航向、與敵人之間的距離，並喊說：「總之，來救我。」

湯瑪士在過了上午七點後不久，一收到克利夫頓的明碼電報，就立刻向指揮全艦隊的長官金凱德中將，請求派遣所有飛機迎擊敵軍艦隊。儘管湯瑪士能立刻為發出慘叫的友軍所做的就只有這些，但他還是打無線電話，也用聲音援助克利夫頓。

「別擔心，有我們在，別慌喔，別搞砸了。」

⚓

克利夫頓沒有搞砸的餘地。問題只有一個，就是要怎麼逃脫。他沒有辦法想其他的事。他冷靜地因應驚慌、混亂，接連派飛機起飛，命令飛機攻擊、拯救航空母艦，也下令三艘驅逐艦向敵軍攻擊。絕大部分飛機都吊掛了攻擊地面用的炸彈，面對鋼鐵軍艦，這些武器無用武之地。但現在不是發牢騷的時候，總之就是攻擊。然後看時機，對剩下的三艘護航驅逐艦下達攻擊、進行魚雷戰的命令。因為沒別的招可出了，也就遑論出錯招。倒不如向上帝祈求日本艦隊搞砸，期待敵人發生錯誤跟混亂。但是日本艦隊井然有序，技巧純熟地挑起戰鬥。其射擊準確到連美軍這方的槍砲軍官都為之讚嘆。護航航艦白原號立刻就中了一枚近爆彈，陷入一時無法操舵的狀態。後來艦長蘇利文上校報告說：「近爆彈的命中，簡直像是用羅盤測量了甲板的對角線長度一樣，落在艦首右邊跟艦尾左邊般精準。」

日本艦隊為了要把敵軍送往地獄而發射砲彈。而且，為了知道哪一艘艦艇的砲彈落在哪裡，而發射了染色彈。像在進行威嚇一般直立的水柱，被染成了綠色、黃色、紅色，還有淺藍色。如果能撇開會死人的話，這景象確實帶有猛烈的美感。一名水兵因為恐懼，顫抖著下巴說：「他們要把我們射成彩色電影啊。」

克利夫頓既沒有時間也沒有心思慢慢欣賞彩色電影。速度占上風的日本艦隊靠著猛衝把間隔拉近了。克利夫頓認為，「航空母艦這種支配海戰的東西，一旦失去從遠距離攻擊的優勢，變成要在海上進行砲擊近戰，是何等無力而且劣勢」。而且日本艦隊發動的砲擊數量與準確程度愈來愈高，在遭到正面砲擊，被水柱與破片包覆同時，少將在旗艦範肖灣號護航航艦的艦橋上，終於看透了這一切。

「再過五分鐘，我的艦隊就要全軍覆沒了。但是，我的處置應該沒有錯。」

但是，這樣有什麼安慰作用嗎？情況確實令人絕望。儘管身為軍人，必須戰到最後，克利夫頓為了想在這之後該怎麼辦而不停地想。總之敵人數量占上風，也有速度、射擊準確、勇敢等優勢。自己五十四歲的人生馬上就要結束了。克利夫頓日後說：「但是，慈悲為懷的上帝賜了暴風雨給我。」

暴風雨正是救贖之手，是應該要抓住的稻草。「塔菲三號」六艘航空母艦，載著欣喜哽咽的指揮官，踉踉蹌蹌地衝進暴風雨中。

遠在南方的護航航艦部隊指揮官湯瑪士少將，一直被焦躁情緒追趕著。他知道如果一架不留地集結麾下的艦載機，就可以編組出一支有二百三十五架戰鬥機、一百四十三架魚雷轟炸機的大部隊。然而，擁有這些飛機三分之一數量的「塔菲三號」，正處在敵人奇襲攻擊下，不能指望。但是湯瑪士認為，如果率領剩下的三分之二去救援克利夫頓，儘管編組出來的攻擊隊可能沒有海爾賽特遣艦隊那般強大，至少能暫時阻擋日本艦隊進擊。然而，那是飛機在他手邊才行。實際上，他直接率領的「塔菲一號」大部分飛機，已經為了追擊早前衝進蘇里高海峽後撤退的志摩艦隊而起飛了，位處中間的史登普「塔菲二號」大部分飛機，正在執行計畫好的警戒巡邏任務，或是空運淡水桶給雷伊泰島上陸軍的這項愚蠢任務。就算是再有能力的海軍將領，也無計可施了。總之，就只有攻擊了。

⚓

總指揮官金凱德中將的狀況，則是暫時陷入了茫然自失的狀態。憤怒與忿恨在之後緩緩地向他襲來。那是發生在他收到海爾賽宛如把他推開似地，說第三十四特遣艦隊不在聖貝納迪諾海峽的電報之後，不到十分鐘時候的事情。金凱德聽到克利夫頓慘叫的時候，腦海中閃過了占滿雷伊泰灣，多達四百二十艘的運輸船接連起火，登陸部隊在砲彈下慴服的情景。金凱德必須要做的事情，不只是救援克利夫頓的部隊，也要救運輸船團、保護登陸地點的陸軍、確保補給。事態已經到了最糟糕的地步。

根據克利夫頓的緊急電報，日本艦隊所在位置距離雷伊泰灣不到三小時航程。金凱德只剩下這麼多的時間。他要如何防守雷伊泰灣？而且，不要忘記在這個時候，他麾下的巡洋艦跟驅逐艦部隊有半數已經為了掃蕩殘存的敵人，追著逃走的敵軍艦隊進入蘇里高海峽深處。同時，包含戰艦在內的全部艦艇彈藥存量，都因為長達五天的掩護登陸岸轟射擊，還有昨晚跟西村艦隊、志摩艦隊的砲擊戰，已經到了極度緊繃的程度，驅逐艦也把魚雷射光了。不只如此，各艦燃料也是快要見底了。

但是，金凱德還是對奧登道夫說：「就算是最糟的情況，還是連撤退一步都不能允許。」命令他在雷伊泰灣東邊入口布陣準備迎擊。田納西號、加利福尼亞號、賓夕法尼亞號三艘戰艦、五艘巡洋艦、兩支驅逐艦戰隊像是發了瘋一樣，爭先恐後地開始裝載彈藥，補給燃料。難以想像他們是在昨晚的砲戰中，擊潰日本的勝利艦隊。相較於各艦的慌張動作，雷伊泰灣卻恢復安靜到令人毛骨悚然的地步。因為實在太安靜了，不眠不休的官兵們因被不祥的想像纏身而顫抖。

金凱德身在其中，他壓住恐懼與憤怒，冷靜地執行身為主將的任務。他首先必須對在夏威夷的尼米茲上將發送悲劇性的報告，然後再發送給硬是將自己推向死地，做出這蠻橫之舉的海爾賽。他在第一封電報裡寫：「敵軍戰艦、巡洋艦，正在攻擊我軍護航航空母艦支隊當中。」接著又發：「雷伊泰灣立即需要高速戰艦。」即使如此，金凱德認為還是不夠。他的不安完全沒有消除的跡象，他又再發了一封「緊急、最優先」電報。

「希望盡速派遣戰艦支隊。希望派遣高速航艦特遣艦隊。希望由特遣艦隊攻擊敵人。」

不，金凱德改變了想法。他認為有必要讓海爾賽明確了解眼前已經沒有其他方法。眼前就是當時巡洋艦納許維爾號的艦長柯尼上校所想那樣，「簡直像是生涯才出賽第三場的菜鳥拳擊選手，要跟重量級冠軍對打一樣」的異常事態。金凱德露骨地寫下「我缺乏彈藥」，交給通訊參謀。薩馬島海戰的序曲大概就像這樣開始的。

連睡覺時間都沒有的這一點，栗田艦隊的官兵也是一樣的。緊張沒有一刻解除，但是，他們現在把睡意跟緊張都一起吹走，正專注在令人痛快的追擊戰上。天候像要發生暴風雨了，不只這樣，敵軍航空母艦支隊底下的護航驅逐艦所施放的煙幕低垂到海面上，砲擊與命中造成的砲煙、硝煙與之重疊。明明是白天，可是這個景象卻顯出如同「夜戰」般的樣子。在這微微黑暗中，各艦除了避免相撞，還要全速衝刺前進。

大和號、長門號戰艦編組的第一戰隊保持著隊形，但是金剛號、榛名號戰艦組成的第三戰隊，卻因為榛名號的速度有點掉了下來，而分散開變成單艦行動。高速的重巡洋艦戰隊見隙衝了出去，排成一直線向敵人進逼。利根號巡洋艦的兒島少尉變成了有豪俠氣概的大哥，雖然利根號從第一作戰速度提高到第三作戰速度了，但可能是輪機官兵太過有幹勁，無視限制開全速運轉，利根號追過旗艦熊野號，衝到隊伍前端去了。有別於黛艦長的驚訝，兒島卻因為輪機官兵跟自己一樣充滿幹勁而倍感愉悅。他自己喊起：「衝啊！衝啊！」的喝采。但是減速動作馬上就出現效果，兒島記得當利根號退到戰隊右邊約一公里處，就三號艦位置定位時，他極為失望。

⚓

因為在阿號作戰中遭到近爆彈的衝擊，受到的損傷至今尚未完全修復，導致速度稍微落後的榛名號，動不動就落隊。通信官榊原少尉對此相當遺憾，他一直覺得僚艦金剛號用高速一直往前衝，榛名號反而跟速度慢的大和號、長門號作伴慢吞吞地行進，而且還遭遇若干敵人頑固抵抗，一開始是飛機來攻擊。敵機攻擊的樣子，在他看來比起錫布延海的時候，技巧拙劣粗糙，但是卻像五月的蒼蠅般煩人，[1]一架一架、零零散散，沒完沒了地攻過來。一架、一架飛機的連續攻擊，次數多到榊原大為光火，要來就好好一次打過來。

美國飛機因為是在日本艦隊發動攻擊之際才慌張起飛，所以沒有時間裝魚雷，自始至終都是以對地面目標用的炸彈跟機槍掃射攻擊。然而正因如此，他們更加勇敢地衝了上來。是「蒼蠅」，同時也變成「野狼」露出尖牙，向栗田艦隊挑戰。

克利夫頓還以平常用的稱呼，對他指揮下的驅逐艦傳達命令：「野狼，攻擊。」原本保護著輕型航空母艦，持續撤退的野狼們，立刻轉向反擊日本艦隊。這些驅逐艦冒著黑煙前進。他們知道，只有斷然的決心能夠收拾混亂狀態，除了知道自己的義務並忠實執行以外，別無他法。由契羅基族印地安人後裔擔任艦長的驅逐艦約翰斯頓號，挺立在隊伍前頭，以三十節速度斷然攻擊。

熊野號巡洋艦艦務官大場少尉，因擔任損管人員，被部署到上甲板。在敵軍驅逐艦從暴風雨跟煙幕的厚重壁壘另一端跑出來的時候，他嚇呆了。但他對他們的勇敢大為感動並燃起鬥志：「我怎麼能輸給他們。」美艦為了對抗熊野號等組成的第七戰隊，邊砲擊邊直線衝過來。別說是命中了，連近爆彈都沒有。不管是敵艦施放的煙幕，或是發射的彈幕，大場都視若無睹——大場當成對手的，只有航空母艦！

那艘敵軍驅逐艦在距離九千公尺處迴轉。但在大場眼裡看來「約莫是四千公尺，頂多也只有距離五千公尺」。根據大場後來聽艦橋的人說，魚雷長喊：「啊，是魚雷。左舷有魚雷航跡」的時候，因為搭乘的第七戰隊司令官白石萬隆中將的一句話，就被漠視了。

「不，那東西是波浪。只是波浪而已。」

的確，海上波浪一直冒泡泡、翻騰，波浪跟各艦畫出來的浪頭與長長航跡相撞、狂奔。奪目的白浪，像是急流般滑過舷側往艦尾方向飛去。但是，那時候的那一道白浪，不是波浪。

熊野號巡洋艦最大作戰航速有三十八節，要是立刻閃避的話，說不定躲得過。魚雷準確擊中熊野號前部，挖出了個洞。根據紀錄，約翰斯頓號驅逐艦發射了十枚魚雷，其中一枚擊中熊野號左舷艦首，造成了一個非常靠近主砲位置的大破洞，巡洋艦立刻陷入動彈不得的狀態。幸好魚雷沒有造成人員陣亡，也還可以開出十四節航速，但是熊野號必須放棄繼續參加追擊戰。好不容易遇到的絕佳機會，在一瞬間就從大場手中溜掉了。

1 譯注：日文形容人囉嗦，煩人的形容詞是「五月蠅い」（うるさ－い，urusai）。

下一刻，迎接獲得此戰功的約翰斯頓號的，是悲慘的命運。那是有豪俠風範的榊原少尉搭乘的榛名號，要為熊野號報一彈之仇。三枚三十六公分主砲砲彈，一眨眼就把驅逐艦化為廢鐵——儘管並不清楚是哪艘艦的砲彈。一分鐘後，又有三枚十五公分砲彈陷了進去。[2]約翰斯頓號官兵們後來說：「簡直像是被卡車壓過的玩具一樣。」從遠處眺望激戰的大和號，立刻對大本營發送電報說：「我擊沉一艘巡洋艦。」時間是七點二十五分。然而，約翰斯頓號沒有沉，暴風雨碰巧包覆了這艘勇敢的驅逐艦。腰部以上衣物被爆炸震波炸飛了的艦長，被雨淋著，用祖先契羅基族印地安人的半裸身姿，高傲地在艦橋挺立。他滿身是血……

⚓

暴風雨之幕也拯救了克利夫頓的護航航艦支隊。大和號、長門號、榛名號等戰艦因為無法目視目標，在七點十分中止砲擊。然而，栗田司令部確認擊沉了一艘航空母艦，也立刻發電報向大本營報告此事。維持單艦行動，一直往北繞的金剛號還在繼續射擊，但在十五分鐘後，跟約翰斯頓號嚴重受損而漂流的同一時間，金剛號停火了。克利夫頓在能見度了不起只有一百公尺，雨下得像在淋瀑布一樣的暴風雨中，命令六艘護航航空母艦（一艘都沒有失去）緩緩把航向轉向南方，然後命令緊貼護航的四艘護航驅逐艦繼續跟著，並且揚起煙幕。克利夫頓的鬥志依然沒有受挫。

還有很多充滿鬥志的男人。小艇派去將第七戰隊司令部，從掉隊的熊野號巡洋艦遷往二號艦鈴谷號巡洋艦，大場是負責指揮小艇的其中一人。在追擊戰當中搬遷司令部，是這個充滿鬥志的年輕少尉無法理解的事情。關於戰鬥，他腦中閃過一些跟他身分相應的想法，像是……

「既然都這樣了，就由大和號來指揮全軍就好啦。」

「在利根號、筑摩號等僚艦，都已經往前進到看不見的時候了，還管什麼第七戰隊司令部？」

「在這種重要時刻艦艇停下來真的好嗎？」

但他現在要努力執行把司令部遷往鈴谷號巡洋艦的任務。

飛機在上空亂飛，小艇屢屢面臨這些飛機突然俯衝下來掃射的危險。搭著小艇，要逃也沒用，大場連閃躲的意願都沒有，他堅信不可能被打中，只顧著向前。鈴谷號放慢速度，在熊野號前方約一公里處航行。跟在背後冒著白煙拖著腳走的熊野號相比，鈴谷號看起來還很強。對大場來說，要在湧著短急浪的海面上被飛沫噴濺著，運送一路趾高氣揚到現在的司令部參謀人員一公里遠的距離，實在不是什麼愉快的任務。但在軍艦的戰鬥中，停止就意味著陣亡。大場閃過諷刺的想法，他認為司令部遷移到沒有受損的軍艦上，不就是他們貪生怕死嗎？他這樣一想，司令部的將領與參謀在他眼裡看起來又老又衰弱。

大場接到資深參謀要把小艇往鈴谷號舷側靠的命令，正要這麼做時，鈴谷號上卻大聲喊說繞到艦尾去。大場費心把小艇靠到艦尾，鈴谷號垂放繩梯下來，司令部的將領們焦急地抓著繩梯攀爬上去。可能是因為匆忙，只有拿了一兩種文件，其他幾乎都留在小艇上。在遷移就快結束時，敵機突然來襲，鈴谷

2 譯注：十五公分口徑可能是日本戰艦副砲或輕巡洋艦主砲射擊的。

號螺旋槳轉動，一萬七千噸的艦艇猛然動了起來。海水高漲，像是噴發出來一樣，小艇被舉高過水面，劇烈傾斜、顫動，被捲進大浪中，還差點翻覆。小艇被拋到浪間，遇到像是要把它吸進海裡的漩渦。大場還以為海面跑到上面來了，他跟濕透的士兵們一起抓著小艇舷側，茫然地目送發出聲響，看著看著就遠離而去的巨艦。

大場回到熊野號的時候，人見錚一郎艦長用力對他說了一句：「辛苦你了。」雖然熊野號嚴重受損在大海上落單行動，艦長依然露出沉穩的鬥志與冷靜。

⚓

負傷的艦艇，不是只有約翰斯頓號跟熊野號。美國驅逐艦霍爾號也陷入跟金剛號戰艦單挑的局勢，而且是被狠狠痛打。霍爾號在發射魚雷前，艦橋被打中，無線電天線被破壞，後方的鍋爐室跟渦輪，左舷螺旋槳也都受損，船舵也卡在右滿舵不動。就算如此，霍爾號還是拚死發射了四枚魚雷，但金剛號動作流暢地閃躲掉。

美軍另一艘驅逐艦，赫爾曼號發動了相當精準的攻擊。堅信砲彈不會兩度落在同一處，赫爾曼號衝進被砲彈染色的水柱間，把順手摸到的七枚魚雷，丟進了沸騰的水中。大和號四十六公分砲彈發出「快車的轟鳴聲」從頭上飛過。赫爾曼號繼續猛衝、發射魚雷。每一枚的目標都對準戰艦。

黑煙從煙囪噴出，艦尾冒出火藥煙、白色煙幕。美國驅逐艦用這兩種顏色的煙完全包覆、隱藏船艦的衝刺，確實令栗田艦隊頭痛。還不只如此，它們將給栗田艦隊帶來無法想像的打擊。

大和號、長門號兩艘戰艦，在右舷一〇〇方位看到六條魚雷軌跡，是在七點五十分之後沒有多久的事情。因為霍爾號、赫爾曼號、約翰斯頓號都把所有的魚雷往左右兩側發射，所以無法確切知道是哪一艘驅逐艦的魚雷，然而拉著白色線條的殺手，此時直線向兩艘巨艦逼近。大和號為了閃避，把航向往左轉六十後，又再修正到幾乎轉向正北，長門號也跟進。敵軍護航航艦支隊在南邊，一直往南方遁逃。這時候，大和號跟長門號卻開始往北方跑。大和號速度二十六節，魚雷也用幾乎相同速度，宛如在陪伴兩艘巨艦，四枚在右邊，兩枚在左邊，並排前進。

那是一幅奇怪透頂的景象。兩艘日本戰艦既不能往左，也不能往右躲避，只能一直往北，一直往北……讓大和號往反方向前進的栗田司令部迫於無奈，對全軍發出「注意魚雷軌跡，注意魚雷軌跡」的緊急電報。槍砲官市川少尉身為大和副砲槍砲長，因為從當天早上就開始持續奮戰，一步也沒離開過指揮所，所以也就未曾確認戰鬥是如何展開，如何發展，而提到他被告知的事情，就只是艦隊擊沉了一艘航空母艦、一艘巡洋艦，剩下就是防空戰鬥不曾停歇。他看著指揮所內的羅盤，知道現在大和號朝向與敵人逃走的相反方向航行。市川認為，到剛剛為止還是砲擊目標的敵軍艦隊，現在位在後面，往暴風雨的煙幕彼方消失，遺憾至極。然而，那是大和號對逃走的敵軍束手無策的事情。

當大和號跟長門號一直往後跑的時候，金剛號一邊驅趕反覆攻擊的纏人敵機、一邊同時前進，而榛名號戰艦與重巡洋艦戰隊終於靠近了美軍護航航艦部隊。他們以為逃走的美軍護航航艦會往南南西邊去，卻是把舵轉向東南，又轉向西南，又再轉向正南，仔細地改變航向。美軍四艘護航驅逐艦在護航航艦後方排成一列橫隊，拚命揚起煙幕。戰鬥緩緩地從南方轉向西南方。雷伊泰灣在西南方向，迎擊準備在那裡匆忙地進行中。「塔菲三號」正要往那個方向逃走。

然而，戰鬥在出乎意料的地方發生了。由司令官湯瑪士少將親自率領，位在戰鬥海面南方遠處「塔菲一號」的桑提號與史瓦尼號兩艘護航航空母艦遭到攻擊。襲擊兩艘護航航艦的，並非是沒有意志、沒有感情，或沒有眼淚的砲彈——是人。有人帶著二百五十公斤的炸彈，連帶飛機一起撞上了甲板。

攻擊在比大和號往北竄時，稍早一點的七點四十分開始。「塔菲一號」的四艘護航航艦，為了救援遭到攻擊而發出慘叫的「塔菲三號」，派出艦載機。現在為了回收返航的飛機，卯足全力拖著又白又長的尾流逆風航行。儘管各艦雷達上看到幾架機影，但他們卻堅信那是出擊，或是返航的友軍飛機。事情發生得比桑加蒙號護航航艦的瞭望哨大喊：「零戰！」的速度還快。四架像是零式戰鬥機的飛機，伴隨著像要是衝破耳朵的金屬聲響出現在上空，其中一架在解除編隊後，立刻用約二十度角俯衝，邊發射機槍邊往桑提號的飛行甲板衝來。那架飛機絲毫沒有打算要拉高機首，誰也無法阻止他，就這樣突入。飛機撞穿飛行甲板，在下層的機庫爆炸。桑提號的前方甲板立刻陷入一片火海。

後續兩架飛機，衝過護航航艦與驅逐艦部隊向上發射的四十、二十公厘機槍的彈幕，看似要衝去撞向桑加蒙號跟彼德羅夫灣號的樣子，但疑似是飛行員被防空砲火打傷，兩架飛機都只有稍微擺動機首，就墜入舷側附近的海中爆炸。對「塔菲一號」來講，戰爭在一瞬間變得不再事不關己。在幾秒鐘裡，好幾人被炸飛，或是因為破片受傷倒下。

遭到第二次攻擊命中的艦艇是史瓦尼號。最後發動攻擊的那架飛機，不畏防空砲火，直接俯衝下來，貫穿這艘輕型航空母艦的甲板，在機庫爆炸，火焰跟煙霧從甲板的破洞噴了出來。

這是在太平洋戰爭中，首次出現從一開始就以此為目的——挺身戰死的特攻飛機。從基地起飛後的一個小時多時間裡，特攻隊員是一邊思考著什麼，想著什麼，一邊握著操縱桿駕機在海上飛行的呢？他們深切感受到的，是祖國的危機。讓他們乾脆地志願當特攻隊員而陣亡的原因，未必只是要貫徹軍人精神而已。他們一定是敏銳地注視日本將要走上的結局，並且凝視自己屆時的生活方式，藉此斬斷對生命的執著，才得以大舉飛躍。但是，活著的人真能夠放棄活下去這件事嗎？他們把那份苦惱與哀痛藏在心裡，把自己的身體變成炸彈。他們的靈魂附身到嚴重損毀的敵軍航空母艦上不停延燒，把天空燒黑，永不停止。

戰鬥開始差不多過了一個小時，史瓦尼號與桑提號護航航艦在雷伊泰灣東南方海上冒著熊熊烈火。在薩馬島外海，約翰斯頓號與霍爾號驅逐艦起火，克利夫頓指揮的六艘護航航空母艦，遭到密集攻擊後，正奄奄一息地逃走。把他們逼到絕路的獵犬——日本重巡洋艦戰隊的主砲，緊緊鎖定那些航空母艦。在敵人進入射程的那一刻，這些砲就會把敵人痛打到體無完膚。大和號跟長門號依然背對著敵人，跟魚雷並排著往北航行。在快到上午八點的時候，薩馬島外海的戰鬥確實已經脫離常軌。那戰鬥並不是有組織的艦隊決戰，而是當一艘艦艇發現了一個敵人，就拚死對付。火焰愈升愈高，士兵、年輕軍官的臉孔充血，像是被熱昏了一樣，將領們則是片刻都不想把眼睛從望遠鏡移開。期間，嚴格的命令在戰鬥的轟鳴聲中縱橫交錯。

這時候，平安脫離蘇里高海峽的志摩艦隊，不知道昨晚敵人因為栗田艦隊的攻勢而嚇得臉色蒼白、進而呆站在灣口，所以一直把航向往西轉，持續退避。他們忘了「在海峽外面觀望情勢」這個掉頭的理由。全部艦艇都被敗北的感受給打垮了。就算如此，志摩司令部還是傾注最後的努力，派遣潮號驅逐艦為被魚雷擊中脫隊的阿武隈號巡洋艦護航，前往馬尼拉；還派曙號驅逐艦護衛辛苦逃脫而嚴重受損的最上號巡洋艦，命其返航回科隆灣。即使不這樣做，原本體質就相當虛弱的志摩艦隊，依然威容不保。本隊的那智號與足柄號巡洋艦走在部隊前頭，率領剩下的兩艘驅逐艦，在安靜的蘇祿海上往西衝刺。

3

八點到九點

根據擔任第一戰隊司令官，身在大和艦橋的宇垣纏中將的日記，「這段期間，就連大約只是十分鐘，感覺就像過了一個月」，大和號跟長門號把魚雷夾在中間，持續往北。這狀況對艦橋上的栗田司令部來講，是氣到要跺腳。敵軍航空母艦在艦尾遙遠的彼方，他們從暴風雨的庇護中跑了出來，一直往南方逃逸。

「右邊的氣泡消失了。」

「右滿舵，趕快。」

「左邊的氣泡，兩個都消失了。」

從魚雷的威脅中獲得解放的大和號，把巨大的艦首往左傾，同時開始右轉，長門號跟隨在後。在轉向期間，測距員報告說：「距離三萬五千公尺。」大和號跟敵人之間的距離，比第一次遭遇的時候更遠了，用平常的手段會讓敵人跑掉。栗田司令部堅信敵人是高速航空母艦特遣艦隊，他們最怕的就是讓敵軍航空母艦部隊逃到巨砲射程之外。說起來，能遇到敵人，是「天佑」。敵人就在巨砲砲彈能打到的範圍內。然而，敵人的艦隊型航空母艦速度遠比大和號、長門號快。大和號航速二十七節，長門號二十五節，相較之下美軍艦隊型航空母艦可以輕鬆開出三十四節，現在航速比什麼都重要。在射程內的話，航空母艦就等同於待宰的肥羊，但是如果被甩開，就會被艦載機距大砲射不到的地方攻擊，用拳擊來說就是遠距離戰法。正因如此，栗田司令部焦急萬分，必須在敵人還在射程內時加以摧毀，已經不再是猶豫的時候了。雖然大和號還沒有把方向重新對準敵人，但是在收到距離三萬五千公尺的報告時，就間不容髮地下達了命令。

「全軍突擊！」

敵我雙方隆隆的砲聲，像在聽遠方雷聲一樣，從南方的地平線彼端傳到大和號的艦橋上，時間是八點三分，戰鬥正要進入高潮。

因為下達突擊命令，終於解除束縛的第十戰隊與第二水雷戰隊所屬的驅逐艦衝了出去。距離往西南方逃竄的敵軍航空母艦部隊較近的，是以矢矧號巡洋艦為旗艦的第十戰隊的浦風號、磯風號、雪風號、野分號等四艘驅逐艦。對在戰鬥一開始時只能默默聽著來自大和號「我擊沉敵軍一艘航空母艦、一艘巡洋艦」的戰果報告，在中間階段也只能一如往常必須遭受來自敵軍飛機的攻擊，對這些從戰鬥一開始時，就直咬著手指看著戰艦跟重巡洋艦大顯身手的驅逐艦官兵來說，活的價值跟死的價值都繫於「全軍突擊」的命令。

雖然矢矧號艦首的錨鍊甲板附近已有損傷，但無傷大雅，一加速到三十節，就把航向轉往南南西，加入追擊戰。前部機槍群指揮官大坪少尉，因為「這才叫海戰」的興奮與狂熱而渾然忘我。他們已經不用再焦躁不安地等待。大坪聽到身旁的水兵一直在講：「好啊，宰了他們。這次一定要把他們擊沉。」然而，他們是否產生了真實意義上所謂的同仇敵愾心理？大坪在不知從哪飛來的砲彈（雖然是未爆彈）命中艦艇前部時，因為衝擊波的關係從機槍座拋飛出去，跌落到甲板上。大坪在那個時候，雖然對敵人有所謂的戰鬥精神，卻沒有憎恨的感覺，他至今沒有跟「敵人」面對面互毆過。他了解隔得遠遠的打海戰，就是用勇敢的戰鬥精神進行作戰，大概就是那麼回事。大坪知道是因為遠距離這項因素，讓人們遺忘了憎恨、復仇這些負面情感，讓一個人能把全部精力傾注在戰鬥上。

這天早上，栗田艦隊各艦的通訊室裡，歡喜、苦笑、混亂交雜。可能是興奮、失控的攻擊正在眼前展開，各艦的信號、電話、電報複雜交錯。七點三十分，重巡洋艦鳥海號對全體發出電報說，來攻擊的敵機「沒有炸彈」。一分鐘後，利根號巡洋艦推翻：「敵機沒帶魚雷，確認有炸彈。」這封電報活生生地展現利根號艦長的好勝性格，讓認識他的人看了不禁暗笑。此外，也有敵軍說表示「正在遭受攻擊，請求救援」的明碼無線通訊傳了進來。磯風號通信官越智少尉不禁嘴角上揚，除了華麗地將地平線染色的水柱、曳光彈的光芒、近到令人焦躁的機槍聲，這些景象之外，作戰還在進行當中。越智收到大和號「擊沉航空母艦」的報告，金剛號發出「讓航空母艦嚴重受損」的通知時，敲著桌子，心想：「就是這樣。」然後他燃起鬥志，覺得「這次輪到我們了」。儘管如此，越智肚子好像有點餓了，贏家重新勒緊了褲帶，打了再說。

⚓

在戰場上，湯瑪士率領的十六艘航空母艦上的艦載機，幾乎全數趕過來增援，他們毫無章法地攻擊日本艦隊，戰鬥更形激烈，炸彈、魚雷襲擊追擊的日本艦隊。栗田艦隊各艦靠著大角度轉舵閃躲，並持續推進。暴風雨依然是在四處傾瀉著，能見度變得很差。嚴重受損的約翰斯頓號與霍爾號兩艘驅逐艦，在浪間漂著，卻依然沒有要停止砲擊。因為這些因素有利於美軍航空母艦遁逃，即使美艦用十八節航速逃逸，日本艦隊用三十節追擊，卻始終不易拉近彼此的距離。

然而，隨著時間流逝，雖然緩慢，但包圍網確實收緊了，艦載機接連中彈墜落。克利夫頓的手錶指針，像是在預告將要全軍覆沒般，滴答、滴答地推前。在艦隊右方，日軍水雷戰隊沿著薩馬島海岸猛衝過來，背後是戰艦，左邊外海有快速重巡洋艦進逼。如果說有什麼事能讓克利夫頓覺得開心的，應該就是在開戰還不到三十分鐘，他就從六艘航空母艦，派了手上的六十五架戰鬥機、四十架魚雷轟炸機全部飛向天空迎擊，還有三艘驅逐艦前去攻擊。剩下的戰力只有四艘護航驅逐艦。把這些護航驅逐艦也派出去的話，護航艦就光著身子，沒有保護了。但是，情勢照這樣子發展下去，遲早要被脫光。

克利夫頓把絕望的眼光投向四艘靠近的日本重巡洋艦（羽黑號、鳥海號、利根號、筑摩號）。他認為：「我沒有搞砸，我一開始的應對就是正確的。」然後昂然地抬起頭。

「『小夥子』，突擊啦！迎擊左舷的敵軍重巡洋艦。」

⚓

他說的「小夥子」——護航驅逐艦，是大量生產用作反潛的作戰艦艇，它們的體積小、航速低，緊急應急建造而成。然而，不管戰力上多低劣，鬥志上並不輸人，四艘護航驅逐艦勇敢地挑戰日本重巡洋艦艦隊。羅伯茲號、丹尼斯號、雷蒙德號用煙幕藏住身影，瞄準目標，各自發射三枚魚雷。巴特勒號沒抓到發動魚雷攻擊的機會，想用砲戰阻擋日本艦隊去路。各艦在結束攻擊後，一齊把航向轉往西南方，想要躲藏，但未能平安逃脫。砲彈立刻從左右像雪崩般包圍住它們。雷蒙德號跟巴特勒號總算是生存下來了，但丹尼斯號的砲塔被全部粉碎，羅伯茲號被火焰跟黑煙包住，陷入幾乎停止的狀態，倒在海上。

⚓

羽黑號艦務官長谷川少尉的記憶很鮮明，「當艦艇脫離了連眼前咫尺都看不見的暴風雨，視野一下子擴展開來，有一艘敵軍航空母艦艦首撞進海中，完全停住。」右邊五十度近距離有航空母艦冒著黑煙，羽黑號衝到那裡。艦長杉浦嘉十大佐兇猛、勇敢並且剛強。在剛開始要攻擊的時候，艦長還逐一閃避天上敵機的攻擊，後來完全不理他們，下令全速前進，繼續對驅逐艦與航空母艦砲擊。羽黑號在有敵軍航空母艦生還者漂流的海面上直線奔馳，沒有比這更痛快的突進。長谷川因為敵兵像是在尋求協助，看起來也像在喊著投降的瘋狂狀態，感受到「勝者的喜悅」。在砲擊、魚雷攻擊、轟炸中，一直為所欲為的敵軍士兵，現在正要溺水。正因如此，士兵對在海上漂流的他們丟空彈殼，這是對至今一路被打趴的憤怒之情的爆發。水兵們抓著空彈殼，大喊：「活該，吃這個啦！」

時間差不多過了上午八點的時候，羽黑號發現上空有俯衝轟炸機出現。馬上，二號砲塔正上方就被炸彈直接命中，天蓋隨著巨大聲響飛走，濃濃黑煙從破開的大洞內冒了起來。艦橋裡的男人們耳裡，似乎永遠都聽得見這個巨大聲響。隨著令人痛苦的耳鳴，將領與水兵的臉上失去了血色，他們害怕砲塔底部的彈藥庫會殉爆。

在上甲板的長谷川，聽見「艦務官，注水」的口令時回過神來。艦務官在戰鬥時的任務是緊急損管人員。長谷川跟部下一起抓著注水管，衝上噴出火焰的砲塔。

砲塔內部如今形同鋼鐵廢墟，內部構造因為爆炸的劇烈灼熱而變得焦黑。連鐵都能熔化的火焰，隨著熱風噴出濃煙。就像地獄的大鍋般染成紅色，在深不見底、持續燃燒的砲穴底部，十四、五名仍然在崗位上的士官兵被燒成焦黑。長谷川等人見狀不禁嚇到喘不過氣，像棒子般呆立，死神對他們毫無憐憫之心。

除此之外，長谷川還看到了無法想像的景象。有一名士官臨終前，為了防止砲塔底部的彈藥庫殉爆，緊抓著彈藥與彈藥庫的注水閥，倒在上面。閥門有沒有轉動呢？很清楚地，彈藥庫灌滿了水。很可能是在爆炸的當時，眨眼間變成鋼鐵棺材的砲塔中，燒得焦黑的士官，變成行屍走肉爬著把閥轉開的嗎？已經死亡的肉體，被旺盛的責任感推著走去轉動閥門？不論是大爆炸還是嚴重燒傷，都無法奪走他的靈魂嗎？

這是一個人的責任感，不用受到任何人命令，用自己的生命守住了自己的軍艦。死神一直在戰場上用毫無道理的殘酷理由敲碎眾人的尊嚴。但是，在一位男子漢的責任感面前，最後連死神也都不得不敗北嗎？

長谷川彷彿無視心裡的激烈痛苦與猶豫，把伴隨強大壓力的水從水管口噴了出去。此舉無異於將洞底掙扎求存的官兵們最後的生命之火撲滅、剝奪。長谷川閉起了眼睛，無視緊抓著注水閥死去的士官、呻吟的焦黑士兵，把水管的噴嘴朝向噴火的破洞。他不是要滅火，而是要當那裡什麼都沒有，持續噴水，直到二號砲塔完全變成水槽為止。這就是任務，是戰爭的嚴酷現實。

長谷川這時候，毫無來由地想起了那名鞭策全身燒傷的身體，抓住彈藥庫緊急注水閥的袍澤之名，他是二號砲塔資深士官本多上等兵曹。[3]

3 譯注：相當於英國皇家海軍的 Chief Petty Officer，或士官長。

在其他戰場，也能見到類似這樣的戰爭悲劇，還有彷彿超越人類力量的努力，以及忠於任務到了悲哀程度的意志。不，很快就要看到這些了。為此，必須把視野遠遠地往北移。這天早上的恩加尼奧角外海天氣，跟滿是暴風雨的呂宋島外海惡劣天氣不同，晴朗、微微吹著東北風，地平線上只有一兩朵破片雲飄著——運氣好，碰上很棒的天氣。航空母艦瑞鶴號通信官阿部少尉，雖然知道自己會被幹掉，還是低聲脫口說出：「這真是適合空襲的絕佳天氣狀況呢。」包了梅干的飯糰、味噌湯還有醃菜，這些戰鬥口糧徹底振奮了帶著覺悟會有空襲而仰望天空站著的官兵精神。從清晨開始，小澤艦隊就被三架美軍艦載機發現，不斷貼近偵察，所以阿部認為今天肯定會有大隊敵機蜂湧到上空。那或許會是期盼已久的殊死戰。阿部想著，今天就是我的忌日啦。他坦然面對死亡，一走進通訊室就到了自己的定位。

在小澤艦隊十五艘艦上，穿著綠色軍裝、綁腿，戴著鋼盔的機槍兵正集合起來做戰鬥準備。艦隊在七點十二分發現敵軍偵察機，這個時間比起自開戰以來數次的航艦決戰，敵機實在出現得太早了。小澤司令部已經充分熟知敵軍的企圖，美軍特遣艦隊習慣性地在拂曉時實施搜索飛行，所以根據在此海域這麼早就發現敵軍艦載機的情況，判斷小澤艦隊距離敵軍特遣艦隊連一百海里都不到。這天早上，小澤把僅有的二十九架飛機，扣除十九架零式戰鬥機，其餘的攻擊機、轟炸機，全部派往菲律賓的地面機場。因為比起跟著準備全軍覆沒，必敗的航空母艦同行，航空部隊更被指望能再次奮戰。小澤艦隊做好所有迎擊準備，被敵人發現之後，中止了到此刻為止的南下航行，轉向三十度開始北上。要把敵軍特遣艦隊高高往上釣，航速是二十四節全速。

小澤首先向全軍發送第一次通報，傳達「誘餌作戰」成功的喜悅。

「本艦隊正遭到敵軍艦載機靠近偵察。」

小澤艦隊放下去的線，漂亮地釣到了期望已久的大魚。雖然將會付出高價的鮮血犧牲，但小澤一直在期盼這件事。第一支隊，也就是小澤主隊，由伊勢號航空戰艦、大淀號巡洋艦、初月號、若月號、秋月號、桑號驅逐艦，圍著瑞鶴號、瑞鳳號航空母艦排成圓形編隊。第二支隊松田分隊，由日向號航空戰艦、五十鈴號、多摩號巡洋艦、霜月號、槙號驅逐艦，圍住千代田號、千歲號航艦，兩支部隊間距八公里。戰鬥終於要開始了，戰鬥旗與中將旗在瑞鶴號島型艦橋上翩翩飄揚。

位在南邊的第二支隊比第一支隊稍微早一點發現敵軍。時間是在八點前，當時栗田艦隊的大和號在南邊的薩馬島外海被五枚魚雷圍住，不得不違背本意朝敵艦反方向後退。日向號揚起了「二百度方位偵測到敵軍大編隊」的信號旗。訊息立刻通報給全軍，七架零式戰鬥機為了迎擊奮勇起飛。儘管官兵們堅信早晚會走上相同命運，還是替他們歡呼送行。在最後一架飛機要從千歲號甲板上起飛時，艦長侍從官岩松少尉旁邊的信號兵報告說：「旗艦升起了Z旗。」這面團結精神的旗號，自開戰以來屢屢升起。雖然Z字旗表示「皇國興廢在此一戰……」的意思，但官兵仰望著這面旗，知道由於他們的勤奮努力，將會左右國運而振作起來。岩松反而覺得背脊發涼（在第二波攻擊時，又有十一架零式戰鬥機升空迎擊）。

輕巡洋艦五十鈴號航海官竹下少尉，又想起了他第一次上的阿號作戰時，在瑞鶴號艦上發生的事情。他不知道為什麼自己能在轉眼間失去十位同期的悲慘戰鬥中倖存了下來。確實，他沒有死。不，是沒能死成。因為沒死成，必須活著再戰。在戰爭當中的生，並不是死的反義詞，只是死期來臨前的短暫時間而已。竹下這麼想著，發現不知不覺間，自己心裡產生了像是無謀之勇的事與物。

⚓

來自敵軍特遣艦隊的第一波一百八十架飛機，在八點十七分兵分兩路。第一隊有一百一十架，其餘為第二隊，抵達小澤艦隊上空。護衛的零戰部隊拿起武器衝上前交戰。有一架畫著白色五角星徽章的魚雷轟炸機起火墜落，還有好幾架受損的，把吊掛的魚雷扔下之後趕緊撤退，空中的較量到此為止。日本艦隊立刻進行防空砲擊。對官兵來說，從明確捕捉到敵機身影到砲擊開始，這段漫長的時間，是一段感受劇烈亢奮，力氣卻從鼠蹊部流失的奇怪過程。瑞鶴號高射砲指揮官峯真佐雄少尉，在這樣無可依靠的感覺中，突然覺得自己正在打的仗，不是發生在現實中的事情，他說不定是在夢裡。那是奇怪的意識混雜，雖不至於是幻想，卻也不能說是現實。意識到漸漸變強的心跳，峯真佐雄發現這一定是跟死亡比鄰的現實。

然而，在下達「開始射擊」口令，平靜的海上轉眼間成為戰場之際，官兵的鬱悶也就消散了。五顏六色的曳光彈、染色彈爆炸，深藍色的澄澈天空被不祥的微暗籠罩。艦隊之字航行閃躲，躲過炸彈、魚雷。然而，敵機數量多到數不完，俯衝轟炸機、魚雷轟炸機都做出各種俯衝動作，一下子就湧向日方船艦。第二支隊持續傳出損傷，千代田號航艦因為近爆彈而受損，多摩號巡洋艦被一枚魚雷直接擊中而掉隊。第一支隊則是秋月號驅逐艦沉沒了，大淀號巡洋艦航海官森脇少尉，依稀記得好像在左邊三十度方向，看到被黑煙籠罩的秋月號。但是在黑煙消失的時候，那個方向卻沒有任何像艦艇的東西浮在海上。秋月號的最後一刻既短暫又虛幻，讓森脇覺得自己「見到」的只是錯覺。瑞鶴號航艦被魚雷擊中，艦尾一部分被炸飛，無法自由操舵，必須手動掌舵。

「艦長，舵故障了」、「艦長，輪機室進水了」的報告，接連不斷地傳到瑞鶴號的艦橋。命令迅速地回響：「單升F旗」、「單升D旗」。F旗表示我艦舵故障，D旗表示輪機故障。指令進一步交錯說：「趕快修復。」

航海官近松少尉在電燈全熄的艦橋上，想像著在下層甲板的黑暗中，專注修復電力，以及努力滅火、防止浸水的士兵身影。他認為這艘光榮的航空母艦之存亡，繫於他們的戮力奮鬥。然而，近松覺得這段時間未免太長了，簡直讓人昏倒，五分鐘也過得像一小時，二小時那麼久……

士兵很出色地盡了義務，修好了船舵與機械故障，艦艇傾斜也恢復到九度。

「全速二十一節。」

連速度有三十四節的瑞鶴號，都變成全速只有二十一節了。然而，年輕的近松理解到，如果這份報告不是喜訊，是什麼呢？就算慢，瑞鶴還是能靠自身動力在戰場上行動，這就表示瑞鶴靠著自己的手緊緊扳回了自己的命運。

第二支隊的千歲號是在戰鬥中損害最嚴重的艦艇。這一天美軍的攻擊，旺盛、勇敢的戰鬥精神，在作戰上看起來也相當精確，每次攻擊都逐一主攻一艘航空母艦，像是企圖要各個擊破。第一波的主要目標是千歲號。岩松發現敵軍炸彈的爆炸威力，比阿號作戰的時候提升了好幾級。阿號作戰時的炸彈，在彈著時就會爆炸，而這次顯然美軍用了延時引信。很多炸彈沒有立刻爆炸，而是過了一、二秒才爆炸。因此炸彈不是在到達甲板上的時候就爆炸，而是在到達艦內才爆炸，從內部把艦艇炸毀。

因此，在八點三十分左右直接擊中左舷前部甲板的炸彈，是千歲號的致命傷。一萬二千噸的輕型航空母艦緩緩地向左傾斜，露出水線下的紅色艦底。艦橋上更顯焦急，立刻就開始的滅火行動也不如預期，火焰點燃艦內的汽油，可以明顯見到火勢在內部一個艙室接著一個艙室延燒。岩松站在艦長後面看著救火班奮戰的樣子。這期間也有敵機攻擊，艦艇持續大幅度回轉。有人在這樣的會戰中，輕輕地敲了岩松的肩膀。聲納室的同期，岡達少尉出現在艦橋，然後陰森地笑了說：「這樣我們在人世的交情也要結束啦，到陰間也請多多指教。」

嚴酷的戰爭現實就是這樣，在人世間的友情肯定也會隨著艦艇一起消逝。岡達離開後，短暫待在艦橋的另一位少尉，預備學生出身的水野彌三通信官，用眼神告訴岩松：「已經沒救啦。」就下到電報室去。看著他的背影，岩松被「對啊，在死前有沒有什麼在人間還沒做的重要事情啊」的奇怪想法糾纏。能夠對二十歲的生涯感到滿足，安心地赴死嗎？留下來的事情好像很多，又好像沒有。結果，他只想起一件事——未婚妻帶著寂寞笑容的臉龐。

小澤艦隊與海爾賽艦隊的第一次激烈交戰結束了。雖然失去了秋月號驅逐艦，千歲號航艦、多摩號巡洋艦嚴重受損，其他艦艇也有損傷，但小澤卻一點敗北的感覺都沒有。依然下令破損的艦艇還有護航的驅逐艦北進。但是，小澤還是遇到了一件不幸的事。海爾賽成功達到的戰果，未必只是擊傷、擊沉日艦。他還意外成功破壞瑞鶴號的通訊設備。因此，小澤想要發給全艦隊「敵軍艦隊被吸引到北方，八十架敵軍艦載機來襲，與我交戰中，地點……」的電報，最終似乎沒能發送出去。

總之，儘管蒙受損害，小澤艦隊的「誘餌作戰」正在走向完全成功的方向。如果有全能的神，祂應該可以同時鳥瞰日本艦隊在兩個戰場進行的戰鬥——恩加尼奧角外海的淒慘敗北之戰，以及在薩馬島外海的勝利之戰的情形。的確，這段期間日本艦隊之間沒有緊密的聯繫。就算以結果論來看，或許還不能說是完全成功。然而，預期艦隊會全軍覆沒、堪稱是一場豪賭的捷一號作戰，在當下可說是漂亮地奏效了。說不定可以一舉讓太平洋整體戰局翻轉的最後機會，已經降臨在聯合艦隊身上。

薩馬島外海，日本艦隊持續猛衝，敵軍艦隊瀕臨全滅，雷伊泰灣就近在眼前了。利根號、筑摩號、修好砲塔損傷的羽黑號、鳥海號巡洋艦與金剛號戰艦，把敵人徹底逼入絕境。榛名號戰艦在東南方新發現了敵軍航空母艦支隊（菲力克斯．史登普少將指揮的「塔菲二號」），因此把艦首轉往該方向，主砲確實瞄準新的目標，開始進擊。在南方逃走的敵軍航空母艦支隊，全被砲彈命中起火。煙幕、暴風雨、勇敢的驅逐艦猛衝，還有飛機的轟炸、魚雷攻擊，都救不了這些輕型航空母艦的生命。

範肖灣號護航航艦被五枚砲彈直接命中，承受了一枚近爆彈，全艦滿是破洞，冒出高聳火焰。加里寧灣號命中十五枚，白原號與基昆灣號各兩枚，甲板捲曲變形，無法使用。損害最慘重的是甘比爾灣號，一枚砲彈直接命中，一枚近爆彈在輪機室附近爆炸，造成致命傷。鍋爐進水導致速度降低，脫隊了，沒有人能前來保護。日本重巡洋艦艦隊跟水雷戰隊猛衝過來，用密集砲火再攻擊。

矢矧號巡洋艦的大坪少尉最初看到的敵人，是在煙幕中時而躲藏，時而現身，同時還開砲的驅逐艦約翰斯頓號。契羅基族印地安人艦長儘管負傷，依然健在。雖然腳步踉蹌，還是發動果敢的攻擊行動。矢矧號立刻命令後方的驅逐艦砲擊，浦風號、雪風號、磯風號、野分號立即回應勇氣十足的敵軍驅逐艦的挑戰。一次齊射、兩次齊射……約翰斯頓號宛如遭受印地安人從四方襲擊的篷馬車，被砲彈箭矢打中、打倒，喪失了攻擊力。大坪在望遠鏡的視野中，看到了冒著黑煙停止的艦影，敵軍驅逐艦正從舷側放下小艇。大坪認為，要在持續震動的艦上作業，看起來極為困難。他在敵艦上散見若干敵軍官兵身影，他們是一群殘兵敗將，腳步踉蹌、受傷、驚慌失措地要搭小艇逃生。

約翰斯頓號停下來了，赫爾曼號驅逐艦取而代之，用雷達追蹤射擊猛攻過來。磯風號上因戰鬥勝利而振奮的越智少尉所見的，是這艘勇敢的驅逐艦在一瞬間艦橋炸飛、挺直腰桿死掉之後，變得像瓦礫堆般的身影。第十戰隊繼續往美軍航空母艦猛衝過去，靠近到可以用肉眼看見水兵東奔西跑的情形。磯風號官兵在瘋狂的攻擊過後，感到無比喜悅，敵軍水兵接連跳進瘋狂翻騰的海中。越智覺得，他們不像是拿著槍砲戰鬥的海上戰士，而像是在槍彈、砲彈交錯亂飛的海上，在莫名其妙的情況被丟下、在跟水玩耍的男人。

不管是大坪，還是越智，他們都沒有必要，也沒有辦法知道日本艦隊在戰場上如何布陣、戰鬥如何發展。因為他們只是立即因應當下在眼前突然發生的事態。儘管模糊不清，他們深深感受到這就是「我軍正在勝利」的實際感覺。他們把試圖無謂抵抗的驅逐艦擊倒了，快要沉沒的航空母艦也在伸手可及之處踉蹌，而且我方沒有受到多大的損害。若這不是勝利，什麼才是？

用強者與弱者的比較來說的話，日本艦隊是強者，而美國艦隊在此時是弱者。因為強者當中的巡洋艦戰隊，正在接近美國航空母艦，美國飛機也理所當然地往巡洋艦戰隊集中攻擊。飛機絕非弱者，如果魚雷跟炸彈都用光了，就用機槍戰鬥，機槍掃射也把日本艦隊打得頗痛。最糟糕的是，一直發生人員傷亡。當機槍子彈也見底了，就用空手戰鬥。他們讓飛機像是要用魚雷攻擊一樣低空滑翔，想要盡力把日本巡洋艦的前進方向從航空母艦逃走的路線上拉開。這對他們來講，也是艱苦的戰鬥。飛機不管自己所屬部隊，降落到代號「塔菲一號」、「塔菲二號」甲板空著的航空母艦上，補給彈藥跟燃料後，又前去攻擊日艦。

日本重巡洋艦戰隊在面對來自空中、像雄蜂般纏人的攻擊，再加上暴風雨，又因為砲煙與煙幕讓能見度更形惡化的海面上，屢屢遭遇困難。砲擊在差一點命中時偏掉，而在改變艦首方向時，又因為暴風雨追丟敵艦。但是他們依然持續衝刺。然後，水雷戰隊從西邊進逼過來，航空母艦潰滅只是時間問題。看在彼此接近的敵友雙方不管誰的眼裡，都認為這情況已經很明顯了。

⚓

湯瑪士少將的護航航空母艦支隊，已經損失了一百架以上飛機，驅逐艦也沉了一艘。一艘驅逐艦、一艘護航驅逐艦、一艘護航航空母艦也要沉了。其餘還有四艘護航航艦、一艘驅逐艦、一艘護航驅逐艦嚴重受損、著火、噴出濃煙而在海上漂流。護航航空母艦基昆灣號的助理槍砲官，像是在自嘲一般地說：「就差一點了啦，各位啊。我們順利把強力無比的敵人吸引到四十公厘機砲的射程裡啦！」

⚓

對美國海軍來說。薩馬島外海的狀況確實是糟透了。但是，身在遙遠北方海上的恩加尼奧角的海爾賽，完全無法理解那種狀況，即便想理解也無從想像起。以上將座艦紐澤西戰艦為中心的戰艦部隊——

第三十四特遣艦隊，想要用其巨砲打碎日本機動部隊，正以二十節速度拚命縮短距離，前進到比航空母艦特遣支隊更北方的位置。海爾賽鐵了心，認為今日一定要把小澤艦隊打到體無完膚。另一方面，催促趕快集結，攻擊敵軍機動部隊的電報，傳到了馬侃中將指揮的第三十八．一特遣支隊。他們立即取消休假，正在趕赴戰場，在二百六十海里彼方的海上進行海上加油。他們被認為是四個航艦特遣支隊當中最強的，從這些情況，可以感受到海爾賽情緒興奮，充滿幹勁。

就這樣，在海爾賽專注著「攻擊」的時候，來自第七艦隊的緊急電報，送到了作戰室。這份電報讓他腦袋冷靜了下來。事情是發生在第一波攻擊隊痛擊小澤艦隊，讓防空驅逐艦秋月號爆炸沉沒的上午八點二十五分。

「敵軍戰艦、巡洋艦正在攻擊我軍護航航

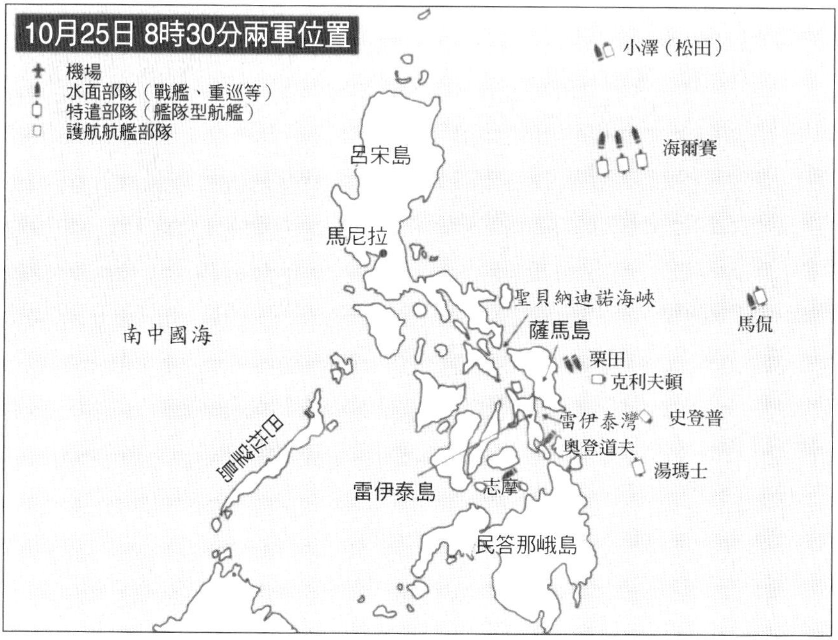

空母艦支隊。」

作戰室一度懷疑電報的真實性。但緊接著在八分鐘後，在雷伊泰灣的金凱德原本打算先做請求而發出的第二份電報，送到了上將手上。

「薩馬島立刻就需要高速戰艦。」

作戰室動搖了。但是無論說有多需要，高速戰艦部隊現在正在離雷伊泰灣遠達三百五十海里以上的北方占據位置，準備攻擊敵軍機動部隊。海爾賽為收到的兩份電報感到困惑。兩份電報都不知是哪裡疏忽了，完全沒提到前往雷伊泰灣的日本艦隊戰力。海爾賽心裡深處堅信，通過聖貝納迪諾海峽，出到太平洋的栗田艦隊，不過是在昨天的攻擊中被痛擊、損傷的艦隊。

來自攻擊小澤艦隊的第一波攻擊隊的情報，在這個時候開始接連傳到作戰室。海爾賽更加堅信，先前電報送來的都是不確實的情報。來自後方，由密茲契擔任總指揮的第三十八．二、第三十八．三、第三十八．四特遣支隊的第二波攻擊隊起飛（上午八點三十五分）的訊息也送到了。事到如今，海爾賽沒有任何對於繼續攻擊小澤艦隊感到猶豫的理由，他與生俱來的鬥志猛然冒了起來。在他看來，現在把兵力分成兩部分的話，從戰爭的定理、法則來看也是沒有道理的。海爾賽無視來自雷伊泰灣第七艦隊的慘叫，對高速戰艦部隊各艦下令：「二十五節，全速靠近敵人。」他認為，他的敵人才不在南邊，只有在北邊！

然後，海爾賽取消剛才發給正在進行海上補給的馬侃中將的集合命令，指示他把航向轉往西南方全速前進，攻擊薩馬島外海的日本艦隊，並且要盡可能快。馬侃立刻中止補給作業，迅速開始進擊。但薩馬島遠在地平線另一端，就算全速航行，進到攻擊範圍後馬上讓飛機起飛，抵達敵軍艦隊上空也是三個多小時後的事情了。這就是「盡可能」的速度。

海爾賽冷淡地回覆金凱德說：「派馬侃過去了。」就不再發話。他狂熱地、徹底依照自己的主觀意識在打仗。

⚓

敵軍將領之間持續發生不合、沒有效率，互動時稍顯太過主觀的情形，正是栗田該把握的最大良機，這是應該親手抓住完美勝利的絕佳時機。然而，從開始追擊以來的漫長二小時中，有種與其說是疲勞，不如說是奇怪的倦怠感開始籠罩戰場。戰鬥的情況，就像拋物線在轉變。戰鬥的趨勢是在什麼時候對栗田艦隊畫了下降曲線，甚至開始倒流的呢？或者說，是隱含在戰爭邏輯之中的那種奇怪事物開始支配戰局了嗎？也就是栗田艦隊一時間的鬆懈壞了事，導致運氣跑到對手那裡去了。日本海軍曾經一度將勝利握在手中，現在卻開始一點一點地揮灑出去了。

從砲戰開始，栗田艦隊似乎就被厄運的黑影纏身。敵軍艦體上亮起砲彈命中的白色閃光，卻沒有火柱升起，也沒有發生爆炸。艦隊高層認為，若是防禦力薄弱的驅逐艦或商船，或許還說得通；但他們面對的艦隊型航空母艦為什麼沒有爆炸，實在讓人困惑。栗田艦隊的官兵無不堅信敵軍是艦隊型航空母艦支隊。

在戰場上，終究是不可能從狀況中抽身來冷靜判斷，但若能再進一步多想，或許就不會留下悔恨。

更何況，就算不談因為暴風雨追丟之後，就沒再找到敵軍航空母艦的大和號跟長門號，重巡洋艦戰隊跟金剛號都已經把敵人逼退到距離一萬多公尺處了。如果再稍微冷靜一點，應該很容易判斷出三萬噸級的艦隊型航空母艦跟平坦的一萬噸級、商船改裝的護航航空母艦的差別。不，歷史是不允許「如果」的。

變成蜂窩的甘比爾灣號護航航艦，被第十二枚砲彈打中的輪機室終於停機了。在被染色彈大幅渲染的海面上，官兵像豆子從盆中滾出來，從傾斜的航空母艦掉了出去。他們在水上用虛脫的眼神注視揚起大浪航行通過，威風凜凜的日本艦隊。八點五十分，甘比爾灣號終於下達棄船命令。

厄運在這之後突然襲擊日本重巡洋艦戰隊。就在甘比爾灣號艦長維威格上校下令棄船時，進擊中的鳥海號巡洋艦左舷中間部位被炸彈擊中，當鳥海號才升起信號旗，轉眼間就掉隊了。四分鐘後，在利根號巡洋艦後方航行的筑摩號巡洋艦艦尾也遭到轟炸，船舵疑似失控而開始在海上緩緩地畫圈，筑摩號最終在桅杆上揚起了紅底白邊的三角信號旗。[4]據說這是奮不顧身的空襲行動造成的結果，因為暴風雨幫助敵機，阻礙了上空的能見度，因而無法避開奇襲。事情是發生在各艦排成單一縱隊向前推進的時候。

儘管如此，栗田艦隊依然占有優勢。第五戰隊失去了妙高號與鳥海號巡洋艦。第七戰隊的利根號巡洋艦也為了要處理包括熊野號、鈴谷號與筑摩號等巡洋艦落隊而單獨行動。然而，利根號依然保存實力。完全平安無事的能代號巡洋艦率領的第二水雷戰隊，以及由矢矧號巡洋艦率領的第十戰隊的驅逐艦部隊，都精神飽滿地追逐敵人。金剛號戰艦可能是因為滿舵往外側環繞所以落後了，但此時正要給美軍甘比爾灣號航艦最後一擊。榛名號戰艦可能是因為速度慢造成的偶然，湊巧捕捉到拚命在東南方十五海里處逃走的新一批敵軍航空母艦部隊——也就是史登普少將的「塔菲二號」，衝了過去並開始砲擊。事情很順利，至少所有船艦的艦首都是對著敵人的方向。

往東南方前進的榛名號，判斷將克利夫頓的「塔菲三號」交給重巡洋艦戰隊對付也沒問題。榛名號的染色彈揚起了黃色水柱，水柱漸漸開始往航空母艦的飛行甲板靠近。史登普驚慌失措，他後悔為了要向克利夫頓伸出援手而太靠近敵人。他慌忙地通知在上空的友軍轟炸機說：「去攻擊在對我砲擊的敵軍戰艦，去攻擊在對我砲擊的……」這就是天助自助者嗎？

此時在另一處海域，正進行著不容被遺忘的戰鬥，激戰不是只有在恩加尼奧角而已。拚上性命的海空戰，此時也正在平安離開蘇里高海峽、進入民答那峨海的志摩艦隊上空進行。當「塔菲三號」的護航航艦，正要在薩馬島外海與栗田艦隊遭遇之前，從湯瑪士少將的「塔菲一號」起飛的四十多架飛機組成的攻擊隊，現也正要臨空。志摩艦隊分成三個小隊迎擊這批敵人，那智號、足柄號巡洋艦、霞號、不知

4 譯注：表示不能或是不與其他艦艇一起行動。

火號驅逐艦組成的主隊，以及嚴重受損的最上號巡洋艦與伴航的曙號驅逐艦，還有同樣受到損傷的阿武隈號巡洋艦與護航的潮號驅逐艦組成的兩個分隊，在可以彼此目視確認的海域準備迎接空襲。

志摩艦隊受到的攻擊並不是像小澤艦隊所受的那樣，井然有序地劃分成第一波、第二波。反倒是極度纏人，零星卻不斷持續的攻擊。霞號的機槍群指揮官加藤少尉認為，現在正是展現在日本內海接受加強訓練後的成果，反倒是著急的心情搶先讓他忘了恐懼、戰慄。因此，在最初見到的敵軍轟炸機，一從高空投彈就趕緊地離開的時候，他傻眼了。他非常生氣，認為哪能因為做做樣子的攻擊，就每次都心驚膽跳。

志摩艦隊原本的任務，是護衛航空母艦。他們在日本內地主要從事針對敵機的迎擊訓練。從來沒有做過夜襲港灣的訓練，就貿然堅決實施此任務。就結果來說，他們是撤退了，但現在於明亮的陽光下迎接敵機，雖然會有緊張感，卻覺得只要照著訓練執行就好，反而有一種安心感。如果說那智號的機槍群指揮官馴田少尉擔心著什麼事的話，應該就是跟最上號相撞而受損的艦首，究竟撐不撐得過這場戰鬥。那智號雖然遇襲，還是能開出二十八節高速應戰。樂觀的馴田，也不忘鼓勵下屬：「有希望喔。」隨著空襲反覆發生，馴田習慣了戰鬥，且變得放肆起來。他甚至會在敵軍空襲時，嘟囔一句「又來了啊」，不穿戰鬥服就隨便地衝出去應戰。

但是，敵機的攻擊也不會一直是馬馬虎虎的，也有敵機勇敢地趁著防守堅固的隊形亂掉而衝了進來。足柄號的機槍群指揮官安部少尉，看到從左邊正橫向靠近的魚雷轟炸機，他對於一號機、二號機精巧地協同攻擊，留下了深刻印象。因為飛機到投彈為止會筆直前進，機槍群就抓準這點攻擊。這是一瞬間發生，令人喘不過氣的對決。在看著一號機遭到右舷機槍群猛烈射擊，一下就噴出長長火焰的時候，魚雷也瞬間閃著光被投下。足柄號向右轉舵，邊讓艦體發出嘎吱聲響，邊把艦首轉往魚雷的方向。機槍座劇烈搖晃，難以瞄準敵機，二號機趁此時投下魚雷。安部對其勇敢讚嘆不已，心想：「要被幹掉了！」「好耶，死給你看！」「足柄號是我的棺材耶，很豪華吧。」他靠著年輕的精神力量，讓自己覺得死不足懼。然而，足柄號跟安部都沒有死。足柄號大幅傾斜，因為側面過來的波浪而掉頭、橫搖。銀灰色的「木樁」像是要摩擦艦體腹部般，從旁衝了過去。

攻擊在上午八點過後開始，一直持續到將近九點都沒有間斷。這段期間，位在那智號艦橋的志摩司令部，也接連收到大和號的栗田司令部發送的好消息，「遭遇敵軍特遣艦隊，『一艘航空母艦爆炸沉沒』」，還有「擊沉一艘重巡洋艦」。志摩艦隊是時候掉頭，要從背後攻擊雷伊泰灣。以結果論而言，這不是應該加以把握的機會嗎？事實上，志摩猶豫不決。說是猶豫不決，是因為主將自從出擊以來，就一直被迫進行不那麼令人感到爽快的戰鬥。他們要跟栗田艦隊協同作戰，卻隸屬南西方面艦隊指揮。志摩艦隊一直與其他應該合作的部隊無緣，不管哪一次都沒有收到直屬給他們送來的命令。

那智號艦橋上氣氛沉重。時鐘指著八點四十五分，已經經過將近一小時，空襲卻好像還要持續。儘管到現在友軍還沒受到嚴重損傷，他們卻連體認到「缺乏戰力的艦隊，可能終將變成敵軍好獵物」的空檔都沒有，就又被敵軍編隊發現，響起了戰鬥警報。他們身在敵軍的制空範圍內，離能夠躲避的前進基地還很遠，沉重的氣氛正要變成悲壯的感受。就在此時，氣氛緊張的那智號艦橋上的擴音器，突然用英語廣播：「母艦遭到攻擊，立刻返航！」

主將以降，在艦橋的官兵都以為那是把截聽到的敵軍通訊直接廣播出來的緣故。沒有人注意到那是出生在夏威夷的移民第二代，志摩司令部敵訊班預備軍官龜田重雄少尉，用他擅長的英語，配合敵軍通信頻率發出的假電訊。敵軍編隊也同樣沒有發現。他們中止攻擊，立刻往東邊馳援。這個假電訊與其說是精巧，不如說實在是太漂亮了。總之，志摩艦隊主隊很幸運。這是最後一次空襲，之後他們就沒再見到敵軍身影。

並非整個民答那峨海都有如此幸運的事情發生。過去在中途島海戰與三隈號巡洋艦相撞，現又在夜

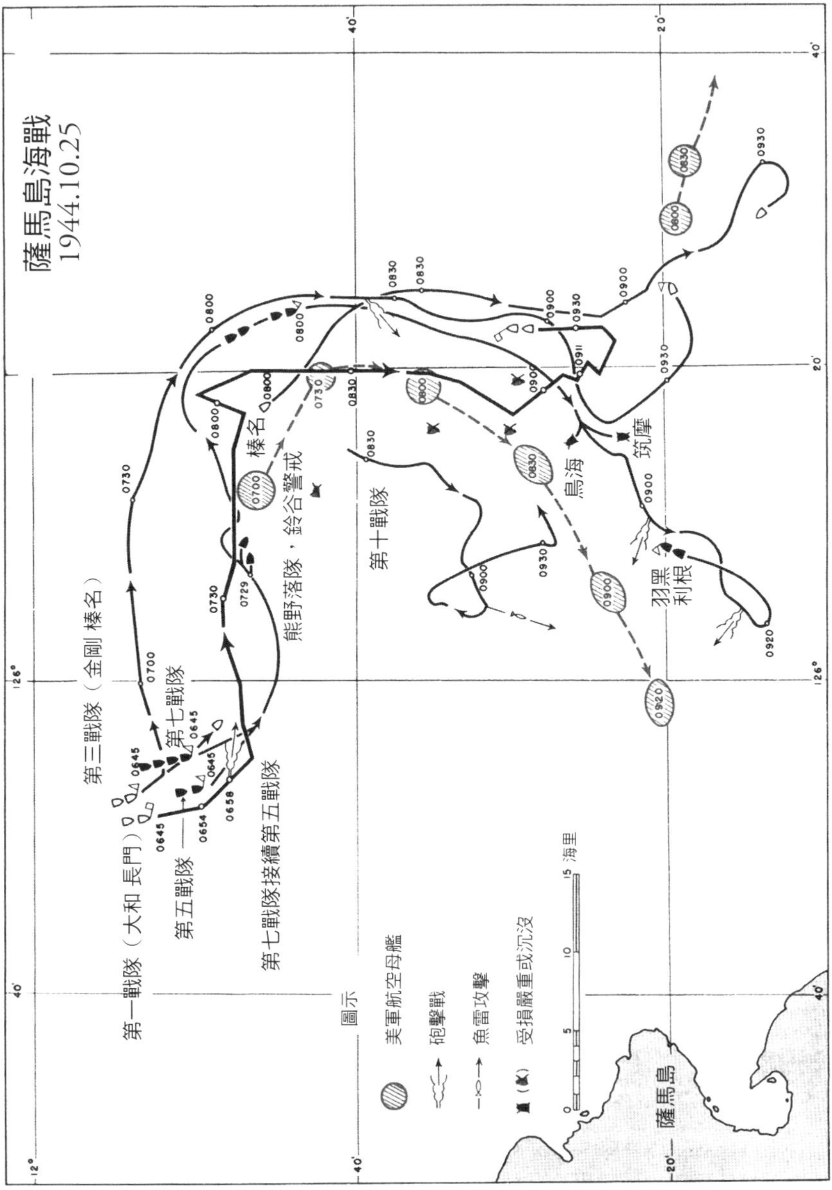
薩馬島海戰
1944.10.25
第一戰隊（大和 長門）
第五戰隊
第二戰隊（金剛 榛名）
第七戰隊
第七戰隊接續第五戰隊
熊野落隊，鈴谷警戒
榛名
第十戰隊
鳥海
筑摩
羽黑
利根
圖示
美軍航空母艦
砲擊戰
魚雷攻擊
受損嚴重或沉沒
海里
薩馬島

間的蘇里高海峽與那智號相撞，勇敢戰鬥卻空虛地持續後退的最上號，直到最後都被厄運纏身。雖然在夜晚的黑暗中無法察覺，但慘狀暴露在白日下的最上號，對志摩艦隊官兵的心裡造成強烈打擊。最上號艦體向左傾斜、艦橋被炸飛，上甲板主砲砲塔被打爛，只剩下殘缺不全的砲管，七零八落的朝向不同方向，像是痛苦的手從廢鐵山中伸出來，要抓住空無一物的天空一樣。油漆被燒得掉下，棕紅色的鐵板暴露出來。陣亡者在甲板與砲座附近堆疊、趴著，他們的衣服看起來染成汙黑一片，可能是血跡。

足柄號的安部少尉遠遠地望見這些情景，覺得這就是所謂戰爭，是敗北的實際情況，就是明天的自己。而當他看見最上號甲板上堆積如山的屍體時候，心中冒出不禁覺得還是爽快地死一死就算了，卻未必意味心裡真的是那麼爽快。他看見不知道主人是誰的手腳，在甲板上散落一地。負責護航的曙號驅逐艦上的石塚少尉，更加深切感受到這種感覺。現在空襲像是要把那些碎屍弄得更細更碎一樣，又襲向最上號。敵機無視猛烈抵抗的曙號，集中攻擊失去反擊力量的最上號。最上號得要如此悲慘到底嗎？火焰再度從前方砲塔與破碎的艦橋中間冒出來，艦艇好像已經喪失了自我滅火的最後力量，速度在轉眼間變慢。火勢延燒到彈藥庫，發生殉爆的可能性一分一秒在升高。曙號在最上號周圍繞著，事到如今如果還要救最上號，除了由曙號來拖曳航行之外，已經別無他法。然而，石塚認為即使那樣做，最上號也存活不了多久。

加藤搭乘的霞號驅逐艦離開主隊前往救援，但見到最上號的慘狀，就直接折返了。在地平線另一端，志摩艦隊主隊離去，那智號巡洋艦高聳的桅杆也完全掉入地球弧線的陰影處，消失了。只剩下起火中、幾近於停航的最上號，以及在周圍繞著圈圈的曙號被留在大海上。萬事休矣，石塚感覺無助、不安。就算最上號是鑲有菊花皇室家紋的天皇陛下艦隻，也不可能讓她再度復活了。

搭乘曙號指揮的第七驅逐隊司令岩上大佐，用無線電請求志摩中將做最後決定。中將接獲這通電訊，不得已送出收容生還者之後用魚雷加以處分的命令。曙號立刻緩緩貼近最上號的左舷，用手旗通信尋找尚存的最資深軍官。

最上號回答：「艦長、副艦長陣亡。槍砲長荒井義一郎少佐是最資深軍官。」曙號又用手旗送出訊號：「希望充分處分好密碼本。」然後曙號輕快地靠到最上號的後部，這裡原本有兩座主砲砲塔，拆除了之後改成可以搭載十一架水上飛機的飛行甲板。舷外橋板被接了過來，傷患先行，戰鬥過並生存下來的極少數官兵轉移過來。

「慢慢地走……」石塚想起換乘到曙號的情景，說：「真的是累透了，用虛弱的腳步慢慢地走。」

僅僅三十多名生存的勇者移乘過來，他們一站上曙號的甲板，就回頭望著最上號。

艦艇噴出火，然後一道白煙在魚雷發射管附近升起。

一位士官低聲嘀咕說：「我們的艦艇，已經點起線香了。」

4

九點到十點

曙號驅逐艦離開了最上號巡洋艦。晴朗天空像是擦拭過般美麗……還有海洋，從海面反射的光線，不管在誰眼中都顯得耀眼。驅逐艦為了占據魚雷攻擊的絕佳發射地點，緩緩航行，慢慢掉頭。最上號因為艦橋被直接命中，通訊科官兵已經全歿而沒能充分處置密碼本，事到如今也不可能再鑽進火焰延燒的艦橋下方密碼室去了。

曙號的傳令兵吹響號笛，向艦內通告「現在開始處分最上號」。根據從艦橋傳來的俐落口令，指定好目標的魚雷，被吸進深藍色的海中。只用區區一枚，擊中了最上號的中央部位。排水量八千五百噸的艦艇翻覆，從艦首開始被吸進深藍的海底。石塚茫然地站立著，必須要自己親手擊沉最上號這般勇敢軍艦的遺憾；夾雜著曙號用一枚魚雷就漂亮地擊沉最上號的驕傲，矛盾心情在他的心裡複雜交錯，在他空白的腦袋裡形成漩渦。那感覺既不是悲傷，也不是憤怒。不管怎樣，只是覺得可惜。

最上號艦尾高高舉起的時候，石塚的視線看著用剩下所有力氣拚命旋轉的螺旋槳。石塚腦海中出現了鮮明、強烈的想法，他認為「還有官兵還活著」。然後在艦艇沉沒，巨大渦流消失的時候，出乎意料地在漂著油料的海面上，有三名男子浮了上來。在艦橋上操艦的石塚不禁大喊：「有人，展開救援。」

曙號開始微微地動了起來，艦長低沉的聲音說：「沒辦法，直接開走。」這是一處危險的海域，所有人都體會到小小的驅逐艦，長時間停在敵人掌握制空權、制海權的海上有多危險。石塚在螺旋槳最後的旋轉中，出現就算拿自己的生命交換也無妨的強烈意念。正在沉沒的艦艇依然不放棄生命，還有心跳。輪機室的士兵，完成了超過義務要求的事情，他們歷經九死一生浮到海面上。究竟是得到誰的允許，才能對他們見死不救呢？

全艦停止了，司令跟艦長都沉默不語。明明沒有任何人下令，繩梯從舷側放了下去。在還有早晨清爽空氣殘留的海面上，戰鬥到疲累而眼睛凹陷的驅逐艦弟兄們，紛紛喊著：「快來」、「這裡」、「打起精神」、「等你們喔」。三人振作了起來，大力地振臂，開始划水游泳。

在薩馬島外海的美軍甘比爾灣號護航航艦，幾乎跟最上號在同一時間沉沒。被僚艦留下的輕型航空母艦，被砲彈以一分鐘一枚的速率擊中，在苦戰將近一小時後，火焰蔓延，結束了生命。

其他五艘輕型航空母艦也是天命將盡。重巡洋艦戰隊雖然只剩下羽黑號跟利根號兩艘，為了要切斷敵軍航空母艦的退路，兩艘並排航行向前追擊，距離不到一萬公尺。以矢矧號巡洋艦為旗艦的第十戰隊，雖然派野分號去護衛受到嚴重損傷的筑摩號巡洋艦，但浦風號、磯風號、雪風號三艘經驗老練的陽炎級驅逐艦緊密合作，以沖天般的氣勢，打爆美軍約翰斯頓號，追趕赫爾曼號驅逐艦，然後把最後的砲彈打進甘比爾灣號護航航艦，展開痛快的追擊戰。距離是一萬五千公尺。

戰隊司令官木村進少將認為，雖然距離要以魚雷攻擊還太遠的位置，但就算被煙幕跟暴風雨阻礙，也不能錯過這個千載難逢的好機會。他下定決心，對由西側往航空母艦部隊靠近的矢矧號巡洋艦命令：「戰鬥，準備進行魚雷攻擊。」接著傳來了水雷長的命令：「打開起動閥。」

矢矧號同時升起了表示「突擊」命令的信號旗，信號旗在高速航行的矢矧號桅杆上被風颯颯地吹，像是要破了一樣。浦風號、磯風號，還有雪風號也接著升起同樣的信號旗，表示了解訊息，並將執行命令，降下信號旗的動作即作為發射魚雷的暗號。衝刺、全心衝刺。水雷長說：「準備發射……攻擊」的聲音，令人感動地迴盪著。

磯風號驅逐艦通信官越智少尉在艦橋，感覺像在聆聽世界上最美妙的話語一般，聽著從後部發射管傳來「發射魚雷！」的報告。接著是傳令兵「發射魚雷數量八枚」的報告。全部魚雷發射管都射空了，水雷長用穩重的聲音說：「離魚雷抵達目標還有九分鐘。」

這就是水雷戰隊的特長，他們願為這一瞬間生，也願為這一瞬間而亡。這也是官兵們團結一心，燃燒所有精神的時刻。

矢矧號鬧哄哄地把七枚魚雷射進海中，浦風號與雪風號各發射了四枚。敵機緊接在這之後襲擊了第十戰隊。持續還在開砲的敵軍驅逐艦，藉由雷達的追蹤鎖定，把砲彈給打了過來。矢矧號大幅度向右迴轉，跟眼前這艘敵軍驅逐艦單挑，並命令三艘友軍驅逐艦更靠前去攻擊敵軍航空母艦。矢矧號機槍指揮官大坪少尉，因為張大眼睛瞪著敵軍驅逐艦所以沒注意到，但是艦橋立刻就因為瞭望哨兵喊「魚雷命中」的聲音而歡騰起來了。身為艦橋之眼的瞭望哨兵的目光，一齊往魚雷的方向看去。望遠鏡捕捉到的景象，是水柱在一瞬間崩塌、擴散，變成像一片霧的模樣。水柱消失之後，只有一望無際的地平線延伸著，沒有航空母艦的身影。不管是誰，都認為航空母艦已經爆炸沉沒了。

然而，事實似乎不是如此。一架正在返航的艦載機，發現就要命中的魚雷，挺身靠近，掃射、最後引爆。魚雷距離護航航艦加里寧灣號的艦尾只有九十公尺，魚雷在拉得長長的艦首浪中央遭到破壞。其他的船艦也一齊對海面射擊，又引爆一枚魚雷，然後拚命掉頭。因為遠距離發射的魚雷速度會變慢，從相同距離發射過來，反而為敵軍帶來了好運。據說他們看到十二枚魚雷，從施展渾身解數巧妙閃躲的航空母艦部隊的舷側擦身而過後，安心地吐了一口氣。

從東邊靠近過來的羽黑號巡洋艦，長谷川少尉則進行著更為忙碌的戰鬥。由於下令全面性射擊，羽黑號各個砲塔與機槍剩下的彈藥量都呈現不足狀況。在副艦長指揮下，終於下達「沒事在身的官兵去搬彈藥」的命令，艦務官長谷川在戰鬥中很快就變成徒手扛機槍跟主砲砲彈的勞工。

在空襲的間隙，他們抱著砲彈，一邊吆喝著一邊從後甲板奔走到前甲板，從左舷奔走到右舷調度彈藥。長谷川並不習慣這樣的工作，搞到肩膀肌肉跟骨頭痠痛，上氣不接下氣地頭眼昏花。長谷川四肢無力地坐在甲板上調整呼吸。他看見輕飄飄地掉下來的敵軍飛行員降落傘，看起來悠閒到不像身在戰場，而且顏色白得刺眼。

不只有長谷川頭昏，另一邊的海爾賽，也在完全不同的意義上要昏倒了。如果說日本少尉是在肉體的意義上要昏倒，美國上將則是在精神層面上遭到狠狠教訓得要昏倒了。這情況是因為困惑與混亂釀成的。他困惑的原因，是金凱德發出的第三份通訊。那封電文的內容是：「護航航空母艦區隊正遭徹底痛擊。希望全速派戰艦支隊過來，立刻派遣戰艦支隊到雷伊泰。希望現在立刻以高速航空母艦部隊攻擊這支敵軍部隊。」此時電報首度揭露了日本艦隊的陣容，有四艘戰艦，八艘以上巡洋艦。這不是大到讓海爾賽無法相信的大艦隊嗎？事情發生在比最上號沉沒，甘比爾灣號沉沒，長谷川搬運砲彈搬到氣喘吁吁的上午九點鐘過後沒有多久的時候。

海爾賽又在九點二十二分接獲第四份通訊。內容是：「我方戰艦支隊因為為期五天的岸轟與蘇里高海峽戰鬥，缺乏彈藥。」海爾賽為之愕然。由於他一生受到天賦的頑固性格影響，斷定金凱德的第七艦隊，是在湯瑪士指揮下，有多達十六艘護航航空母艦，還有奧登道夫的戰艦、巡洋艦艦隊來守護，他認為靠這些就可以充分對抗半身不遂的栗田艦隊。但是海爾賽卻嘗到了那份巨大的堅信，從底層發出崩潰聲音的滋味。缺乏彈藥！不管是任何巨艦，都不可能赤手空拳戰鬥，那就跟沒有飛機的航空母艦一樣。這樣子想，讓他背脊發涼。海爾賽對金凱德的處置咂嘴，「這麼重大的事情，為什麼不早點通知？」

然而，他不管發生什麼事情都要讓小澤艦隊全軍覆沒的決心，並沒有退縮，他對此還很樂觀。海爾賽判斷，金凱德告知的敵軍兵力如果正確，那就不是**殘存**部隊，而是昨天栗田艦隊的**全部兵力**嗎？誰會相信昨天為數六次的猛烈攻擊沒有意義、沒有效果？武藏號的頑強抵抗，到了此時變得有意義了。他想都沒想過，為了擊沉一艘武藏號，竟然需要動用二百架以上的飛機。遭遇奇襲時，驚慌失措，往往會過度評斷敵人的實力……靠著這樣安慰自己，海爾賽重新振作起來，並發電報告知金凱德：「已經派馬侃前去救援，高速戰艦部隊仍在往北推進當中，地點為……」等事實。他認為，如果標示了現在位置，金凱德就會清楚知道高速戰艦部隊再怎麼趕路也來不及了。

⚓

無視於恩加尼奧角的海爾賽的樂觀評估，薩馬島追擊戰仍然在持續進行。現在正是要善加運用武藏號與小澤艦隊犧牲的時候了。自砲擊戰開始以來，已經經過二個多小時，以距離來講，用全速追擊持續戰鬥了一百公里。戰場的擴大，讓日本艦隊分散了。大和號艦上的栗田司令部，此時已經得知敵軍的實力。分別由羽黑號、利根號巡洋艦帶頭，持續往南追擊中的敵軍（克里夫頓．史普雷格少將的「塔菲三號」）；榛名號戰艦朝東南方追擊的敵軍（史登普少將的「塔菲二號」）；還有敵人用明碼請求救援，對此答覆「救援尚須二小時」，現在仍未見到蹤影的敵軍，共三支部隊。栗田艦隊對於應該對哪一支部隊發動全力攻擊，顯得猶豫不決。如果直接對著這些情報解釋，也可以認為栗田艦隊身陷被敵軍特遣艦隊包圍的險惡狀況。但是，不管怎樣，敵軍的狀況並不明確。

稍早之前（八點四十分），大和號把珍藏著的兩架艦載水上偵察機其中一架，派去偵察躲在煙幕中，情勢不明的敵軍航空母艦部隊，而當偵察機回報敵軍航向往南之後，就遭到敵機追擊，失去音訊。

四十分鐘後，最後一架偵察機為了確認榛名號追擊中、新發現的敵軍航空母艦部隊的情況而起飛。這架偵察機回報，「四艘航空母艦躲在驅逐艦的煙幕中，往南南東方向逃走」之後，也立刻失去消息。栗田司令部在最重要的時刻，失去了用以確認敵情的王牌。

上午九點過後，大和號上的栗田司令部面臨複雜，而且有太多部分不明朗的狀況。雖然栗田司令部用無線電通告「各艦報告所占位置，報告敵情」，電話員也逐艘呼叫，反覆講相同內容，有聯繫上了的艦艇，也有聯絡不到的，即使是好不容易聯絡上的，也得不太到回覆。前方的敵我狀況不明。

主將栗田中將，坐在艦橋上一張以菌類來命名的小椅子——「胡孫眼」上，不發一語地注視著前方。敵軍航空母艦部隊到了暴風雨的另一端，完全看不到了。在他的周圍，電話聲交錯，參謀的報告雜亂無章，操艦的艦長與航海長的大吼聲交織亂飛。栗田試著在腦中的作戰地圖加上各種軌跡。他覺得，現在的戰況危險到，正如追趕逃走兔子群的獵人們，不看腳下就各自行動一樣嗎？

儘管數量不多，敵機從敵艦衝進暴風雨中的上午七點十分開始，反覆前來攻擊。一艘敵軍特遣艦隊航空母艦上，約有八十架艦載機。前方敵軍有六艘，那盤算起來可能就會有四百八十架飛機。這表示很快就要遭到大規模的艦載機協同攻擊嗎？

再次重申，從栗田中將以降，包含全體參謀都誤判眼前面對的敵軍航空母艦支隊，是艦隊型航空母艦特遣艦隊（而非較小型的護航航空母艦）中的其中一個支隊，這個誤判決定了一切。

導致判斷錯誤的原因，是由於大和號被敵軍魚雷包夾，後退了十多分鐘，等到再度掉頭轉向敵軍，已經損失了將近二十分鐘時間。在事情轉眼間就會成定局的戰場上，這段長達三十分鐘的空白時間甚至是致命的。現在從大和艦上看到的戰場，就如同字面般落寞。過去二小時的攻擊，像是衝進無底斷崖般的無限漫長時間。疲勞到眼睛凹陷的栗田司令部參謀們，開始擔心起燃料的狀況。被染色彈染成彩色的海面前方，出現了被擊傷的鳥海號，以及升起無法行動信號旗的筑摩號等兩艘重巡洋艦，緩緩地繞著圈。後方有熊野號，更後面還有讓司令部從熊野號花了無謂工夫換乘過來，結果從戰線落隊還遭到轟炸、落後的鈴谷號。戰況已經開始露出疲態。

用三十節以上速度逃跑的敵軍艦隊型航空母艦特遣艦隊，再怎麼追擊都是沒完沒了的。再窮追的話，可能會被敵軍特遣艦隊用全力空襲、各個擊破。沒有空中掩護，也沒有預備的人員、火砲、彈藥、燃料。原本能做的事情就很有限的戰鬥，從所有觀點來看，栗田艦隊能實行的，只有被認為是「做得到」的事情。必須停止朝向未知的結果猛衝，要把「如果」這個元素給拿掉。

從愛宕號巡洋艦撤離的時候，腳部嚴重撞傷的小柳參謀長，佇著枴杖提出建議說：「長官，再這樣下去也不是辦法。放棄追擊如何？太晚攻進雷伊泰灣的話……」

總指揮官栗田中將默默點頭。

流星光下失長蛇！[5]戰爭的結果是根據指揮官的性格決定的，會因為指揮官一個判斷而分出勝敗。五十五歲中將的一個點頭，將默默賭上第二艦隊；不，捷一號作戰，不、不，是日本帝國的命運。應該

5 譯注：出自江戶時代儒學者賴山陽所做的漢詩，「題不識庵擊機山圖」，意指錯失良機。不識庵與機山分別為上杉謙信與武田信玄的法號。此詩是賴山陽基於同情上杉謙信未能打敗武田信玄所作。

要為此感到惋惜，儘管這狀況還未必是最糟的時候。

九點十分，大和號的信號燈向四周射出刺眼的光芒。連續用明碼傳送訊號，「集合、集合」。對在遠處的艦艇則是發送電報，時間是九點十六分。「依序集合，在我九點鐘方向位置……」

此時，羽黑號與利根號已經追擊到一萬五千公尺以內，捕捉到五艘逃跑的航空母艦。羽黑號是第一部隊底下第五戰隊的旗艦，利根號則是從汶萊出擊的第二部隊下第七戰隊的三號艦，因為原本艦艇的所屬與任務分配就相異，所以從開戰以來可說是沒有機會並肩作戰。在開戰之初，羽黑號參加南方作戰，利根號攻擊珍珠港。羽黑號是大艦巨砲時代所謂「決戰思想」中夜戰部隊的核心戰力，過程中幾乎都是與妙高號搭檔，打了珊瑚海、中途島、布干維爾島，以及馬里亞納等各場海戰。利根號則是與筑摩號搭檔，其生涯幾乎都與機動部隊一同度過。在夏威夷海戰之後，一路打了空襲達爾文、進攻威克島、中途島、南太平洋、馬里亞納等海空戰。兩艦在廣大的太平洋上，進行戰鬥的長期間都是互相錯過、分離的重巡洋艦，現在卻出乎意料地肩並肩，共同攜手去追趕敵軍航空母艦。

主動進一步排成協同作戰隊形的，是利根號這一邊。或者說是到此之前，都是利根號在前面追趕，但是看到在右後方被砲擊水柱包圍的羽黑號，黛艦長為了平均砲戰負擔，右滿舵掉頭，讓利根號占據羽黑號艦尾六百公尺處的位置。兩艘重巡洋艦排成單縱隊形，組成了全新的戰隊向前衝刺。

黛艦長對羽黑號杉浦艦長發訊：「希望對敗北的航空母艦進行協同魚雷攻擊。我有三次分量的魚雷。」時間是九點二十分。

在此前十分鐘，羽黑號往右邊五十五度方向發射了魚雷，但因為無法確認戰果，杉浦艦長立刻回覆：「不打魚雷，我認為沒有效果。」

兩艦一呼一應，然後專心跟看起來幾乎在右舷正橫向的航空母艦部隊，以相同航向靠過去。還差一點，敵軍航空母艦部隊就要潰滅了。

來自栗田司令部的集合命令，正是在此時傳到。

黛艦長的鬥志仍然強烈。他在電文紙上寫下，「我認為繼續追擊眼前的航空母艦是有利的」後，交給阿部航海長。航海長說：「不，傳這種通訊的話，會像昨天武藏號那樣，被迫使用利根號單艦來執行。艦長，只有一艘是沒效的。」艦長不得已，只好改變主意。的確，掉頭跟主力會合，才符合作戰的定理與法則。

然而，艦長認同「作戰定理與法則」，並據此放棄攻擊行動是理所當然的。但因為利根號的聲納官兒島少尉不懂這些道理，所以他對集合命令感到驚訝。兒島無法相信那道命令，他一副不可置信的樣子，盯著敵軍航艦的黑煙，從右舷跑到艦尾方向，然後向左舷，最後往後方移動過去的過程。他被衝上來的情緒所觸動，自顧自地、以強烈語氣反問：「這到底是怎麼回事？敵人往後面跑掉了啊！」

不是只有利根號與羽黑號在把手往敵軍航空母艦部隊伸過去的時候，卻收到集合命令。浦風號、磯風號、雪風號這三艘驅逐艦也總算追上，靠近敵軍航空母艦部隊到了距離一萬公尺以內。正當三艘急躁的驅逐艦讓信號旗飄揚、進行通訊、準備發射，試圖要再進行一次航向相反的魚雷攻擊時，卻收到了中止戰鬥的命令。在桅杆上飄揚的戰鬥旗，並不是表示瘋狂或是虛有其表用的。先前也形容過，如果跟像住在大宅院的戰艦，或像是住在文化住宅的重巡洋艦相比，驅逐艦就像是住日式長屋那樣，輕鬆卻也粗魯。在大洋上四處狂奔，發射大砲、魚雷的驅逐艦，是艘被一枚魚雷打到就會斷成兩截的薄鋼板艦艇。在這裡找到生存意義的水雷官兵，因為長官的戰術構思，以致較晚加入打擊美艦。正當終於鎖定了敵艦的時候，卻在這時傳來中止作戰的命令。一時之間全體官兵都呆若木雞，他們的情緒終於爆發了。

越智少尉大喊：「混帳東西！敵人就近在眼前啊。」每個人都認為：「到底是在想什麼！」磯風號的通訊室陷入了漫長的沉默，越智跟所屬通訊員互相看著對方、沉默不語。事到如今，已經無話可說。這道命令讓人難以忍受的程度，用「愚蠢」也不足以形容。他們無法理解怎麼會發出那種命令。而且不管是誰，下這種命令的人，他一定不知道現在水雷戰隊正要用魚雷讓敵人全軍覆沒。

驅逐艦雪風號艦長寺內正道中佐的憤怒更是猛烈無比。

他大喊：「航空母艦……航空母艦就在那裡啊。這些混帳東西！」他憤怒地瞪大眼睛，一走下艦橋就在甲板上從艦首狂奔到艦尾。他火冒三丈，纏著頭巾，眉毛用力地跳了起來，沒有人覺得好笑。猛烈，甚至可以說是野蠻的敢鬥精神，像疾風一般從艦首往艦尾颳過去，消失了。

能代號巡洋艦率領第二水雷戰隊的七艘驅逐艦，遠比磯風號等驅逐艦組成的第十戰隊晚開始行動，當總算把敵軍航空母艦納入射程內的時候，卻收到了掉頭的命令。第二驅逐隊早霜號艦橋上的人員，一時間啞口無言。艦橋上全體人員的脾氣很快就爆發開來了。

「什麼？要集合？」

通信官山口少尉覺得，終於打算連一枚魚雷都不給發射了嗎？他身上有一股衝動，如果被許可的話，他想要一邊大喊一邊用力踏地板，但他勉強把這股衝動壓抑了下來。山口那時看到艦長平山敏夫中佐用他的右手，很用力地敲了艦橋的窗框。

「在就差一步的這時候，是想怎樣！」

山口一下就察覺到，艦長也氣得在心裡用力踏地板。但是，命令至上。能代號很快就大幅度地回轉改變航向。各艦也改變航向，早霜號也改變航向，背對著雷伊泰灣。

島風號也改變了航向。島風號是昭和十八年（一九四三年）完工的最新銳艦艇，有十五門魚雷發射管（一般驅逐艦是八門）。[6] 連以世界最快的四十節速度為傲的驅逐艦，都沒有辦法得到機會活用其武器裝備，就在這種情況下離雷伊泰灣遠去。島風號艦橋上，從摩耶號來的池田，帶著無處排遣的遺憾心

6 譯注：島風號裝備三座五連裝魚雷發射管，日本海軍其他級驅逐艦多為兩座四連裝魚雷發射管。

情，盯著前方翻騰的海浪。他左半身的燙傷開始刺痛，失去自己的艦艇，搭便船之人的悲哀，加上身上受傷正猛烈折磨著池田。他到現在才發現，自己的傷勢沒有受到充分治療，胸口的疼痛間歇式地襲向他。跟摩耶號相比，儘管島風號是最新銳艦，也只有一位軍醫，是沒有醫療設備的小型艦艇。

羽黑號巡洋艦的長谷川少尉有別於驅逐艦官兵的憤怒，以略為不滿足的心情，接受了集合命令。這也許是因為長谷川無拘無束的心中，已不知不覺間產生了敗北的感覺。愛宕號、摩耶號、武藏號，還有妙高號，長谷川一路看過來，盡是些挨打的船艦。薩馬島海戰開始之後，羽黑號也是被空襲跟砲擊痛打，並沒有什麼壓倒性的勝利感覺。緊抓著注水閥，全身著火陣亡的本多上士的身影，烙在他的腦海裡。總之，長谷川在搬彈藥的時候，被迫知道羽黑號的彈藥庫就快空了。第一砲塔四十枚，第三砲塔四十五枚，第四砲塔零，第五砲塔四十枚，合計一百二十五枚，剩餘燃料一千七百六十噸。這是羽黑號勇戰力鬥的結果。

長谷川認為，要在此刻掉頭跟主隊會合也是萬不得已的。

——必定要殺死、擊中敵人的戰鬥時機，就這樣在遠處的大和號發出中止戰鬥命令之下，緩緩卻確實的流失了。施放煙幕逃竄的美軍航空母艦身影，不管是距離羽黑號還是利根號、磯風號，還是雪風號，都漸漸遠去，終於沒入地平線下方去了。九點二十二分，羽黑號杉浦艦長下令「停止射擊」，速度改為第三作戰速度，航向零度，正北方。

站在身邊的瞭望員歡呼聲，突然襲向在旗艦範肖灣號艦橋上，盯著航空母艦區隊燃燒，艦隊就要全滅命運的克利夫頓．史普雷格少將的耳裡。

「嘿，那些傢伙逃走啦！」

時間是九點二十五分，克利夫頓不禁站了起來。映在他眼中的，是原本緊咬不放、不斷逼近過來的日本軍艦，此刻全都朝著北方而去的奇蹟。的確，他們離開了。後文引用克利夫頓當年的筆記，直接呈現了他當時的愉悅：「實在無法相信自己的眼睛。但是，就我眼睛所見的範圍，日本艦隊一艦不留，撤退了，簡直無法相信。在上空的飛機也陸續送來確認敵軍掉頭的消息，我想這是真的。即使如此，因為戰鬥而疲勞透頂的我，腦袋依然無法坦然接受敵軍掉頭的事實。說到那時為止我在想的事情，就只有什麼時候要落海游泳而已。」

克利夫頓幸運地不必游泳了，然而也有官兵被迫面臨游泳的時刻。明明就不希望被丟到海中，卻要被丟入海去，誰都實在無法忍受這件事。但是，他們為了生存而被分配到的時間，實在很短暫。千歲號岩松少尉了解，當艦艇傾斜到二十五度時，末日就到了。第一波攻擊隊離去後，小澤艦隊在恩加尼奧角廣闊海域上分成數個小群體。只有失去秋月號驅逐艦的小澤主隊重排圓形編隊，依然向北挺進。千歲號航艦與多摩號巡洋艦受到嚴重打擊，松田支隊留下五十鈴號巡洋艦與霜月號驅逐艦擔任護衛。由日向號航空戰艦和槙號驅逐艦以千代田號航艦為中心，組成不成圓形的圓形編隊，繼續前進。

五千五百噸的五十鈴，收到拖航千歲號的命令。但五十鈴在後方甲板準備鋼纜跟繩索的時候，千歲號已經大幅傾斜，看起來肯定是要沉沒了。

但是不管其他人怎麼看，千歲號的艦橋作戰室依然還有充分的時間。艦長岸大佐點起菸，低聲嘟囔說：「沒問題，不會沉啦。」不知道他是在說給自己聽，還是對著艦長侍從官岩松少尉低語。岩松懇切地希望事情真能如此發展，不是因為他害怕將要到來的死亡，而是他有一件擔心的事情。

兩位出身預備軍官的通信官，為了處分密碼本進到艦內，因沒有見到任何人影就出來了。在有個萬一的時候，燒毀密碼本是最好的處理方式，但是沒有那種時間的時候，就改為把密碼本裝在鉛做的容器裡收藏在水線下。這件事已經由資深的通信官完成了，不知道此事的菜鳥少尉，反而命令前來詢問是否可以撤離的通信官做這件事。

指針已經顯示傾斜二十五度了，兩人還未上來。艦長平靜地說：「全員到上面去。」擔任艦長侍從官的少尉用傳聲管向全艦傳達此事，依然未見兩人身影。千歲號在向左傾斜的狀況下，從艦尾開始沉沒。錨鍊碰撞發出聲音，往左舷滑落。岩松跟隨艦長，爬著上到艦首。兩位通信官去哪裡了？沒有時間跳進海中的岩松，站穩立足點，就這樣跟艦艇一起被捲進漩渦中。儘管在強大的漩渦中被弄翻，他還有「拚命划動手腳掙扎」的記憶。

當他回過神的時候，只有他自己一人，在靜到像是騙人一般的寂靜中漂浮。從艦上看不知道情況是這樣，但像小山般的大浪把他高高推上空中，又推下水底。他在水裡托著手鬆開綁腿，脫掉鞋子這些感覺很重的身外物，心想：「我的戰鬥結束了。」在孤獨的海中，自己腳下的海底好像有幾個人躺著。提出換人的飛行員少尉、兩位通信官、艦長……與其說他對自己沒死感到自責，倒不如說是感到絕望。

在附近海面上，五十鈴號巡洋艦正微速前進。就在五十鈴號要展開救助行動時，來自旗艦的命令傳到，「去為受傷的多摩號警戒。」

五十鈴號在九點五十分為了幫多摩號警戒，開始急速南下。同一時間，在薩馬島海面上，展現了勇猛行徑的二千一百噸級驅逐艦約翰斯頓號艦長伊凡斯中校，終於下達棄船命令。所有火砲都被破壞殆盡，只剩一門十二公分砲還在持續射擊。個子雖然不高，體格卻強健的契羅基族子孫伊凡斯艦長躺在救生艇上，對著仍在抵抗——已經不能說是軍艦，被破壞得到處都不見原樣的艦艇，道了永別，他自己也正要趕赴黃泉。

5

十點到十一點

薩馬島外海的海面被攪拌得冒起泡沫，短急浪互相撞擊，形成巨大的波浪反覆晃動，雲飄得很快。栗田艦隊各艦穿過各式各樣的戰場殘骸聚集過來，為了要確認戰果與損害，與持續北上的大和號、長門號為中心重新排成圓形編隊。已經沉沒的甘比爾灣號、霍爾號、羅伯茲號的生還者群聚在救生艇或小艇、救生筏的殘骸上，把絕望的眼光投向了日本軍艦。海浪把那些落水者往上推，又把他們深深往海裡拋去。

過了早上十點，約翰斯頓號官兵加入了倖存者的行列。很明顯，是矢矧號率領的第十戰隊的三艘驅逐艦，給了這艘勇敢的敵軍驅逐艦最後一擊。三百二十七名官兵中超過半數，共一百八十六人陣亡，生存下來的人默默地看著眼前正在沉沒的艦艇。有一門剩下的砲，像是不聽從全員從艦上撤離的命令一樣，依然持續射擊、射擊著，約翰斯頓號翻覆了。就在約翰斯頓號要直接沉入海中的時候，一艘日本驅逐艦用半速靠過來。一名落水者看到那艘驅逐艦艦橋上有一名軍官佇立著——正對著沉沒下去的敵艦行舉手禮，可能是艦長。

有一位猛將感覺自己的勇敢沒有被充分以禮相待，還被人報以輕蔑之心。在恩加尼奧角的第三艦隊司令海爾賽，面對那份侮蔑幾乎無法控制自己。他收到兩份電報，突然把帽子抓過來往甲板上敲，大聲吼叫，海爾賽不明就裡地大發雷霆。旁邊的參謀因為主將抓狂而受到衝擊，究竟是什麼讓總指揮官腦充血？

其中一份電報是金凱德發來的緊急電報，而且這次跟剛才八點半到九點期間送來的都不一樣，是沒用密碼的電文，顯示狀況有多緊急。

「李的戰艦支隊在哪裡？希望立刻派遣戰艦支隊。」

看到這份電報，海爾賽內心反倒是在竊笑，認為：「金凱德大爺挺慌的嘛，就算那樣，語氣也滿絕望的不是嗎？」但是真正讓他非常驚訝的，是另一份電報，是由夏威夷的太平洋艦隊司令尼米茲上將發來的。

發文者：太平洋艦隊司令

受文者：第三艦隊司令

第三十四特遣艦隊在哪裡？全世界都想知道。

頓時，海爾賽感覺到他心中以信念、堅信為首，支撐著他的驕傲、自豪、自信這些事物，全都被寒風吹走了。他暴跳如雷：「說全世界都想知道，到底是想怎樣？」海爾賽氣得抓狂到說不出話，直到參謀長把他抓住，對他說：「住手。您在做什麼？振作點！」第七艦隊的慘叫，就如同字面般，繞了半個地球傳進他耳裡。

各種思考像是風暴般，在海爾賽的「人格」中翻騰。他無法延長做決定的時間，在此也很清楚顯示，指揮官的人格會如何左右戰鬥。如果指揮官無能的話，就算士兵努力戰鬥，士官如何優秀、精強，年輕軍官再怎麼出於為國捐軀的熱情想捨身取義，戰爭還是必敗。時鐘的針已經指著十點剛過。到了此時依然要盡快摧毀眼前敵人的冷酷意志，在恢復冷靜的上將心中，戰勝其他各種情緒，開始大舉支配他的人格。

上午十點五分，密茲契指揮的特遣支隊第二波攻擊隊，正要開始往小澤艦隊上空攻擊的時候，海爾賽用無線電向全軍送出明確命令：「攻擊敵軍機動部隊，集中攻擊還未攻擊過的航艦，只准前進。」不管被怎樣侮辱，他的心與眼，依然向著北方。然後他說：「不要管已經嚴重受損落後的敵艦。之後會用巨砲痛打！」

⚓

被海爾賽徹底當成目標的小澤艦隊厄運纏身。明明扮演誘餌的角色已經到了完美的地步，卻還是要跟日前的覺悟一樣，戰鬥到全軍覆沒為止嗎？攻擊往瑞鶴號、瑞鳳號、千代田號航艦集中。瑞鶴號的高射砲指揮官峯真佐雄少尉記得的戰鬥，就如他所說的，是一段連續「鬧哄哄地過來，一湧而上地打」的渾然忘我的時間。他好幾次看到魚雷從舷側掠過，並被高高噴起的水柱飛沫濺到。峯真佐雄還記得，在他印象中艦長操艦技巧是何等高超。他對艦長貝塚武男大佐有著無窮的信賴。然而，事情發生在靠技巧跟戰鬥精神都無法拯救艦艇的時候。瑞鶴號終於被閃躲不掉的魚雷擊中，往橫向搖晃。炸彈一命中，就上下搖晃，發生慘叫。峯真佐雄覺得，由那位艦長操艦還被炸彈跟魚雷擊中的話，那就是沒有辦法了。這不是運氣好壞的問題。峯真佐雄認為，不管怎麼採取損管措施、水兵們做出多麼超乎常人的努力，在以數量超量的攻擊面前，「不沉」終究不過是個形容詞而已。

峯少尉不知道，但在瑞鶴號艦橋上，爭論一直持續。無線通訊設備的損害始終無法修復，無法通訊的航空母艦，應該要認定為失去擔任旗艦的能力了。因此，參謀們建議小澤長官換乘到大淀號巡洋艦，小澤卻堅決反對。小澤希望死在作戰經驗豐富的艦隊型航空母艦上的想法，也直接傳到了航海官近松少尉心裡。選擇死亡的時間、地點，可能是戰士被允許的最後願望。

然而，連貝塚艦長都加入說服他了，小澤不得不下定決心。

「好，由大淀號當旗艦，現在開始移動。艦長，辛苦你了。接下來麻煩你了。」

艦長開朗地回答小澤中將說：「長官，弄傷了貴重的艦艇，非常抱歉。」

「不，不，正因為是你，才能做到這地步。多謝。今後也要麻煩你喔，別給我急著死。」

近松從兩位將軍的對話裡，看到了男人之間對彼此真正的信賴。

⚓

此時，瑞鳳號航艦的阿部少尉在通訊室看著鋼鐵牆壁，忍耐著漫長的戰鬥時間。他面無表情地傾聽從甲板上響起、慌忙地上下階梯的聲音，像是要穿破牆壁一樣的連續機槍槍響、震耳的高射砲響等等瘋狂的聲響。通訊室的氣氛令人喘不過氣，硬要說的話，氣氛很不真實。安靜到讓人察覺不出外面正在進行流血、互相剝奪生命的悽慘現實。事實上，瑞鳳號與各艦之間有過忙碌的通訊，卻被戰鬥的巨大聲響給蓋過，因此讓所有官兵沉默不語，甚至感到寂靜。每次遭到魚雷或炸彈近距離爆炸時，艦內的照明就會忽亮忽暗。電燈匆忙地一下亮一下熄，也代表艦艇的命運。阿部感到不安，當這個燈光永遠熄滅的時候，就是自己的生命消逝的時候了。就算如此，他還是受不了戰況不明、被遮眼盲目的戰鬥。

伊勢號航空戰艦的高田少尉，已經不是標定官，改當陸戰用機槍的指揮官了。就算用常識想，也不會認為用手操作射擊的機槍子彈可以命中高速旋轉的飛機，但他全神投入，拿著這個明知打不中的武器戰鬥。他不太記得是否曾用自己的眼睛確實瞄準過飛機，但印象中他只有瞥到空中發出銀色亮光。即使如此，高田還算是幸運的，那些沒有被安排任何戰鬥位置的飛機維修人員，如同一開始預期的，只能東奔西跑。那些拿著武器戰鬥的戰友們，還以為這些袍澤已經精神錯亂了。但是，高田心想，那也沒辦法，他認為把他們逼進這種絕望狀況的，部分是高層的責任，哪有笨蛋會把保修官兵部署到連一架飛機都沒有的伊勢號航空戰艦上！

同時間，單獨行動的五十鈴號巡洋艦在南下的海面上，遭到敵機攻擊。收到命令，要護衛多摩號而奔赴南方的時候，五十鈴號遭遇第二波攻擊。竹下少尉在取得擊落一架敵機的勝利時，切身感受到敵軍遠超過阿號作戰時的資源量。十二架飛機編隊向獨一艘五十鈴號襲來，雖然他已經預先察知戰鬥並非易事，但是竹下還是對一架接一架湧向孤艦的敵機數量保持著敵意。不，是憎恨，或者更正確地說，是帶有忌妒的憎惡。

五十鈴號擺脫了空襲，往被留在南方海面上的多摩號靠近。五十鈴號與多摩號，都是經常被稱為所謂「五千五百噸」的輕巡洋艦，特徵是像用尺畫出來的平坦上甲板，還有隔著相等距離聳立的三根煙囪。五十鈴號比多摩號年輕大約三年，是在大正十二年（一九二三年）完工，兩艘都是艦齡超過二十年的老舊艦艇，這是兩艦第一次共同在第一線合作戰鬥。

「請告知貴艦能達到的最高航速。」

「最高航速十八節，我已修復故障，戰鬥航行無虞。」

多摩號的敢鬥精神彷彿不知止息。五十鈴號傳訊「由我先行」後，開始在多摩號前方追著主隊航行。主隊在北方，一直在往北推退卻。到全軍覆沒之前，他們要多引誘敵人，即使只有一小時。他們的行動，像是在展現繼續果敢戰鬥的意志。

在五十鈴號與多摩號一起開始航行的十點二十五分，第二波四十四架飛機的攻擊結束，千代田號航艦左舷後部被擊中一次，並有多次近爆彈。航艦微微往右舷傾斜，輪機室因為進水，無法航行。但是艦橋依然高高掛著信號旗。

「我有可能恢復動力航行。單螺旋槳、航速五節。」

艦長城英一郎大佐是著名的猛將。據說他是最先具體談論執行特攻作戰的人。他編組攻擊隊，想要自己擔任指揮官，但聯合艦隊司令長官不允許。高高揚著的信號旗，就顯示了他依然不肯拋棄渾身是傷艦艇的強烈決心。日向號航空戰艦與槙號驅逐艦回應了他的意志，在他周圍繞圈警戒。日向號的防空火砲指揮儀指揮官中川少尉，此時首度離開崗位，看到了航空母艦傾斜的身影。千代田號航艦甲板上，蹲著十五、十六名可能是被破片打傷或是火災燒傷的士兵。此時他們的身體滑動，從高聳的甲板滾落海中，中川情不自禁地想要伸出手。但從舷側高度較高的戰艦伸手，也不可能救得了他們。戰爭的慘烈，不是只有被子彈打中的人會一個接一個倒下去。對現在正要溺斃的人而言，說什麼話都無法撫慰他們。人真的能夠為別人犧牲嗎？看見友軍對落水者見死不救的悲慘狀況，中川懷疑他們是不是白死？他不在乎死，但同樣要死，也有不同的死法吧？死已無法避免，中川茫然地認為，雖然不知道是誰決定死的順序，但一定有決定好順序。就算是這樣，什麼時候會結束呢？他心裡萌生期盼早點結束就好的念頭。但這是針對戰鬥呢，還是針對自己的生命呢？中川還沒有確實地把握。

在南方遠處海上，五十鈴號發現海面占滿千歲號航艦的落水者，停下來開始救助。五十鈴號在後甲板鋪滿救生網。正因為身陷於誰都不期待有救助前來的空襲情況，已經放棄了的千歲號生還者見狀，在心裡燃起了希望。南海的太陽照亮著救援者與獲救者。一計拳頭往一名被撈起後，開始安心睡覺的倖存者臉頰飛了過去。

「張開眼睛，活下去，睡著了會死的呀！」

挨了一拳的水兵睜開眼，像在說：「幹什麼啊你！」而恢復了血色。

「就是這樣。生氣！生氣！安心的話就會死喔！」

⚓

在略顯微弱的陽光開始從雲間透出來的薩馬島外海，栗田艦隊依然持續在集合。因為各艦分散的範圍太廣，要再度集合重編井然有序的陣形並非易事。而且，中止戰鬥是栗田艦隊單方面的想法，金凱德、湯瑪士並沒有中止攻擊，敵人絕不會放過你。栗田艦隊各艦，在持續北上的大和號周圍集結、編隊，其間也持續與敵機周旋，被迫苦戰。他們採取之字航行躲避敵人的砲彈、炸彈，讓集結的速度更慢了。

在這期間，栗田司令部聯絡各戰隊所屬艦艇，彙整至今的戰果。確認擊沉了三或四艘艦隊型航空母艦（包含一艘企業號等級）、兩艘重巡洋艦、數艘驅逐艦，戰果輝煌，這樣少說也有摧毀一支特遣艦隊等級的戰力。司令部挺著胸膛向聯合艦隊司令長官報告戰果。儘管這不是預期中的勝利，日軍損傷也沒有少到哪裡去。從汶萊出擊時為數三十二艘的艦艇，現在已經減少一半，到昨天為止還是兩支的部隊，現在只組成了一個圓形編隊。

十點十八分，栗田司令部下令那些受傷艦艇，沿著迎風面的海岸線撤退到汶萊灣或是馬尼拉。艦首受損的熊野號終究無法回歸戰列，開始背對著雷伊泰灣孤艦退避。艦務官大場少尉心裡五味雜陳，他對戰隊司令部參謀感到憤怒，覺得他們終究還是貪生怕死。當他一知道要後退，心裡不禁突然產生了對死亡的恐懼。另一方面，他心裡也湧起了想要轟轟烈烈再戰一次的強烈心情。老實說，他也不知道哪一個才是自己真正的想法。

藤波號驅逐艦被派往護衛在遠比集合地點靠近雷伊泰灣處，受傷的鳥海號巡洋艦，野分號驅逐艦則被派往護衛筑摩號巡洋艦。鳥海號的損傷因為後來的空襲而傷上加傷，幾乎在海上停航。另一方面，筑摩號已經修復到可以自力航行，慢慢地撤退。自從大和號發出集合命令至今，感覺戰鬥就像結束了，大家開始善後。然而，不僅是毫髮未損的軍艦，就連那些受損的軍艦心中都明白，真正的戰鬥還在後頭。歷時二小時的追擊戰，說起來不過是這次作戰的小菜一碟而已。他們不在意做出犧牲，越過聖貝納迪諾海峽，就是為了要攻進雷伊泰灣，讓敵軍的運輸船團全軍覆沒，這場戰役還沒有結束。

不僅如此，新來的部隊現在才要開始投入戰鬥，他們正用全速趕赴戰場。馬侃中將指揮的第三十八．一特遣支隊，中止在烏利西基地的整補。從收到海爾賽下令攻擊栗田艦隊的命令已經過去一小時，總算進入攻擊範圍內的海域，他們立刻心無旁騖，從距離敵人三百四十海里處派艦載機起飛。太平洋戰爭開始以來，恐怕還不曾在這麼遠距離就派艦載機起飛過。然而，事態緊急，他們只好強行離艦。從三艘航空母艦起飛的九十六架飛機，連組成編隊的時間都省略，直接飛奔戰場。

因為燃料的關係，沒有飛機攜帶魚雷。由於一開始就預定要攻擊機動部隊，只有部分飛機吊掛攻擊戰艦、重巡洋艦用的穿甲炸彈，即使如此他們也是要出擊。相信沒有幾架飛機會有足夠油料能夠返回母艦，他們被命令結束攻擊後就直接前往雷伊泰島上的盟軍基地降落。在命令發布之後十五分鐘，全部艦載機都起飛完畢，時間是上午十點四十五分。這是一趟距離敵軍艦隊二小時半的漫長飛行。

在薩馬島的戰場，戰鬥不待馬侃的艦載機抵達，就繼續進行了，戰爭運勢的潮流正在改變。史登普的第三波艦載機，襲擊了正在集結並排序戰鬥編隊的栗田艦隊。那道中止攻擊的命令，究竟是否成為日本艦隊的喪鐘？攻守雙方的立場逆轉了，很明顯敵軍變成了攻擊方，栗田艦隊的集合更加緩慢。不，不是只有集合多花了時間這樣而已。

先前因為司令部換乘時落隊，而幸運沒有參與多少戰鬥的鈴谷號巡洋艦，現在正要被徹底討回來。炸彈在右舷後部魚雷發射管附近的水面爆炸，爆震波跟火焰襲擊魚雷發射管室。正當靠救火班的努力，以為火勢可以局部控制住的時候，隨著一陣巨大聲響，導致了魚雷的殉爆，然後還有更多的炸藥陸續殉爆。重巡洋艦一瞬間就化為廢墟，想救都沒得救。栗田司令部不得已，派出驅逐艦沖波號馳援。

打傷鈴谷號的史登普機隊結束攻擊後，一陣可說是突然的空白時間，降臨了雷伊泰灣及其周邊的戰鬥海域。全部砲火一起停歇了，時間是上午十點五十分左右。這就像是一場漫長戲劇中的幕間休息，或也可稱作寧靜的插曲。更正確地說，也是軍神瑪爾斯為此所給予的片刻祈禱時間。

五架像是在海上低低爬著組成編隊的戰鬥機，把機首轉向雷伊泰灣外海的美軍航空母艦部隊。這些飛機是根據本居宣長的和歌「人問敷島大和心，朝日美綻山櫻花」取了「敷島」作為隊名的神風特別攻擊隊的零式戰鬥機。[7]早在三個小時或更早之前，已經有分別各兩架的飛機，從朝日隊、山櫻隊及大和隊出發，用他們的肉體做先鋒，撞上敵軍航空母艦。現在，其主隊的五架飛機正要一機撞一艦，追隨他們英年早逝的戰友腳步。

特別攻擊隊總指揮官，關行男大尉在領隊機上握著操縱桿。他是為了回應大西瀧志郎中將的希望而特別獲選的二十五歲前艦載轟炸機飛行員。這場為了扭轉乾坤的大作戰以及鼓舞全軍士氣的頭陣，都必須是出身海軍兵學校的軍官。他戀愛結婚才過半年，而且家裡是孤兒寡母境遇。老母親在故鄉四國期待他平安歸來，新婚妻子在鎌倉的娘家一個人悄悄祈禱丈夫武運長久。

關行男大尉出擊前，在基地馬巴拉卡特機場，對正好在場的隨軍記者說：「隨軍記者，能幫我照張遺照嗎？然後請幫我寄給我太太。」他如今在編隊前頭，想著什麼呢？在出擊前大西中將訓示：「現在的日本正面臨危機。而且，能拯救這場危機的人，不是大臣，不是大將，也不是軍令部總長，當然也不是像我這樣的大官。只有像各位這樣純真、充滿活力的年輕人能辦到。所以，我要代替一億國民請求各位。祝你們成功。」究竟大尉是否有充分了解到此舉的意義？

根據攻擊計畫，編隊要在敵軍ＳＫ雷達的有效探測距離內急速爬升，從高度二千公尺開始俯衝。此刻，還沒有被敵人的監視哨發現，敵軍的雷達也沒有出現五架飛機的光點，這是在戰場上出現的奇怪段落。關行男在出擊前，淡淡地跟隨軍記者談著他的心境。

「日本也完蛋了啦，竟然想要殺死像我這樣優秀的飛行員。我有自信可以不用衝撞就用五十號（五百公斤炸彈）擊中敵軍航空母艦飛行甲板然後回來。」

那份簡直要溢出來的自信，絕對是到這一瞬間都沒有消失。

敵軍航空母艦部隊解除戰鬥部署，在享受九死一生的危機之後，戰場上多了空出來、無所事事的閒暇時間。在他們上空，敷島隊五架飛機互相道別之後散開，要把整個身體撞進去了。據說關行男曾經假裝開玩笑講說：「我才不是為了天皇陛下，為了日本帝國去的，是為了最愛的ＫＡ（老婆）去的，是有

---

7 譯注：原文為「敷島の大和心を人問はば朝日に匂ふ山桜花」，意為如果有人問大和心是什麼樣的事物，我會回答像是在朝陽映照下美麗綻放的山櫻花。

命令才不得已。如果日本輸了，不知道ＫＡ會被美國佬怎樣，我是為了保護她而死的。為了最愛的人而死，怎麼樣？很棒吧？」

正是那個時代的青春，把「死得漂亮」，當成「確實活著」。

敷島隊盯上的目標，是因為栗田艦隊掉頭集合，而在最後關頭撿回一命的克利夫頓·史普雷格少將腳步踉蹌的「塔菲三號」航空母艦部隊。他們因為敵人後退而安心地喘了口氣，向上帝的恩典致謝，在搶修破損部位的同時，急速逃進雷伊泰灣。聖羅號航艦是連在栗田艦隊的猛烈砲擊下，都能順利躲進煙幕跟暴風雨中，沒被一枚砲彈打中的奇蹟般航空母艦。艦長也有這種安心感，正想要讓下屬們喝咖啡的時候，監視哨卻大叫：「日本飛機靠近！」

基昆灣號航艦飛行甲板邊緣遭到猛烈撞擊，白原號航艦雖躲過沒被撞上，但有十一人受傷。加里寧灣號前方甲板被撞到起火，後方煙囪附近又被另一架撞上。受害最嚴重的是聖羅號，在起火燃燒的同時，又有一架撞破飛行甲板中線附近，在下方爆炸，這架特攻機立刻引發機庫甲板上的八枚魚雷與炸彈殉爆。同時，吊掛有炸彈正在待命的飛機，撞破甲板，從甲板一端往空中爆炸四散。油桶與彈藥連續在遭受嚴重打擊的艦體中爆炸，整座航空母艦猶如一座噴出火焰和黑煙的火山。艦長不禁大喊：「艦尾還連著本艦嗎？」

只有克利夫頓的座艦範肖灣號航艦，沒有在這波攻擊中受害。基昆灣號與加里寧灣號起火，聖羅號再也不是航空母艦了。克利夫頓飽嘗像是被連續的悲慘命運折斷脊椎的心境，呆滯地把視線投向這些航空母艦。

6

十一點到十二點

從下令「依序集合」已經過了將近二小時，除了空襲的理由，大和號跟長門號一邊往北航行，一邊要各艦集合，也是導致發生時間延宕的理由。總之，栗田艦隊總算要排好（圓形）接敵編隊了。在比十一點稍早的時候，大和號在高聳的桅頂升起了「一起往左邊二百八十度迴轉」的旗號通信，向全軍傳達命令，大和號首先把航向轉向西方。原本帶著四艘戰艦，六艘重巡洋艦，兩艘輕巡洋艦，十一艘驅逐艦突破聖貝納迪諾海峽過來的艦隊，現在數量剩下三分之二——四艘

撤出戰場的栗田艦隊防空警戒陣形

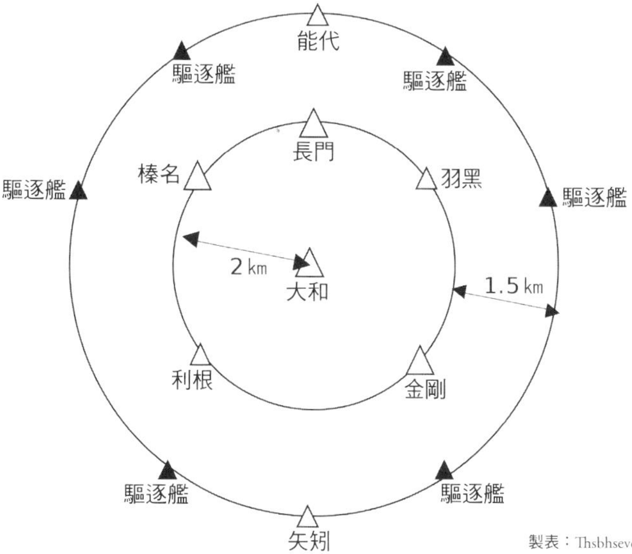

製表：Thsbhseven

戰艦（大和號、長門號、金剛號、榛名號）、兩艘重巡洋艦（羽黑號、利根號）、兩艘輕巡洋艦（能代號、矢矧號）、八艘驅逐艦（早霜號、秋霜號、岸波號、濱波號、島風號、浦風號、磯風號、雪風號）。這些一路打過來、活過來的精銳，一心一意要想攻進雷伊泰灣。

他們欣然做好全軍覆沒的心理準備，持續進攻。那份心理準備，現在幾乎確實要實現了。上午十一點二十分左右，艦隊又把航向轉往二百二十五度。艦首明確朝向雷伊泰灣，栗田司令部向以聯合艦隊為首的全體艦隊傳達這項主旨。

「我在地點也末比[8]三十七，航向西南方，前往雷伊泰泊地。」

艦隊有攻進雷伊泰灣而不逃離的決心，不管在誰眼裡看來都是那樣。

栗田艦隊每分每秒的行動，都透過在其上空的飛機，傳給金凱德。金凱德看著這些報告，一時之間心情被弄得很複雜。二個小時前，栗田艦隊中止攻擊，明顯地航向西北，想要遠離戰場。然而，不管是有多樂觀，他們都不可能直接往聖貝納迪諾海峽退避。日本艦隊的作戰目標，從一開始就很明顯是雷伊泰灣。但是金凱德從栗田艦隊停止砲擊、掉頭之後歷時二小時的緩慢行動中，預想不到他們有什麼企圖、要怎麼行動，也完全掌握不到他們的真正意圖。儘管金凱德知道完全不可能，卻還是期待日本艦隊會撤退，但是他很快就知道那是空想。十一點二十七分，警戒中的飛機再度報告：「栗田艦隊回來了。」

二小時前的「回來」，是意味遠離，但是這次「回來」就正是要回到雷伊泰灣。金凱德仰望微弱陽光從雲間透出來的天空，期望奇蹟已經是不可取的了。再二小時，敵軍的優勢戰力一定會進入射程內，他身陷最糟的狀況了。總之，在這當中竭盡全力，不就是金凱德被要求該盡的義務嗎？他命令奧登道夫的戰艦、重巡洋艦部隊全數出動，前往希布森島北方數處待命。還有另一項因素令金凱德頭痛，那就是一度看似撤退，實際上卻將近沒有損傷的志摩艦隊，或許也會從蘇里高海峽折返。儘管能部署的火砲數量已經很少，也必須針對他們因應，加強部署戰備。

奧登道夫的舊型戰艦部隊出動了。幾個小時後，或許會再度沉入海底的悲痛戰鬥正等待著他們。他們把所有的彈藥全裝上艦艇，規劃了縝密的作戰計畫，面對強大的栗田艦隊，也要用幾個小時前擊潰西村艦隊一樣的T字狀況應戰。然而，這次戰場跟狹窄的海峽不同，是寬闊的太平洋。連金凱德也沒有自信可以打贏。假使海爾賽的第三艦隊高速戰艦部隊，在收到一開始的緊急電報就趕緊折返，趕不上二小時後的海戰也是理所當然。那馬侃特遣支隊的艦載機怎麼樣了呢？儘管金凱德收到了第一波攻擊隊於十點三十分完成起飛的消息，這也只是確定他們在二小時半之後才會到得了戰場。總之就是不會有外來的救援，金凱德的第七艦隊只能自己保護自己，但是他們能做的事卻很少。

登陸部隊的總司令麥克阿瑟上將，身在陸地上的臨時司令部，面對這個可能粉碎他畢生希望的破局，他只是茫然自失。不管他想如何運用他權力甚高的指揮權，在這個情況下他能做的事情，連一件都

8 譯注：為日軍所用暗號「ヤマヒ」。

沒有。這件事情也讓縝密、理性思考的將軍，覺得無法忍受。他認為這場危機實在太不合理了，發生了不該發生的事情。他在回憶錄裡寫道：「在現階段，我只能加強自己部隊的守備，收緊戰線，靜待即將到來的海戰結果……勝利現在正要投入栗田將軍的懷中。」

栗田艦隊半握住勝利，持續前進。當然，進攻是意味要犧牲自己來與敵人一道全軍覆沒，但那也正是光榮的潰滅，這應該是他們所期待的吧。栗田艦隊在出擊的隔天早上遭到潛艦攻擊，再隔一天二十四日幾乎整天被敵軍艦載機空襲，接著又在狹窄的聖貝納迪諾海峽航行，然後今天從早上開始就遭受航空母艦艦載機不間斷的空襲。那是連一分一秒的餘裕都沒有的戰鬥。這期間，圓形編隊裡失去了一艘戰艦與八艘重巡洋艦。經歷好幾次戰鬥累積的疲勞深陷身體，從二十三日以來，就是不眠不休的戰鬥部署，連續進行面對死神、吃著餅乾口糧的戰鬥。然而，他們總算還是把大和號的巨砲帶到雷伊泰灣的跟前了。現在正是到了試驗大和號巨砲神祕力量的時候。到今天為止所流的血、淚、汗，都是為了這一擊。在這個意義上，栗田艦隊前進的行動，強而有力，威風凜凜。

然而，雖然表面如此，但向裡頭看去的話，你可以發現栗田司令部在此期間幾乎要被招致困惑與混亂的情報洪水吞沒。傳進來有關敵軍的通訊太多了，但都不正確，而且正因為不正確，讓人更感覺到裡面有某種弔詭的東西存在。友軍截聽到敵方通訊，再傳送過來，友軍的報告也摻雜在其中。因此，發訊時間與送達時間凌亂，大量情報造成了混亂。許多負責栗田艦隊通訊相關業務的官兵，未能換乘到大和號，著實造成了無法估量的影響。

「敵軍航空母艦艦載機以及受傷的單位，正在使用獨魯萬基地（雷伊泰灣的美軍基地）。」（友軍電報。）

「希望高速戰艦用全速前來援助雷伊泰方面，請求盡快由高速航空母艦發動攻擊。」（直接截聽到的敵軍通訊。）

「取消現在的命令。立刻前往雷伊泰灣口東南方三百海里處之後待命。」（直接截聽到的敵軍通訊。）

⚓

要在激烈的戰鬥中，整理多如繁星的情報，從中檢討現在身處的情勢，而且還要火速做出正確結論並非易事。在艦橋下方的作戰室裡，以參謀長為中心的參謀，樂觀與悲觀的念頭在腦海裡起了漩渦。他們認為，可以假設在雷伊泰灣口東南方三百海里處布陣的是第七艦隊的戰艦與巡洋艦部隊。若是繼續前進，一定會跟這支敵軍部隊交戰，不打倒他們就不可能攻得進雷伊泰灣。而且敵軍好像使用了陸上的基地，攻擊不光只是來自航空母艦，可能也會有陸基飛機參與攻擊。但是，是哪一艘航空母艦呢？敵軍的特遣艦隊在哪裡……？出擊前已經從情報掌握到特遣艦隊分成三個支隊。從清晨以來的交戰中，幾乎摧毀了其中一個支隊（以為摧毀了）。那麼，另外一個支隊呢……？（應該）就在附近的聖貝納迪諾海峽外海。作戰室歷經各種檢討，做了判斷。在很早之前，大概九點左右截聽到的敵軍通訊，提到「救援還需要二小時」，這肯定就是那第三支特遣艦隊的存在與位置？敵軍特遣艦隊在距離雷伊泰灣方圓二小時的航程之內……

在作戰地圖前面，艦隊高層的苦戰持續著。在此期間，艦隊十六艘作戰艦也將砲彈裝進大砲、把魚雷放進發射管，然後朝著雷伊泰灣高速前進。前方有敵軍的戰艦、巡洋艦部隊，側面有來自陸上基地的飛機部隊，然後二小時航程外有敵軍特遣艦隊正步步進逼。把敵軍兵力如此放在地圖上看的話，會有一個假定不由分說地浮現。我軍艦隊是否落入敵軍的重重包圍之中？這是陷阱……我們正在掉進敵人所設的陷阱嗎？

事情可能就在艦隊高層這樣想的時候發生。有一份被認為是友軍的南西方面艦隊司令部傳送的情報，送進了作戰室。

「九點四十五分，敵軍艦隊型航空母艦部隊，位於蘇魯安島燈塔五度方向，距離一百一十三海里。」

蘇魯安島是位在雷伊泰灣口的小島，是在該處五度方位，也就是往幾乎正北方一百一十三海里。那時候栗田艦隊正好在蘇魯安島燈塔北方五十海里處。幸好只做簡單的算術計算，就知道了敵軍的位置。發出「再二小時就能救援」電報的，究竟是不是這支部隊？而且，這份「再二小時」的電報是上午九點過後發的，南西方面艦隊發現敵人是在上午九點四十五分，時間上幾乎完全一致。作戰室的判斷，開始沿著整理完畢的筆直之路前進。

栗田司令部的參謀，因為發現敵軍特遣艦隊所在位置而覺得高興，同時也感到困惑。如果這份發現敵軍的情報確實，那從上午九點四十五分開始，就快要到二小時了。有敵機來襲也算正常，就算救援來晚了，到栗田艦隊攻進雷伊泰灣為止，也還要再花足足將近二個小時。參謀們逐漸強烈感到雷伊泰灣對栗田艦隊來說，是否會是陷阱？大部隊要在無法自由掉頭的灣口跟艦載機部隊、陸基飛機部隊，還有戰艦、重巡洋艦的巨砲對立。而且要是連一艘運輸船團的船隻都沒有的話……這件事讓所有參謀有點不知所措。

距離艦隊到達雷伊泰灣還有二小時，距離急速南下當中的敵軍特遣艦隊到達，也還有二小時。總之，這將會是日本海軍的決戰時刻。在馬尼拉請聯合艦隊的神重德參謀加入作戰會議時的情景，在參謀的腦海裡異常鮮明地再度浮現。他們想起，在不知道要選擇兩者其中何者的狀況時，不是應該要捨棄運輸船，去摧毀敵軍特遣艦隊嗎……？

栗田艦隊依然往雷伊泰灣南進。以身陷苦惱、混亂、焦躁、懷疑的作戰室為中心，十六艘軍艦組成的艦隊，正持續著邁向死亡的行動。事後來看，只有一件事情是確定的。那就是，栗田司令部假定距離栗田艦隊還有二小時航程外的敵軍特遣艦隊，其位置並不是在日軍的背後。栗田艦隊終究還是無法理解這件事。

日本這個國家，在生產力跟科技上都遠不如人，要僅憑軍事力為本，或是以對精神力量的過度信賴為基礎，與世界各國為敵，進行現代化的戰爭，姑且不論個別的戰鬥，日本在大局上以失敗收場或許是理所當然的結果。就算只考慮科技層面，也足以知道會是這個結局。雷達是問題，通訊是另一個。這不僅是設備的問題，也是當時日本人針對情報態度的問題。在跟法國國土一樣廣大的雷伊泰灣部署、展開戰鬥，帶有可說是未來戰爭形態開端的意義。小澤艦隊靠著精湛的行動，把海爾賽最強的三個特遣支隊都帶到呂宋島北方海面，而造成雷伊泰島海域沒有強力艦隊存在的事實。然而，栗田司令部直到最後關頭，都沒有掌握到這項情報，讓人感覺到**某種超越不可理喻的事實**。小澤艦隊絕對沒有發生至今屢屢被人提到的疏失（像是無線電發射機故障）。這就意味著「艦隊與敵軍接觸了」跟通知「松田支隊南下」的電報，肯定都從小澤所在的瑞鶴號、送到了栗田司令部進駐的大和號電報室。然而，最後卻沒有被送到司令部的作戰室。

在栗田艦隊以大和號為中心，要開始往雷伊泰推進的時候（十一點二十七分左右），小澤親自率領司令部同仁，從損傷嚴重的航空母艦瑞鶴號，將旗艦遷往大淀號巡洋艦。然後，從新旗艦大淀號對栗田司令部發送電訊表示：「司令部換乘到大淀號。作戰還在繼續進行中。」大淀號的通訊能力本來就優秀到足以擔任聯合艦隊旗艦。

這份電報代表的意義，顯然很清楚，意味著現在眼前進行著激烈到連旗艦都會被幹掉的戰鬥。小澤原本打算跟瑞鶴號共赴黃泉，但艦隊仍然必須繼續戰鬥，因為到艦隊被擊潰為止，他有身為司令長官應負的責任，所以他同意換乘到大淀號。從這份電報，可以看出他那份悲壯的決心。這份電報也在一小時後傳到大和號。然而……不知道為什麼……沒有傳到艦橋。栗田司令部完全沒有任何有關小澤艦隊動向的情報，實在讓人無話可說。

此時的恩加尼奧角——固執的第二波艦載機部隊離去之後，從各艦上可以望見在激烈空戰中生存下來，幾架擔任護衛的零式戰鬥機，正因燃料耗盡迫降在海面上，他們已經沒有可以降落的航空母艦了。正因如此，零式戰鬥機像是失去親鳥的雛鳥，官兵悲哀的情緒尤為強烈。在為了讓司令部換乘而停止的大淀號附近，迫降在水面上的零式戰鬥機飛行員打開機艙玻璃，從下沉的飛機上平安現身的時候，艦上不禁傳出歡呼是理所當然的。飛行員拚命往大淀號游過去。航海官森脇少尉不禁在心中配合著飛行員蛙泳一次一次划水動作，為他叫好。森脇覺得飛行員像是在浪間露出白色牙齒

笑了，那是因為得救了所以露出的安心笑容嗎？

但是，戰鬥是無情的。大淀號在小澤中將為首的司令部參謀們搭乘小艇到達舷側、登上艦的同時，開始前進了。森脇產生了眼前的海洋很快就被追到後方了的錯覺。一時間，他感覺不是自己在動，而是抱住飛行員的海面往後方滑走了。拚命游泳的飛行員的頭，從一粒豆子大小，變成一粒芝麻大小，最後在浪間消失了的時候，森脇不知道為什麼心中有股想要代替他的感覺。之後，他又放棄了。森脇認為，反正我們遲早也要追隨他而死，很快調整好心情，拋開感傷，又變回果敢的戰士。

⚓

此時，在更南方的海域開始發生奇怪的事情，彷彿是要辜負這些身在無情之海，依然期盼著要全軍覆沒、戰鬥到底的小澤艦隊的敢鬥精神那樣。擔任海爾賽艦隊的最先鋒，像是呼嘯著露出利齒，艦首揚起白浪，持續出擊北上的李少將的六艘高速戰艦的速度，突然掉了下來。很快地，深灰色的艦首開始慢慢地向南轉，時間是在十一點十五分的時候。他們用全速追趕、進逼，然後借用一位軍官說的話：「再過二、三分鐘，踮腳站起來就可以在地平線上看到敵軍艦隊的桅杆了。」他們已經這般逼近小澤艦隊了，卻突然來個一百八十度掉頭，把航向改成向南。

的確，這位軍官的話不誇張，高速戰艦部隊已經追趕小澤艦隊到達距離艦隊四十二海里，可以進行決定性海戰的水域了。

從海爾賽收到尼米茲發來的電報之後，時間足足過了一小時。這一個小時，對無視這份電報，身在持續北上的最新銳戰艦艙間裡的頑固上將來說，絕對是一段苦惱的時間。想想從金凱德最初的慘叫傳到，就要三個小時了。其間海爾賽只把鬥志投向日本機動部隊，一直持續北上。這儼然就像是海爾賽的字典裡沒有「掉頭」這兩個字一樣……他現在會讓他旺盛的鬥志屈服嗎？他會硬是裝作沒看到，日後回憶起來時，會寫說是「黃金般閃耀的時刻」的機會嗎？

高速戰艦的四十公分主砲裝填了要決定作戰結果的砲彈。再一下子，這個主砲砲彈就要向日本機動部隊頭頂上方炸裂了。「全世界都想知道在哪裡」的第三十四特遣艦隊，把航向轉向一百八十度南方。司令威利斯·李中將心裡想必並不平靜。因為他北上約三百海里，一枚砲彈都沒發射，就又被命令用高速折返三百海里南下。

然而，踐踏所有感情、事情演變的「公牛狂奔」再度開始。海爾賽為了進行航空支援，將三個特遣支隊之一的波根支隊抽離，命令他們與自己同行，同時為了支援留到後面的兩個特遣支隊，將杜伯斯少將指揮的第十三巡洋艦區隊，從第三十四特遣部隊分派給密茲契中將。[9]如此一來，兩艘重巡洋艦、兩艘輕巡洋艦、十二艘驅逐艦就與南下的主隊分離，與第三十八·三、第三十八·四特遣支隊留在北邊的戰鬥海域。

海爾賽艦隊的攻擊力量被分成兩半。分成南下的高速戰艦艦隊與波根特遣支隊，還有為了尋找小澤

9 譯注：第十三巡洋艦區隊所屬的分別是三艘巡洋艦，聖達菲號、莫比爾號及雷諾號。

艦隊依然持續北上的薛曼特遣支隊、戴維森特遣支隊以及杜伯斯巡洋艦部隊。陣容已經整好，海爾賽的情緒冷靜下來，從南下的戰艦紐澤西號的艦橋，發送報告給尼米茲，肅然地稟報：「我為了救援第七艦隊，率領高速戰艦部隊與波根隊，朝雷伊泰灣前進當中。」他也對一直慘叫的金凱德發出電報：「儘管第三十八．二特遣支隊與六艘戰艦往雷伊泰灣急速前進當中，無法預期明天上午八點以前是否會抵達。」

⚓

——整個雷伊泰灣海戰迎來了一個重大的轉捩點。在這段從上午十一點到中午十二點為止的時間裡，無論日本艦隊還是美國艦隊，眼前同時都有可以做出決定性結果的機會，卻不知為何，都在最後能抓住這機會的一瞬，讓其一閃而過。並非是他們鋼鐵般的意志有所動搖，反倒是因為他們對送來的情報沒有做出明確的分析、冷靜的判斷與謙虛的認識。他們被自己製造出來的幻影所束縛，向這個幻影挑起一廂情願的戰鬥。這是因為人類的過錯、大意、疏失造成的。從此而生的轉變，未必是突發事故。這樣子說好了，從戰鬥開始一直以暗流樣貌靜靜動著的東西，在某個時刻翻騰起來，進而形成了巨大的命運洪流。

正午時刻，美國海軍已經搭上那股新的命運洪流。海戰的主力，海爾賽特遣艦隊開始以二十節航速向南衝。日本方面，主力栗田艦隊將要委身那道洪流，背對雷伊泰灣，開始追擊敵軍艦隊的幻影。無論如何，進行決定性戰鬥的時機正在遠逝。

第七章

脫離

十月二十五日下午・夜

這是武人的人情，回頭吧

武人の情けだ、引き返そう

1

十二點到十四點

大和號艦橋上充斥著攻進雷伊泰灣前的緊張氣氛。可能對現況造成混亂的情報與事實傳了進來，「救援還要二小時」、「離蘇魯安島一百一十三海里的航空母艦部隊」這兩個奇怪的「咒語」，詭異地支配了栗田司令部參謀的腦袋，讓他們在心理上感受到沉重壓力。十二點過後不久，大和號左舷一百七十度方向，距離三十八公里處的地平線上，發現有疑似桅杆的物體在移動。桅頂的瞭望哨報告說：「疑似賓夕法尼亞級戰艦與驅逐艦共四艘軍艦。」這項事實也正好符合栗田艦隊截聽到，稱說要在「雷伊泰灣口東南方三百海里」布陣的敵軍艦隊動向。

令人感到痛苦的緊張氣氛持續著。敵軍艦隊確實在前方等待，（栗田艦隊以為）敵軍特遣艦隊正從背後進逼。栗田艦隊依然為了攻進雷伊泰灣繼續猛衝，因為那是作戰命令。

十二點十五分左右，敵機又來襲了。不管是誰，都認為那是新的敵人。因為他們從早上開始，就跟敵機間歇不斷地作戰，敵機幾乎都很勇敢，但很多次攻勢都零零落落，由數架或是單獨一架衝刺，跟平常的做法不同，但這次空襲卻是精準的編隊轟炸。因為栗田艦隊排成防禦堅實的圓形編隊，能夠有效應戰。然而，獨自勇敢戰鬥的利根號巡洋艦，卻躲不過艦尾遭到二百五十公斤級炸彈直接命中的命運。

利根號的舵機故障，變成向左轉舵卡死，從圓形編隊脫離，開始在廣闊的海面上劃起巨大的圓圈，並拖著一條長長的油汙尾巴。聲納官兒島少尉咒罵自己的艦艇倒楣。兒島無助地認為，在這裡落單，不就只有遭到集中攻擊而沉沒的份了嗎？好不容易來到這裡，卻因為這樣走上命運盡頭。他知道橫豎都會死，但是同樣要死，也想在攻進雷伊泰灣之後才死，他對二小時前的掉頭感到怨恨。那個時候就位在伸手可及雷伊泰灣口的地方，現在卻必須在遠離那裡的這片浪濤洶湧的海上游泳嗎？他憂鬱透頂。在利根號落單時，兒島被迫深切地為「孤立」這件事的意義沉思。

「利根號舵機故障」的報告，立刻送到大和號。利根號遭到轟炸，給參謀的腦袋提供了一項做判斷的材料。他們認為，在此處所受的攻擊，很明顯是從背後進逼過來的敵軍特遣艦隊發動的——儘管並非是精準到那般地步的編隊攻擊……

位在大和號艦橋下方的作戰室陷入了一片混亂。那些美軍艦載機隊，其實是史登普少將搜刮其他航空母艦部隊的飛機後勉強派出來的。然而，栗田司令部完全沒有查覺這件事。反之，他們因為在這時候還發生利根號受損的情況而眉頭深鎖。

勝負是講運氣，有起伏的。的確，栗田艦隊中止追擊，花在集合上的那二小時，在形塑戰鬥的曲線上，給了美國海軍上升的勢頭，讓栗田艦隊不知不覺中，靜靜地畫了下降的曲線。勝負的起伏就是這樣的嗎？

壓抑情緒進行的辯論，依然在大和號的作戰室裡頭進行。有一位參謀說：「在同樣的條件下，在眼前看到運輸船與特遣艦隊的時候，應該要放棄運輸船，大膽選擇特遣艦隊作為攻擊目標，不是嗎？而且在出擊前已經透過參謀長取得聯合艦隊同意。那正是應該要中止攻進雷伊泰灣，去摧毀新發現的特遣艦隊。」這是自一九〇五年日俄戰爭中的日本海海戰以來的「艦隊決戰」思想。這位參謀又繼續說：「說到蘇魯安島北方一百三十海里，就是距離栗田艦隊現在所處地點北方約七十五海里。用二小時應該就能跟逼近、趕路南下過來的敵軍特遣艦隊接觸，可以近距離砲戰了。」

如果在事後冷靜想，特遣艦隊理所當然會在前方一百海里處就派出艦載機警戒。如果時間是清晨就算了，到了下午都快一點了，敵人不可能完全不知情，就駛入日本艦隊火砲射擊的距離之內。不，就算順利把敵人拉進了砲戰距離內，追擊高速航空母艦有多困難，不是數小時前才剛體驗過嗎？儘管如此，作戰室依然陷入彷彿可能達成目標一般的幻想。自今天早上以來，藉由砲擊與魚雷攻擊摧毀敵軍特遣艦隊的喜悅，把巨大的幻想拉抬到變成堅信。

也有人認為：「雷伊泰灣不是已經沒有敵人在了嗎？西村艦隊一開始的攻擊，已經讓他們明確了解到日本艦隊的意圖，當然會加以因應。在此意義上，西村艦隊單獨衝進去然後全軍覆沒，也造成了深刻的影響，從截聽到的電訊也確認到了這點。從剛才發現的敵軍艦影也看得很清楚，現在敵軍艦隊正領命在海上集結。因為艦隊要轉移，運輸船團一定也離開雷伊泰灣了。不，假使運輸船團還在，從敵軍登陸開始已經過了一星期，到這時候，可能那些船也都是空船了。」參謀這樣的邏輯形成了多數人的想法，化為「難道要把日本艦隊的榮耀賭在跟空船同歸於盡嗎？」的悲壯心情，不知不覺間，把參謀帶向對「北進＝摧毀敵軍特遣部隊」的期待與堅信。而更不可思議的是，他們對於雷伊泰灣口擺好迎擊態勢的敵軍戰艦部隊，完全不屑一顧。對於戰艦決戰的事情，他們隻字不提。這些參謀甚至頑固到，要勉強自己將敵軍戰艦部隊的存在從腦海裡給消掉一樣。

就算情報零碎，如果冷靜地思考就不可能會發生的錯誤判斷，升高到變成了堅信。這就是所謂的戰場心理嗎？許多戰史顯示，攻擊軍方面，戰場心理是受到兵力百分之七到十的損害，攻擊就會受挫。超過百分之三十，會有很多攻擊中止的情況。超過百分之五十的話，就會撤退。栗田艦隊受到的損傷，若是跟出擊時相比，已經超過一半，到了撤退也不奇怪的時候了。然而，他們卻持續攻擊。他們做的，是加上「悲壯」這個詞來形容會更正確的猛衝。他們對戰損已有所覺悟，打從一開始就不放在心上，甚至不惜要全軍覆沒。為了天皇，為了國家，還有為了日本海軍的榮耀，他們不會「撤退」。

栗田司令部的心理，在此時可能產生了某種變化，也許是從早上開始的。他們可能認為，原本沒有預期到摧毀敵軍特遣艦隊的行動，會為他們在個人之死這件事情上，帶來了他們至今一直遺忘、用以相互比較的這回事。這就是目標究竟是敵軍的特遣艦隊，還是運輸船團的重要性所導致的差異。事實是，明明重要性應該是沒有差異的，但以日本軍人精神觀之，卻有著根本無法相比的差距。當然，會死的這個事實是不會改變的。「光榮的死」，在此理所當然般融入了他們的行為。被逼著要撤退，卻因為高層一直忍耐著不願意這麼做的時候，一份電報讓他們的心裡放進了象徵著希望的小石頭。艦隊決戰思想爭論很快地打動了參謀們的心，不，只能這樣說了。到底矛頭應該是要朝向雷伊泰灣，還是指向敵軍特遣艦隊？總之，就算死這件事不會變，哪一邊能夠得到比較多成果？會因為選擇哪一邊而得到更多「榮耀」？不管他們有沒有意識到，問題都往那個方向限縮。而且栗田中將是艦隊決戰論支持者。

奠定決策基礎的，只是區區一份電報，是認為雷伊泰灣內可能已經空無一艦的推論、是空想的敵人，縱使可能還有「未確認」的不安感覺，但是在這場合這不會是問題。摧毀敵軍航空母艦的這項執念，讓一切事情都被套進可能達成的結論中，才加以判斷、處理。他們陷入了主觀、抽象的世界；期待變成堅信，然後成為「現實」。這就是不知道戰爭真正的殘酷、慘烈的第三代海軍精英軍官的浪漫嗎？用結果論來看，「掉頭是較容易的選擇」這個解釋，就從此產生。

已經盡可能充分地進行了辯論。作戰室一陣沉默，現在是下決定的時候了。日本，乃至全世界的目光與耳朵都集中在此，栗田要在像是要烙下痕跡般的真實感受中做出決定。

「北進！」

那個決定下達的正確時間是在幾點左右，並不清楚。但是，應該至少不會比十二點十五分早。在十二點十五分這時候，大和號的通訊室收到小澤中將在十一點左右發送的「旗艦換乘到大淀號，還在交戰中」的電報。然而，不知道為什麼，這電報又既沒有送到艦橋，也沒有送到作戰室。是偶然？還是疏失？聽說偶然重複起來會看起來像必然。日本海軍走上必然的滅亡之途了嗎？栗田艦隊在收到這份電文之後，可能做了讓捷一號作戰本身，那些已經犧牲的愛宕號、摩耶號、武藏號、扶桑號、山城號、最上號、滿潮號、朝雲號、山雲號、千歲號、秋月號的死，還有之後可能將要一艘接一艘沉入海底的更多艦船的死，都變成徒勞無功的決定。

再試著想起許多遺憾死去官兵的「死的意義」。他們是為了什麼而死的？西村艦隊是為了什麼攻進去的？為什麼小澤艦隊的官兵甘願要當成魚雷攻擊、炸彈轟炸的目標？關大尉跟十三個年輕人捨身衝撞航空母艦，是因為他們期待了什麼？不是為了要把大和號的巨砲、長門號的巨砲，所有艦船的砲彈跟魚雷送進雷伊泰灣嗎？就算那可能是太過嚴酷的現實……栗田司令部拿到小澤艦隊司令部的電報，最終卻沒看，搞混了幻想與現實。「艦隊決戰」這個亡靈，終究讓他們做出了決定。

栗田中將在敵機持續空襲的狀況下，向大西中將與三川軍一中將（南西方面艦隊長官）請求對報告所指稱的，在薩馬島東北部外海新發現的敵軍特遣艦隊發動空襲。同時將自己將向北方轉進，對敵軍特遣艦隊挑起決戰的決定，寫成電訊發送。決策被通報出去了，攻進雷伊泰灣的目標被輕易拋棄了。時間是十二點三十六分。

在這次空襲結束後，全艦隊很快就會為了尋找新的敵人而掉頭。雷伊泰灣動也不動地就在眼前，敵軍特遣艦隊卻到處跑，未必一定會攔截到，一切都是未知數。這樣做，是把全艦隊的命運賭在那未知數上。不是撤退，栗田艦隊正走向新的戰鬥。

在恩加尼奧角外海的小澤艦隊，不知道栗田艦隊在大和號作戰室，做出了尋找幻影特遣艦隊而要掉頭的決定，依然持續艱苦戰鬥著。在栗田艦隊即將就要掉頭前的十二點三十一分，移動到大淀號巡洋艦的小澤中將向全軍發出一份電報。

「自〇八三〇起至一〇〇〇時，遭受約一百架敵機來襲。有擊落十幾架的戰果。秋月號沉沒，多摩號脫隊，其他……」

戰艦大和號的收訊室也收到這份電報。時間是在下午二點三十分左右。但是，這份電報也沒送到栗田中將手上。令人產生「又來了，為何會如此？」的疑問。

總之，小澤長官報告中脫隊的多摩號巡洋艦，航速已恢復到十三節，獲命單艦返回沖繩，腳步踉蹌地離開了戰場。還有，一度陷入沉船危機的千代田號航艦，因為緊急滅火搶修措施奏效，控制住火勢，總算追上主隊，準備由五十鈴號巡洋艦拖航。搭乘日向號航空戰艦的松田千秋少將，命令救起千歲號的落海者。全軍都充滿著不讓一艘船艇沉沒的意志。而幸好在第二波與第三波攻擊之間間隔相當長，受損艦隻得以在其間進行頗為有效的搶修行動。

然而，小澤艦隊裡沒有人知道，那間隔是因為海爾賽突然決心掉頭的關係。如果不是因為這樣，大幅落後的小澤主隊、在南方海上漂流的千代田號、努力投入救援的五十鈴號與槙號，還有受傷的多摩號等四艦，就會被李少將的高速戰艦鎖定，遭到其四十公分主砲的猛烈砲轟。

不管怎樣，堪稱小澤艦隊第二部隊的松田支隊，面對第一波與第二波集中攻擊後，已經分散到不成艦隊的樣子。旗艦日向號只由霜月號單艦護航，為了與小澤中將指揮的主隊會合持續北上，而從五十鈴號與槙號的視野中消失了。

五十鈴號的竹下少尉對於十二點四十五分，得知「拖曳千代田號，前往沖繩中城灣」的命令時，吐出了「哎呀呀」的回應。就算他是最低階的軍官，也能推測要在激烈攻擊下進行拖曳作業，還有在敵軍潛艦橫行的太平洋上走完幾千海里距離抵達沖繩這件事，連用常識來講都知道是不可能辦到的。

但是命令就是命令，不能不遵守。而且從五十鈴號之後的奮鬥來看，很明顯他們是甘願遵守命令的。在五十鈴號靠近千代田號，在後方甲板準備拖曳時，雷達偵測到大隊敵軍飛機，立刻下令隨時全速待命，也就是命令輪機做好準備，當命令一下達就可以全速航行。又是空襲，但五十鈴號帶著堪稱致命傷的難題。在二十二日進行海上燃料補給之際，因為油管破損，五十鈴號只加了預定數量三分之一的油料就中止加油了。輪機科好比受傷的阿基里斯腱，提出意見說，就算是艦長命令，要是隨時全速待命的話，會馬上在海上動彈不得，希望改為隨時以二十六節速度待命。艦長松田源吾大佐仰望著天空，予以同意。

⚓

下午一點，大隊敵軍覆蓋天空，靠近小澤艦隊。在海爾賽離開戰場後，獲命指揮攻擊軍的密茲契中將用全力打了過來。馬侃第三十八．一特遣支隊在途中被拉去攻擊栗田艦隊，又因為海爾賽「公牛狂奔」的強烈影響，波根第三十八．二特遣支隊也被拉走。雖然兵力只剩總兵力的一半，也正因如此密茲契中將猛然燃燒鬥志，發動了一百六十架飛機組成的大編隊進行第三波總攻擊。在接獲艦載機隊總隊長發現敵軍艦隊報告的時候，密茲契把擱置至今的憤怒都塞進了電話機。

「幹掉航空母艦。擊沉那些活蹦亂跳的傢伙！」

此時在薩馬島外海，不幸的重巡洋艦鈴谷號的死期到了。從熊野號換乘過來的第七戰隊司令部，緊接在鈴谷號遭到轟炸、造成魚雷殉爆之後，已經再度遷移到利根號巡洋艦。彷彿司令部就是瘟神一般，換乘過去的重巡洋艦一艘接一艘遭逢不幸，利根號現在也因為船舵受損，而在同一處海面畫著大圓圈。儘管利根號現在沒有沉沒的疑慮，鈴谷號艦尾卻已經下沉了。夾雜著火焰的濃煙竄向艦橋，在下達棄艦撤離命令之後，艦上只剩艦長、通信長等四名軍官與負責緊急搶修的十幾名士官兵。在沖波號驅逐艦從海上救起落水者並同時守護之下，鈴谷號的艦首高高抬起，然後直接橫翻，一下子就沉入海底深淵，失去了蹤影。在前甲板上的艦長等留守人員被拋入海中。沖波號向大和號報告鈴谷號沉沒，該艦是栗田艦隊在薩馬島外海最初蒙受的損失。

⚓

密茲契中將指揮的艦載機隊，在小澤艦隊上空散開，準備攻擊。下午一點二十五分，鈴谷號身影在薩馬島外海消失的時候，此時已經逼近到距離雷伊泰灣還剩一小時多航程的栗田艦隊旗艦，大和號高聳的桅頂上揚起了一面信號旗。利根號脫隊後，依然持續的空襲也結束了，為了閃避敵人砲彈而大範圍散開的各艦，遵從旗艦傳來的命令。

「三百二十度方向，往右一起掉頭！」

時鐘指針的方向以正北方為零度，細細劃分東西南北。正南方是一百八十度。三百二十度方向，也就是北北西。艦隊一齊畫著大圓圈，背對著雷伊泰灣。

羽黑號艦務官長谷川少尉，聽到艦橋的戰隊司令部參謀頻頻說出「再戰一次！」的話。他對掉頭也沒有什麼大不了的感慨，早就已經捨棄對生命的執著。長谷川頻頻振奮起來呼喊的聲音，有種事到如今已經太遲的感覺，聲音聽起來也有點沮喪感。他不由得認為，參謀只是為了要抑制沮喪，而從嘴裡吐出一些強硬的話而已。

在戰鬥之中，有的只是震耳欲聾的砲擊、槍擊、轟炸的轟鳴聲。然而當喧囂過去，戰場就飄盪著無窮的虛無。官兵們被漫長到無法真實感覺到的戰鬥侵蝕了心靈，心靈變得混濁不清。他們感受到的就是毫無間斷的緊張感、疲勞、轟鳴聲與恐懼，還有滿身是血的死者、嚴重扭曲的鋼筋、彈痕，堆積的血。剩下的，就只有灰雲的飄流與完全的寂靜。

許多官兵得知要離開目的地雷伊泰灣口時，不自覺地說出：「啊，這下結束啦。」他們並非清楚知道什麼事情要結束了，只是概略感受到，撐住自己心中深處的那根棒子，突然發出「啪」的一聲，斷了。磯風號驅逐艦通信官越智少尉心中的感受，就像那樣。他那「什麼啊？沒有要攻進雷伊泰灣嗎？」

的實際感覺，比起艦隊掉頭跟有新的敵人攻來這兩件事相比，前者更為明顯。當在感受著那種令人掃興的事物的時候，越智清楚記得眼中的景象，是船舵受損的利根號在繞圈圈的可憐身影。

也有很多官兵咬牙切齒。眼前可以看到雷伊泰灣口的島影，戰鬥至此的意義就是等這一刻。不管是從距離看，還是從時間看，當狀況緊迫到如此地步，便無法克制自己的情緒了，他們想要早點做完工作回去。但要回去哪裡？不知道。他們只想要把該做的事做完回去。然而，該做的事情卻突然中止了。榛名號戰艦通信官榊原少尉滿腔怒火，「西村艦隊全軍覆沒，愛宕號、武藏號等艦艇也被幹掉了不是嗎？連幫他們復仇的仗都不打，來到這裡為什麼還無恥地回去？」

不知道作戰全般的大動態，也是讓他產生那種感覺的原因。然而，並非只有榊原一人在痛恨。年輕軍官們的憤怒，隨著雷伊泰灣的島影遠去愈加強烈，他們再度咬牙切齒。

也有像矢矧號巡洋艦的大坪少尉這樣，無時無刻捲進與敵機之間的肉搏戰，卻完全不知道艦隊在什麼時候掉了頭的人。他不是不知道，而是沒有意識到。他是以為艦隊在用之字航行前進嗎？的確，湧到栗田艦隊上方的敵機「打車輪戰」發動攻擊、打過來。根據紀錄，史登普隊的攻擊在十二點十五分左右結束，接著在一點十四分，大和號升起一齊向右轉的信號旗，全艦隊還沒掉頭完的時候，瞭望哨兵就目視確認了敵軍的大隊飛機。掉頭這件事，變成跟大坪毫無關係也是理所當然的。這位充滿活力的年輕軍官，相信艦隊正在往雷伊泰灣前進，而專心指揮著機槍群奮戰。

那一整天，映入大坪眼中的景象，幾乎只有從空中垂直俯衝下來、畫著白色星星徽章的機身。星星徽章從所有方向，一個接一個，抓住正確間隔衝了過來。大坪的視線不停地朝向天空，看著在上空等候輪流攻擊，以及結束投彈攻擊，尋求機會再進行機槍掃射的敵機部隊。如果他在那時被告知艦隊背對了雷伊泰灣，他會有多震驚、多憤恨？

不，那時候在上空也有為此震驚的人。下午一點三十分，馬侃第三十八．一特遣支隊的艦載機終於抵達戰場。他們被告知的目標，是往雷伊泰灣方向行駛的日本艦隊。但是，他們在戰場上看見的，卻是完全相反，背朝雷伊泰灣跑掉的艦隊。他們不能光是感到震驚，在超過二個半小時的飛行，累到筋疲力盡的最後，還是必須發動攻擊。大伙只是喊著「趕快、趕快」的命令，奪走了他們進行協同攻擊的餘裕。漢考克號、大黃蜂號以及胡蜂號三艘航空母艦的艦載機隊，各自分別一抵達戰場，就逕自展開攻勢。身在第一線，而且有最強支隊之稱的馬侃特遣支隊壯觀的大編隊攻擊，卻沒有值得一提的成果。除了幾次近爆彈以外，一次命中都沒有。

位在恩加尼奧角的小澤艦隊所受的空襲，就沒栗田艦隊的那麼輕鬆。攻擊從集中在瑞鶴號開始，下午一點三十分，列星頓號的十二架飛機協同艾賽克斯號的九架，一舉瞄準小澤艦隊中唯一的艦隊型航空母艦俯衝。魚雷轟炸機也貼著海面飛，把魚雷投了下來。

從在二公里外，終於變成近在咫尺位置的瑞鳳號上，清楚看見瑞鶴號的苦戰，如同戰鬥就在眼前發生一般。從開戰以來，瑞鶴號歷經三年，期間參加珍珠港、印度洋、珊瑚海、南太平洋，還有馬里亞納所有海、空戰，一直以來都是眨眼之間就把戰艦、航空母艦、重巡洋艦等敵艦擊沉的名艦。瑞鶴號的奮戰如今就這樣翻轉過去，命運要降臨在三萬噸的航空母艦身上。

然而，瑞鶴號一邊忍耐一邊吼叫著。全艦化成一陣巨大的咆哮。機槍、高射砲命中的聲響，全融合成一陣轟鳴聲，最後變成彷彿連血液都能凍結的爆震波，猛烈地向天空噴出。航空母艦的艙壁、地板因為砲彈與炸彈的膨脹、顫抖、搖晃。接著，航艦不知不覺地傾斜了。

瑞鳳號官兵帶著某種感觸，凝視那傾斜著、揚起白浪、原本全力衝刺，卻漸漸開始慢下來的航空母艦瑞鶴號，他們像是發現了什麼、驚訝地瞪大了眼睛。瑞鳳號官兵沒有聽到轟鳴聲，也沒有看到水柱、火焰、黑煙。他們被瑞鶴號的巨大艦體壓倒，跟瑞鳳號相比，瑞鶴號是何等巨大。因為傾斜了，才首度可以從體型較小的瑞鳳號上面看見其飛行甲板全貌。那艘巨大航空母艦終於停駛，然後開始掙扎。

瑞鶴號的高射砲指揮官峯少尉發現敵機已經擊垮瑞鶴號後，並開始把目標移到瑞鳳號後，他知道自己的航空母艦的死期到了，沒有樂觀思考的餘地了。士兵默默盯著峯少尉看，他的臉上浮現混亂、興奮、悽慘的可怕神色。他認為，在這時得要振作。雖然他被長官告知，艦艇沉了就沒救了，要有心理準備，自己也一直對下屬這樣講。但是他知道，在終於接近那個時刻的時候，再怎麼鞏固心理準備，結果都是沒用的。人會產生恐懼心理，害怕游泳，就算想要避免，也非自己力量所能及。峯真佐雄認為，沒有選擇生或死的自由，只能繃緊神經持續瞪著遠方海洋。儘管他意識到下屬的目光，卻裝作若無其事，把視線投向海洋。

航海官近松少尉在艦橋下方的電話室，一直被下屬注視著。艦艇傾斜幅度急速增加，船身慣常傳來的微微震動，也在不知不覺間中斷了。從舷窗往外看的士兵說：「本艦停住了。」傾斜已經超過十五度，好幾張蒼白的臉孔出現在還有些許燈光的艙間。近松思考自己身為指揮幹部的立場，所謂負責任是指做決定嗎？現在的狀況，是要他決定什麼呢？是要在所有人員都不認為自己的船艦會沉的時候，傳達說本艦要沉了嗎？年輕少尉說：「不要慌，冷靜。」比他年長的下屬回答道：「是。」

近松突然唱起歌來。

是男人的話　是男人的話
在最後一刻　不要急　不要吵
艦艇傾斜　燈光熄滅
陛下萬歲　到處響起……

近松說：「你們也知道這首歌吧。」那同時也是在告訴他自己，「現在正是時候。聽好了，所有人一起接著唱下去。」

⚓

在更南方一點的海面上，五十鈴號巡洋艦對千代田號航艦發出訊號：「要暫緩拖曳。」然後跟四架敵機戰鬥，將之擊退。接著又慢慢地靠近千代田號。儘管千代田號是輕型航空母艦，以五十鈴號的角度看，卻像是山一般的鋼鐵巨艦。千代田號在敵機亂飛的海面上任憑風吹潮推，動也不動的樣子，反而有陰氣逼人之感。

這段期間，五十鈴號的艦橋上正迅速地計算。即使是用十二節速度拖曳，燃料也會在還沒有到達中城灣之前就耗盡。艦長立刻請求日向號航空戰艦安排在途中加油，但日向號的司令官很快就放棄了，答覆說：「看情況收容千代田號官兵之後加以處分，到北方退避。」

然而，五十鈴號沒有放棄。這恐怕是有沒有在現場親眼目睹千代田號的人的差別。他們認為，不能忍受就這樣把窮盡所能拚死搏鬥而恢復生機的千代田號給弄沉。如果只有油料問題的話，總會有什麼辦法可想。

「貴艦能伸出拖曳用纜繩嗎？」

千代田號傳回表示「可以」的回覆。兩艦將要合力打開活路。

在薩馬島外海，捷一號作戰離成功只差一步的地方，終於還是挫敗了，並正急速走向完結。然而，在恩加尼奧角，無法避免的危機還要持續來襲一段時間，而且還有擴大、加強的傾向。敵人攻來的危機，會從空中，還有從海上……因為密茲契中將判斷兩支特遣支隊實在衝過頭了，所以要把分布在整個戰線區域內的巨大航空母艦集中起來，停止繼續北上的行動。但他下令要杜伯斯的重巡洋艦區隊前進，「要掃蕩受損、漂流的敵艦」。究竟是五十鈴號會成功拖走千代田號，還是杜伯斯的重巡洋艦會追擊成功，如今變成了在時間上的競賽。

2

十四點到十六點

堪稱日本機動部隊驕傲的航空母艦瑞鶴號，終於耗盡力量。擔任誘餌艦隊旗艦，履行了極度悲壯的任務，如今到了結束的時候了。戰鬥旗還在艦橋前方亮麗地飄揚著。艦長貝塚少將向搭乘大淀號的小澤中將發出訣別的手旗信號。

「本艦傾斜四十度，沒有機會保住。全體官兵奮勇戰鬥到最後。祈求長官武運長久。」

在傾斜的飛行甲板上列隊的瑞鶴號官兵向軍艦旗敬禮，旗幟在刺眼的南海午後陽光照耀下，緩緩地降下。艦長發出棄艦撤離命令的同時，拉高分貝對排在旁邊的年輕少尉、中尉等軍官說：「你們還年輕，立刻從艦上撤離，不可以死。活到最後，奉公報國，這是艦長的命令。艦長會在你們都下去之後從艦上撤離。我的命令，不准死。」

被命令要活下去，年輕軍官們打從心底想：「好，活下去吧。」他們已經變得不怕沉沒、漩渦、漂流、油汙這些事了。一直想著「不是要沉了嗎？」「不是要死了嗎？」反而會一直在心裡造成恐懼。身經百戰的航海長補充說：「你們快點走。脫了鞋子再走，不然會不好游泳。綁腿也拆了比較好。」

在不可思議的寂靜中，隨著時間經過，傾斜的艦內，只有滾動的空彈殼發出吵雜的金屬聲響。瑞鶴號三萬噸巨大身軀周圍的海水，因為艦內火勢噴出的氣體與滲水造成的泡沫而激烈地湧動。艦長再度催促年輕軍官們活下去，說：「泡泡像那樣冒出來了的話，船艦撐不久了。從艦上撤離，趕快。」

年輕軍官互相看了彼此，然後對艦長舉手敬禮道別。高射砲指揮官峯少尉、艦務官釘貫一郎少尉、聲納官石川壽雄少尉、雷達官戶村靖少尉、航海官近松少尉等海軍兵學校七十三期的年輕少尉聚集在其中。他們依照命令脫掉鞋子，拆掉綁腿。飛行甲板傾斜到無法直線步行了。而即使到了這個時候，也沒有人能輕易跳進海裡。有一部分原因，是他們對從高處看見冒泡泡的水面感到恐懼。不管是誰，或許心裡也都湧起了很難跟一起作戰至今的瑞鶴號分離的惋惜之情。

近松少尉對釘貫少尉說：「釘貫，你是當艦務官的，第一個跳進去，來帶領大家。軍官跳進去的話，士官也會跟著來。」釘貫少尉大力點頭，悲痛地喊：「大家跟著我，不要拖拖拉拉。」釘貫率先縱身跳進海中，眾人彷彿像是把少尉此舉當成暗號般，開始從艦上撤離，海洋溫柔地迎接了他們。

石川少尉在飛行甲板邊緣，再度對著艦橋舉手敬禮。跟他並排站著的戶村少尉，也對著艦橋，或者是現在已經完全停止動作的雷達，做最後的道別。在他們仰望的艦橋作戰室裡面，貝塚艦長在雙手纏上兩條白色布帶，親自將其末端綁在扶手上，並靜靜地戴上帽子。

在下沉而去的瑞鶴號旁邊，兩艘驅逐艦在繞圈警戒。他們跟已經沉沒的秋月號驅逐艦，都是日本海軍為了保護航空母艦而建造的防空驅逐艦。主砲是十公分高射砲，可以九十度、也就是對正上方射擊。加上補足火力的十五公厘機槍，數量有四十到五十挺。日本想出用一、二百架航空母艦艦載機壓制天空，往敵人襲擊過去的海空戰法，卻反過來為了保護航空母艦而做了全身配備了等同於刺蝟般防空砲火的軍艦。然而，如果防空戰鬥結束，若月號與初月號還必須努力做好自己的另一項工作──因為盡快救出落海者也是驅逐艦的重要任務。

瑞鶴號沉沒了，時間是下午二點四十分。漂浮在浪間的官兵遠遠圍住瑞鶴號，邊踩水游泳邊注視著這幅景象。悽慘地被扯裂、扭曲的鋼板，被走到西邊的太陽照射而發亮得令人覺得詭異。瑞鶴號用緩慢的速度，把看起來很重的艦首給抬了起來，就這樣毫不遲疑地沒入海面。那沉沒的樣子，不管用爆炸沉沒或是擊沉等軍事用語稱之都不適當。官兵們一想到剛不久之前還有二千多名官兵將生死託付給那艘軍艦，心裡就湧起了無法用言語形容的悲傷與懷念。許多官兵把臉浸在海裡哭泣，峯少尉也哭了。峯少尉不停地哭泣著，跟著不知道是誰先大聲唱起，海上頓時傳來軍歌《海行兮》的歌聲。

從浪間望見若月號與初月號開始救助作業時，峯少尉想起了兵學校同期在同一分隊，眉頭很緊的土屋幸次少尉的面孔。他想，反正都是要被撈起來的話，「那就給有土屋在的若月號撈吧。」懷念同期的存在，之後將會拯救峯少尉的生命。雖然若月號跟初月號都是同級艦，但是用白色油漆在煙囪畫上鉢卷頭巾的形狀來標示兩艦身分，二號艦之後以○△×來分別。峯少尉緊盯從浪間若隱若現的若月號煙囪，然後以該艦為目標開始奮力游泳。

⚓

栗田艦隊士氣消沉。從他們開始掉頭北上，已經過了二小時，他們卻未能看見期待會遭遇的敵軍特遣艦隊。要記錄這段期間艦隊官兵在想什麼、感受到什麼，幾乎是不可能的。因為從清晨開始追擊敵人航空母艦的印象實在太鮮明，中止攻擊然後集合的悔恨實在太強烈，而且明明就在眼前看到雷伊泰的島影，卻掉頭北上的記憶還清清楚楚地留著殘影。跟那些相比，北上的這二小時，是在這一段時間以來，缺乏明確任務目標之時。全艦隊被一股疲勞沉重給覆蓋住，敵機不間斷地襲擊他們。總算接近栗田艦隊的馬侃特遣支隊的第二波、第三波攻擊，帶著魚雷，一架接一架往戰場聚集。

栗田艦隊穩穩地排成圓形編隊，在敵軍來襲時完美地反擊，將之擊退。因為連日來的防空戰鬥，技巧提升是大家有目共睹的。而且最重要的，是全體官兵都變勇敢了。就算說他們擊落的敵機數量比起布延海的時候倍增，也非言過其實。

不知道這已經是第幾次的空襲了，早霜號驅逐艦的山口少尉聽到下達防空戰鬥的廣播聲就衝了出去，抵達在艦橋與砲塔間的二連裝機槍台就定位。他曾經把自己那個倍率七倍的望遠鏡忘在艦橋過，如今他把望遠鏡掛在脖子上，戴著鋼盔，拉緊顎帶，拿指揮棒，完成了戰鬥準備。雖然望遠鏡不會在戰鬥時直接派上用場，但他發現自己只因為沒有把望遠鏡掛在脖子上，就無法冷靜下來。從脖子到胸前感受到的重量，是如何將他從恐懼與顫抖中拯救出來的？山口對艦橋的窗戶大喊：「信號手，把我的望遠鏡拿過來。」山口接住水兵長用繩子從窗戶垂放下來的望遠鏡，然後掛上脖子的時候，才沉穩地意識到著裝完畢，再度感覺到能夠勇氣百倍地面對敵機。

栗田艦隊的官兵，對空襲感到如此習慣，冷靜地迅速因應，頑強地持續戰鬥。據說在戰場上，神經會麻痺，會有膽小的人突然變成勇者，常人做出超人行動的情況，但至少栗田艦隊的官兵沒有出現這般異常。每個人都既不是勇者，也不是超人。他們不過是依照訓練、堅守各自崗位。把巨砲送到雷伊泰灣的這項義務已經結束，所以各艦專心保護自己。也是因為如此，許多近距離引爆的魚雷、炸彈、砲彈落在各艦，絕大部分艦艇都帶著破損的洞口，拖著長長的油跡尾巴。不光是艦艇，人員損傷隨著時間的流逝也在逐漸擴大中。

「戰鬥之後剩下的盡是沒價值的東西。因為，優秀的人已經死了。」

這不知道是誰說的話，但是所有官兵都深深感受到這句話的分量。是什麼分別了他們的死與自己的生呢？各艦軍醫的白袍染上鮮血，幾乎沒留下白色布料的空間，甚至很多軍醫都犧牲了。要說生存下來的軍醫從早做到晚的事情，就盡是急救手術。手術台周邊，放著塞滿失去主人的手、腳的桶子，桶子裝不下去的，就到處丟在地上。

官兵不知道空襲何時會結束。但確定空襲會持續到黃昏。不僅如此，他們認為應該要跟它拚命，要死得光榮，最後卻還是不見敵軍航空母艦影子，只見灰色的天空跟深綠色的海洋。不知不覺間，疲勞、飢餓、麻木感陸續襲來，在官兵的意識深處，開始對反覆進行的生死之戰產生嫌惡感。確實是沒有發生什麼事情可以讓艦隊感到高興、可以提高士氣的。

但並非完全如此，利根號的歸來就是一項喜訊。利根號的船舵受損，被留在遙遠的南方海上。原本以為可能要自沉了，舵機最後卻自力修復完成，並用三十節高速追了上來。正是因為所有人都快要放棄與利根號再度相見，所以誠心為他們的努力鼓掌。利根號明顯地向右傾斜，然而，能夠開出三十節高速，也沒必要對利根號的狀況感到不安了。利根號上的兒島少尉在加入主隊圓形編隊的時候，安心感滿滿，還有對某個人感到強烈感謝的心情。他再度與羽黑號並肩而行的同時，一時間被內心深處的感動給撼動。

⚓

另一項喜悅應該是在快到三點前，官兵們看到從遠處發出友軍識別訊號靠近的兩架日本飛機。這是在進入戰鬥海域以來，他們第一次看到機翼上的日之丸。所謂捷一號作戰，不是在跟陸上基地的航空隊合作這項前提下，堅決實施的大作戰嗎？但是在三天來的戰鬥裡，他們連一次都沒有看到期盼的日之丸。正因如此，那鮮豔的紅色強烈地刺激海軍官兵們的眼睛。兩架飛機拉高高度，就這樣往東邊的天空消失，在轟鳴聲消失之後，官兵們還是一動也不動地注視著寂靜的天空。榛名號戰艦的榊原少尉覺得，他們才是為了進行必殺攻擊而出擊的吧。才用兩架飛機……不，現在的情況，飛機數量不是問題。僅僅兩架，現在也都成了希望之星。光是這片廣闊的天空裡，有畫著日之丸的飛機在飛就夠了，官兵們就已經熱淚盈眶了。

在恩加尼奧角的小澤艦隊，卻連那種希望的碎片都沒有。在第三波將近二百架飛機，長達三、四十分的大空襲裡，失去了瑞鶴號。唯一健在的瑞鳳號位在水面下的腹部，現在也被近距離引爆的炸彈、魚雷破片打中，各處浸水中，準備好的二百個木栓也都用完了。水兵們認為，要是再有下一次空襲，恐怕就再也活不下去了。他們下定最後的決心，只要空中有機影，他們就挺身而出拿槍防禦。敵軍離開，他們立刻搖身一變成緊急搶修班。這不是像所謂玉碎那樣絕望的事情，而是只要艦艇浮著、還活著，就只有堅決戰鬥的戰鬥精神牢牢地撐著他們。

然而，剩下的時間實在太短。過了下午三點，第四波攻擊有二十七架以上飛機，以瑞鳳號為中心，前來攻擊小澤艦隊，瑞鳳號的末日到了。後方被一枚魚雷擊中，第二鍋爐室浸水，陷入無法航行的狀態。艦艇停止的時候，死亡會急速到來。通信官阿部少尉在他的通訊室聽到「全體到上甲板去」的命令。在他的記憶中情況是這樣，「艦內電源屢屢受到損傷，那時候電燈熄了，但是下撤離命令的時候，是用別的電源供電。」那也是瑞鳳號拚死點亮的生命之光。

阿部少尉等人在那道亮光底下將密碼本裝入袋，集中到一處艙間。他們出奇冷靜，並決定不要在房間裡留下任何慌忙逃生的證據，到了最後還把身邊散亂的文件跟紙屑撿好。在集中存放密碼本的房間嚴密關好的時候，阿部少尉體驗到極為寂寞的心情，「自己的戰鬥就這樣結束了」。活著的人全部在飛行甲板上整隊，官兵從漸漸浸水而變得危險的崗位上來到飛行甲板。雖然上甲板的戰鬥造成了相當多的傷亡，但艦內沒有受到大幅損傷。瑞鳳號如同其名，也是吉祥的飛鳥。九百一十一名官兵中，大部分都在甲板上列隊，吹奏《君之代》的喇叭聲響遍敗北之海，軍艦旗從桅頂被降下來。官兵在艦長杉浦矩郎大佐帶領下，對著祖國的方向呼喊三聲萬歲。唯一一艘免於破損的小艇被放了下來，天皇玉照跟軍艦旗被慎重保護著裝載上去，然後負傷者也搬了上去。瑞鳳號已經做好面對死亡的所有準備。

不知是否是在等待瑞鳳號做好赴死的準備。一架美軍魚雷轟炸機在悄悄靠近後，對停航的瑞鳳號前部發射魚雷。後方因為已經浸水而負有重擔，前方又被魚雷擊中，大量浸水導致航空母艦勉為其難保持住的平衡，一舉崩潰了。儘管瑞鳳號的艦體拚死忍耐著，但還是有其極限。螺栓接連折斷，外板被扯碎。一萬三千噸的輕型航空母艦開始滑倒，安靜、順暢地被拉進海裡，看起來就只像是摔了一跤、滑倒而已。

儘管沉沒時，巨艦通常會產生颶風般的漩渦，把在附近游泳的人都捲進去，但瑞鳳號的情況並非如此。艦體從中間折斷，呈V字形折成兩段，在順暢地滑倒的期間，把附近的水往上、往外推開。不僅是已經跳進海裡的人們沒有被捲進去，連還依依不捨留在艦上的人也是，他們像是被溫柔地照顧著一般，被帶上大浪，遠遠帶離自己的船艦。

阿部少尉也在跳進海裡開始游泳的時候，往背後方向眺望看著母艦的艦首艦尾高高抬起的景象，他想說艦體會不會折成兩截啊，就馬上被大浪由下往上沖，身體被遠遠地彈了出去。他體會到被教導要注意不被漩渦捲進去，反倒被波浪所救、帶到遠處，這種著實不協調的感覺。

瑞鳳號在三點二十七分沉沒了，小澤艦隊的航空母艦，只剩下動力停止卻還依然在南方遠處海上瀕死苦戰的千代田號了。艦隊隊形紊亂，分散在五、六十海里範圍。南起分別有：為千代田號警戒的五十鈴號與槙號、單艦踉蹌著卻持續北上的多摩號、帶著霜月號要跟主隊會合而在趕路的日向號、在瑞鶴號沉沒海域持續救援的若月號與初月號，還有主隊的大淀號、伊勢號、日向號，救起瑞鳳號的生還者。大家都是在孤軍奮鬥。

用二十七節航速追擊的杜伯斯重巡洋艦區隊，此時終於勾到作戰海域的南端。這是一片油汙之海，落海者在這片海上零零落落地漂浮著。有些人快死了，也有人看似能活下來。臉朝下的屍體在艦艇附近漂著。這道照亮死者上方的亮光是怎麼回事？驅逐艦被派遣過來，只從海上撈起日軍的落水者。而被擊落的飛行員，在橡皮艇上焦急地等待救援之手。

3

十六點到十八點

時間來到了下午四點。海爾賽在紐澤西號艦橋上，焦急地等待戰艦完成替驅逐艦的海上加油，就算只有提早一秒也好。艦隊用二十節速度南下救援的腳步，因為同行驅逐艦告知燃料不足，不得不降到十二節。海爾賽對於不在他最初計算當中的突發事件勉強忍住不發脾氣。這段期間，金凱德中將傳來的電報也接二連三送到他手上。在收到「敵軍看起來在撤離」。但是依然需要救援」，以為事態可能暫時好轉了，過後又傳來「敵軍艦隊正在前往雷伊泰灣。許多護航航空母艦支隊的艦載機受損，航空母艦將到灣內掩蔽。水面戰鬥部隊的燃料、彈藥都不夠，請求緊急救援」的哀號。他在想，雷伊泰灣到底怎樣了？

下午四點過了幾分鐘後，海爾賽徹底發火，他已經等不了了。他在加油還沒結束的時候，就強行下了命令。他以李中將所屬部隊中的旗艦紐澤西號與愛荷華號兩艘快速戰艦為中心編組分隊，納入輕巡洋艦、八艘驅逐艦。命令剩下的船完成加油後立刻趕上。海爾賽親自指揮，衝了出去。

「航向南方。速度二十八節。做加速到三十節的準備，準備夜戰。」

海爾賽在旗艦艦橋上叫喊著，他通知金凱德，救援可能會在隔天凌晨一點前抵達聖貝納迪諾海峽。雖然之後他收到對方送來令人心安的電報，寫說：「日本艦隊在往聖貝納迪諾海峽方向撤退，有數艘受損艦艇在薩馬島外海漂流中。」但海爾賽對電報不屑一顧，帶領兩艘戰艦，為了摧毀有四艘戰艦、兩艘重巡洋艦的栗田艦隊而一心南下。對他而言，恐怕根本沒想過什麼勝負問題。

此時，來自馬侃特遣支隊的艦載機，正不斷猛攻將被海爾賽摧毀的栗田艦隊。

過了下午四點，艦載機隊終於首度拿出像樣的戰果，早霜號驅逐艦抽到了下下籤。通信官山口少尉回憶，敵人這次看起來連對驅逐艦都是來真的了，事情就緊接在這之後發生。驅逐艦左右扭動，躲避飛機俯衝，沒有任何拖延或些微的顯著失誤。但是，一枚接一枚掉下來近距離引爆的炸彈，破片劃過天空飛行，山口臉上感覺好像沾滿了血。雖然山口最後平安無事，早霜號卻身受重傷。迴轉羅盤故障、輪機受損，航速掉得很快。

僚艦秋霜號擔心早霜號的情況，右滿舵劃了個大圓，來到早霜號的右舷並排航行。四艘名字有霜字的驅逐艦一起在捷一號作戰出擊，朝霜號已經與受傷的高雄號巡洋艦一起回到汶萊灣。清霜號救出武藏號的生還者後，也跟濱風號一起前往科隆灣。只剩早霜號、秋霜號兩艘在戰場，但她們的同僚已經命喪火海。

兩艦相接，中間隔著翻騰的海洋。然而，兩艦在安定心情的停泊、嚴格的訓練，以及賭上生命的戰鬥中，都一直合力並肩彼此相助。四艘驅逐艦從昭和十八年（一九四三年）十一月（朝霜號完工）開始，到戰況已經去到極限的昭和十九年（一九四四年）九月（清霜號完工），每隔三個月就完成一艘。那時的戰鬥情勢已經走向苦難，每一艘霜字號戰艦，連一天美麗的春日陽光照射、秋天月下靜靜隨浪漂搖的安靜時光都沒有享受過。他們立刻被丟進激烈的戰火中持續戰鬥，而在這般連續苦難的盡頭，現在有一艘在眼前負傷，正要脫離隊伍。

秋霜號詢問：「欲知貴艦損傷狀況。」

山口少尉突然快要掉淚。早霜號回答：「你先走。我能夠獨自航行。」官兵們燃燒著高昂的敢鬥精神，對輪機故障不以為意。

在恩加尼奧角外海的千代田號，並無法像早霜號那樣，靠自己的力量生存下去。現在五十鈴號必須放棄讓千代田號活下去的努力。可能是因為所在位置離敵軍特遣艦隊最近，所以五十鈴號不斷受到敵軍的空襲。該艦只是被區區一枚小型炸彈擊中，艦橋的電路系統就遭到破壞。用人類來比喻，就是五十鈴號的神經被切斷了。羅盤停了，高射砲跟船舵也因為電流停了，無法作動。立刻切換成人力操舵，撐過緊急情況。但這樣子，就完全不可能在空襲下拖曳千代田號了。

槙號與五十鈴號都試圖與停航的千代田號接舷讓人員換乘，但空襲依然激烈，而且槙號被炸彈擊中起火。如果就這樣待下去，一定會三艘一起遭逢全軍覆沒的慘劇。充滿鬥志的松田艦長認為，事到如今，沒辦法了。他也做出了決定。

松田艦長向旗艦日向號報告：「因空襲無法拖曳千代田號。本艦暫時退避。等待夜晚負責救援，若狀況惡劣，將在救起人員後處置船體。」他也對千代田號傳達這個意思，開始與槙號往北方後退，時間大約是在離四點四十分還有一段時間的時候，而在之後發生了只能說是命運弄人的戰鬥。儘管不論敵軍還是友軍，在當時都沒有預期到……

事情是發生在結束攻擊返航的美國航母艦載機，看到從地平線另一端北上過來的友軍重巡洋艦部隊的時候開始。飛機立刻掉頭回到戰場，馬上就在稍微往北去的地方，發現一艘日軍輕巡洋艦並通報位置，時間是下午四點。戰鬥在四十分鐘之後發生。加快速度追擊過來的杜伯斯重巡洋艦區隊，在射程內捕捉到一艘航空母艦，而非輕巡洋艦。他們欣喜若狂。美軍重巡洋艦在距離一萬八千公尺處開始砲擊，然後在接近到一萬四千公尺時，輕巡洋艦也開始砲擊。日本航空母艦勇敢地應戰，但火砲的射程短，只能在前方近處揚起水柱。

不由分說，航空母艦一瞬間被火焰包覆，卻依然沒有停止反擊。杜伯斯少將中止砲擊，計畫要驅逐艦部隊攻擊，用魚雷做致命的一擊。儘管驅逐艦部隊歡欣鼓舞地勇敢前進，卻沒有得到可以發射魚雷的機會。

航空母艦向天空噴著黑煙，正在沉沒，火焰牆完全覆蓋住飛行甲板。夕陽用慘烈的美，照映往上噴起的火花之舞。艦艇若是有心、有靈魂的話，航空母艦可能也會想要在耀眼光芒中亂舞，寂靜無聲地往海底沉下去。

海洋跟天空都是藍色，像是滲遍心裡一樣的一片藍色，只有在西邊的地平線上碎散漂流的雲朵被染成了橘色。還有少數的生還者在浪間漂浮，他們不喜歡被靠近過來的美國驅逐艦救起。還有體力的日本兵，從口中說出「NO」的強烈拒絕聲此起彼落。比起被救，他們寧願就此化作這片壯麗的蔚藍之海。

持續北上的五十鈴號艦橋上，看到南方地平線竄起一縷黑煙。官兵認為，應該是被留下的千代田號，孤獨一艦遭到敵機密集攻擊，但他們沒想到那居然是砲擊戰。艦橋被關在暗淡的氣氛中，現在是五十鈴號自己必須對來自四面八方的敵機拚死應戰的時候，悲壯之感化作對敵機的激烈抵抗。

這時候，第五波共一百二十架以上，針對小澤艦隊分散四處的船艦攻擊要開始了。第六波三十架也幾乎沒有間隔多久就來襲。失去航空母艦的艦隊，主要是由伊勢號航空戰艦負責擔任攻擊主力。伊勢號驚人地奮戰著，閃避了十八枚魚雷，四十枚以上的炸彈。雖然無數近爆彈造成損傷、浸水，卻還是精采漂亮地防止了每一道損害變成致命傷，直到最後。伊勢號標定官高田少尉，派了許多下屬去支援瞭望哨兵或是機槍班兵，自己指揮幾位下屬用陸戰用機槍奮戰到最後。全部的機槍都熱到發紅，他們在兩波空襲之間把機槍放進洗衣桶，用水充分冷卻，然後又拚命射擊。戰鬥需要槍，也需要人跟水。到處都固定著裝滿水的洗衣桶。此外，還準備了汽水。一手拿著指揮棒的少尉連打開瓶蓋的時間都沒有，就把瓶子前端往鋼板上敲。汽水一下就噴灑出來，卻一滴都沒有進到喉嚨，他翻了白眼。

雖然伊勢號只有左舷後部的水上飛機彈射器被一枚炸彈直接擊中，卻因為眾多的近爆彈導致船體浸水，開始有些微傾斜。儘管只有傾斜四度還是五度，高田少尉卻感覺「像是在爬山」。

小澤中將搭乘的大淀號，艦首雖然也被一枚炸彈直接擊中，但在前部彈藥庫注水防止殉爆後，依然健在、持續戰鬥。航海官森脇少尉，一直在艦橋看著戰鬥進行。他看著在艦橋下方奮鬥的同期——高射砲指揮官草間四郎少尉大顯身手，他已經著急得受不了了。不能殺死這位高大、紅臉、因為額頭皺紋有點像猴子、說話嗓音粗啞卻傳得很遠的秀才朋友。森脇少尉一從艦橋窗戶探出身體就喊：「草間，那邊！那邊！」開始用長棒子指示敵機方向。他並不是因為被誰命令才這樣做的。如果說有誰命令他的話，就是所謂的友情。草間少尉好像嚇了一跳，回頭往上看，像是說「喔！」一樣地舉起手，露出白色牙齒。在海上戰鬥中的心意交換，這樣就夠了。

然而，戰鬥屢屢蓋過森脇少尉的叫喊聲。轟鳴聲尖銳地讓人明顯知道哪些是炸彈的爆炸聲、飛機俯衝的尖銳高音，還有到處亂跳的機槍槍響。敵機以艦橋為中心用機槍掃射，槍彈像灑金粉一樣在森脇眼前發亮、交錯亂飛。當其中一枚槍彈打中他掛在脖子上的望遠鏡彈開的時候，森脇嚇出整背冷汗。

美軍對小澤艦隊發動的空襲，到第六次才結束。根據紀錄，來襲飛機數量總計五百二十七架，戰鬥時間約十小時，敵軍跟友軍都疲累不堪。美軍艦載機當中，也有在錫布延海跟栗田艦隊打過，在蘇祿海跟志摩艦隊打過，然後在恩加尼奧角外海跟小澤艦隊打過還生存下來的。的確，戰鬥會奪走所有人的人性。鼓膜因為爆炸聲破了，眼睛在爆炸跟硝煙中受傷作痛，海跟天空看起來都像在震盪。身體發熱到令人感到慵懶，臉上一整天都是象徵淒慘的黑色，還沾黏著海鹽。對時間、空間的感覺失常，一切都在渾然忘我中消失。現在想著的事，到下一個瞬間就忘掉了。儘管發生這些事是正常的，但每個人卻都變得不正常了。

在南海太陽下進行一整天的漫長戰鬥結束了，暮色逼近這極度寂靜之海。夕陽將要西下，把吞噬了幾千將兵與艦艇的海洋，染成一片血般的紅色。只有艦首劃開的浪頭，在敗北之海上映出白色。官兵們讓略為冒汗的臉頰跟濕掉的衣服吹吹風。激烈到讓人失去時間感受的這一天結束了，就連一秒要過多久都完全沒有概念。那接著迎來的，真的會是一秒就是一秒的安穩時間嗎？戰鬥結束了。無論如何，到此時為止，人們是活下來了。

4

十八點到二十點

前英國首相邱吉爾在他的著作《第二次世界大戰回憶錄》中寫道：「栗田的腦袋是有可能因為各種事件壓迫而產生混亂的。總之，旗艦在長達三天期間裡被不斷攻擊，蒙受重大損傷。不管有沒有從汶萊出發，都是要被擊沉的。只有經歷過同樣試煉的人，可以評判栗田。」

邱吉爾那樣寫是對的。但是，栗田中將在下午六點之前應該還沒有陷入混亂。此時栗田中將描繪的構想：「艦隊已經到了聖貝納迪諾海峽附近。要在日落前到達海峽入口，趁黑通過此處，盡可能往西衝躲避隔天的敵軍攻擊。」沒在夜間通過海峽的話，艦隊隔天就會遭逢全軍覆沒的慘劇。驅逐艦的燃料，連要返回汶萊都不夠用。在這樣的狀況下，雷伊泰灣在栗田的腦中被遺忘也是不得已的。但是，要賭上全滅的攻擊精神也被忘記了嗎？不惜一切損傷的捷一號作戰真正目的，已經不存在栗田的腦海裡了嗎？他所想的，只有保存那一日菲律賓被奪，就會失去存在意義的聯合艦隊這一檔事嗎？還是他因為勝利的喜悅而得意洋洋？

下午六點過後，殘存的十五艦組成的編隊，為了要進入聖貝納迪諾海峽而重新排成單縱隊形，這時聯合艦隊司令長官的命令送到了栗田中將手上。

「今夜若有可乘之機，第一游擊部隊就捕捉、擊滅殘存的敵人。其餘部隊於右策應。今夜若無機會，機動部隊與第一游擊部隊就依指揮官律定返航前往補給地點。」（下午四點四十七分發出。）

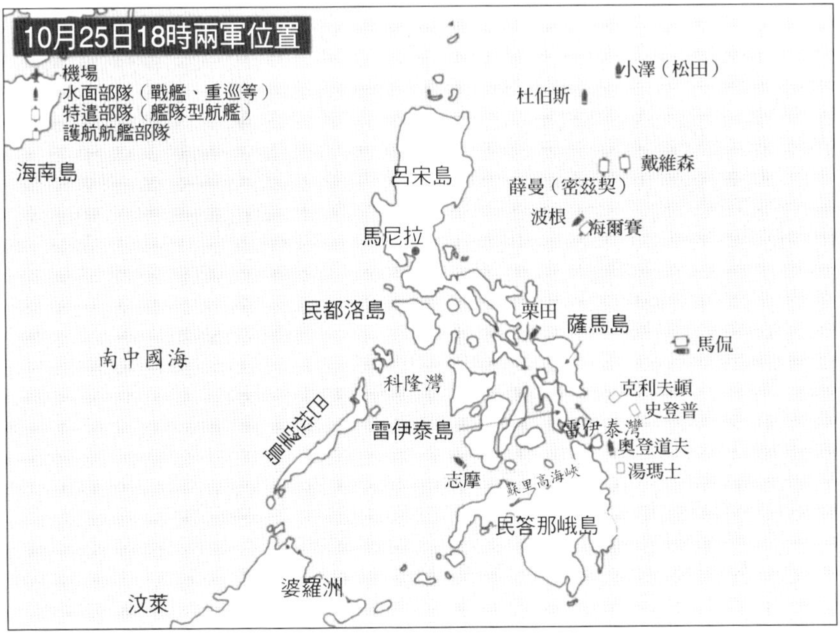

然而，不可能會有可乘之機的。捕捉、擊滅殘存的敵人，更是夢上加夢。反而只有為了不要被敵人捕捉、擊滅，通過海峽，一直往西猛衝才是該走之路。就這樣，栗田艦隊用二十二節速度進入聖貝納迪諾海峽。從海峽開始往東無限延伸的海上，色彩開始靜靜地展現變化。薩馬島染上紫色，當它變成淺灰色，南十字星不久後就會開始在上空閃爍。十五艦連反潛警戒的之字航行都沒有做，只顧著往西就是了。

⚓

到了這時，各艦才開始分發晚餐的戰鬥口糧。磯風號的口糧是粥，雖然是單調的鹽味，但有直接讓人感到活著的溫暖味道。通信官越智少尉啜飲著粥，心想：「這樣就算吃過飯啦。全都結束啦。」

⚓

榛名號榊原少尉在想，「被告知說要返回汶萊的航線，跟昨天完全一樣，所以天亮就會遭到空襲。」這種狀況實在不太好說。榊原認為：「明天是明天的事。今天是今天。」原本應該要跟航空母艦對決而死，卻不知道什麼原因，最後變成為撤退而死，他有點不滿。

栗田艦隊就這樣混進二十五日的薄暮消失了，但小澤艦隊卻不能直接從北方海面上深邃黑暗的夜裡消失。他們依然要在寬闊分散的海域，盡全力救援生還者。

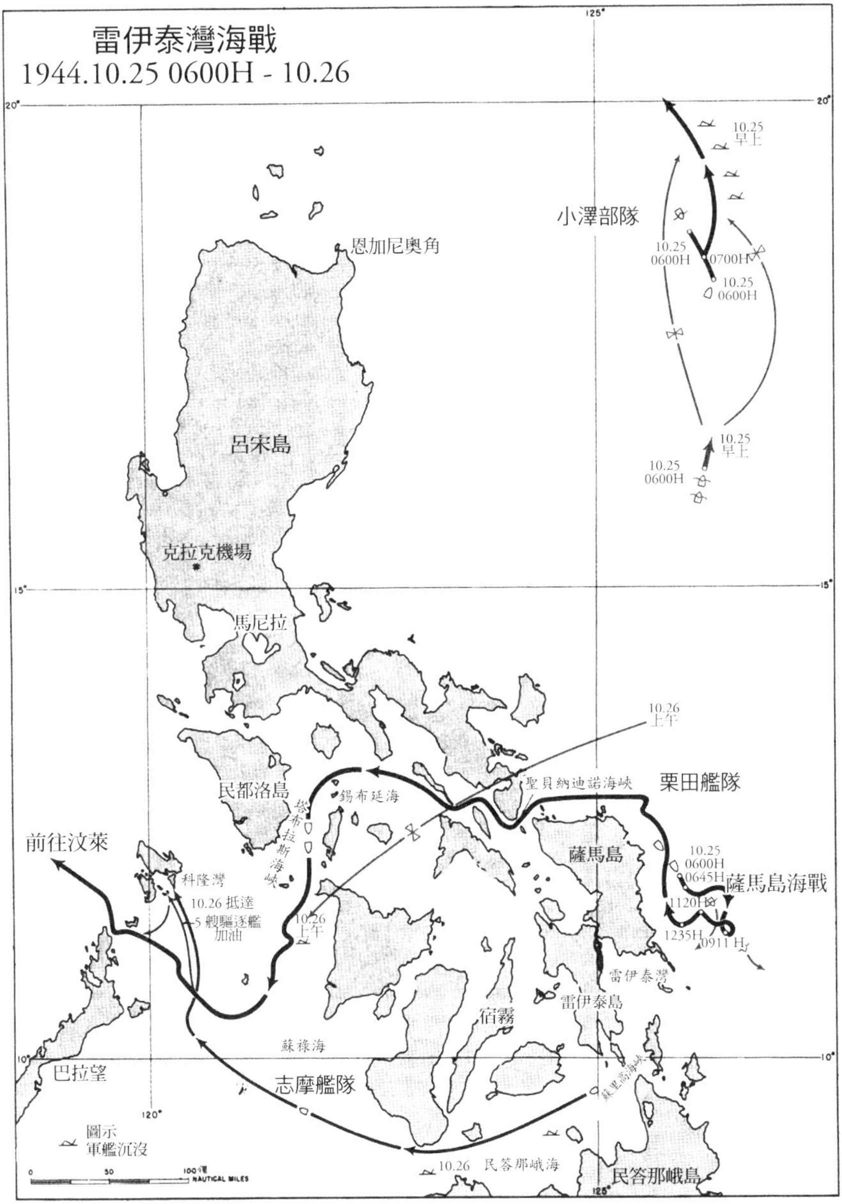
雷伊泰灣海戰
1944.10.25 0600H - 10.26
125°
20°
10.25
早上
小澤部隊
恩加尼奧角
10.25
0600H
0700H
10.25
0600H
呂宋島
10.25
早上
10.25
0600H
克拉克機場
15°
馬尼拉
10.26
上午
聖貝納迪諾海峽
栗田艦隊
民都洛島
錫布延海
塔布拉斯海峽
前往汶萊
科隆灣
10.26 抵達
5 艘驅逐艦
加油
薩馬島
10.25
0600H
0645H
薩馬島海戰
1120H
1235H
0911 H
10.26
上午
雷伊泰灣
雷伊泰島
宿霧
蘇祿海
10°
巴拉望
志摩艦隊
蘇里高海峽
120°
圖示
軍艦沉沒
0
50
100浬
NAUTICAL MILES
10.26
民答那峨海
民答那峨島
125°

日向號跟霜月號在下午六點二十分追上小澤主隊會合。以大淀號為旗艦，伊勢號、日向號、霜月號、桑號等五艦，在死神之海沮喪地聚集。出擊時的大規模機動部隊面容絲毫不剩。持續奮戰的伊勢號，卻像是在哭泣般垂著左肩，海也像是在哭泣。瑞鳳號的生還者大致已被救出。還精神旺盛的水兵抓住垂下來的繩子，爬上伊勢號高聳的舷側。其中有名士官雖然一隻手被炸爛，還是用剩下的手跟嘴咬住繩子爬了上來。高田少尉對人類強大的意志力產生了虔敬之心，被超越普通能力的生命力量強烈感動。

多摩號、若月號散落在主隊後方四十海里、天色變黑了的海上，多摩號依然慢吞吞地單獨撤退，若月號為了救援生還者漂浮著。瑞鶴號的峯少尉記得，他被土屋少尉待著的若月號救起之際，不知道為什麼看了手錶。但是「因為手錶沒有防水」，停在二點半。那時間停留在瑞鶴號沉沒之後的第十六分鐘。

近松少尉到最後關頭，打算讓若月號把自己救起。是跟他一起游泳的石田中尉的鼓勵，救了他：「日落了，救援就會結束。現在是最後的機會，出全力游吧。如果這樣還是不行，就放棄吧。」他們拚命朝著靠近過來的若月號游過去，驅逐艦上頻頻傳出鼓勵的聲音。近松在千鈞一髮之際伸手抓住舷梯，把腳踩上去，轉眼之後，若月號邊發射高射砲，一邊開走。留下海上的許多落水者……實際上，這是最後的救援作業。近松在獲救時，似乎在向某個人祈求什麼。

五十鈴號艦橋上，沉重的討論持續進行著。一直同行的楨號回報說燃料不足而先行北上，五十鈴號現在單艦在黑暗的夜晚面對不吉利的命運。從浮在海上開始，艦上從來沒有一次像今晚這麼認真討論過。席上沒有聽到像平常一樣，海軍常有的像在開玩笑卻明確的發言。副艦長、輪機長向艦長建議放棄救援千代田號，北上脫離。他們舉出已經載了千歲號跟秋月號的生還者，可以再收容人員的空間有限，加上中彈導致的人員、器材損傷很大，燃料的存量很少，用十六節速度只能航行二十小時等理由，催促艦長下決定。

那些理由，每一項都是應該嚴肅考慮的難題。然而，艦長認為五十鈴號還沒完成拖曳千代田號的任務。就算千代田號已經沉沒了，不加以確認，就不能說是有達成任務。至少那是五十鈴號的義務、也是責任，不是嗎？五十鈴號是有皇家菊花紋章的軍艦。不管什麼命令，都是天皇的命令。雖然通訊長、槍砲長等人一個接一個發言，講得並不清楚，但內容都是類似那樣的反駁意見。

艦橋暫時陷入沉默。航海官竹下少尉被迫在那份沉默中忍受痛楚。更重要的是，忍耐這個任務，才是更痛苦，更費力的事情。五十鈴號在此期間也朝著北方航行。想要就這樣繼續前進，可能才是人類自然的感受。過了片刻，艦長低聲問了一句：「航海長，你的意思呢？」航海長齋藤少佐立刻極為冷靜地回答：「這是武人的人情。回頭吧。到千代田號所在的地方去……」艦長嘴角微微上揚，笑了。年輕的竹下少尉贊同航海長說的「武人的人情」這一句話，看到艦長微笑的時候，他幾乎快哭了，他覺得這些就勝過一切的道理了。

「我將回轉，前往千代田處。」

傳達巨大決心的電文向虛空飛去。艦長下令一百八十度掉頭。五十鈴號帶著官兵們莫大的感動與興奮，開始往南行駛。在燃料允許範圍內加速、全力衝刺，前往千代田號漂流的海域。就在五十鈴號這樣南下時，碰上在漂泊，而且依然在救援浮在水面上生還者的驅逐艦初月號。兩艦彼此互相用小小的閃光訊號確認是否為友軍，但沒有見到千代田號的身影。五十鈴號發訊問：「希望知道千代田的消息。」初月號回覆：「千代田消息不明，我在救援瑞鶴官兵。」兩艦訊號往返持續了片刻。

初月號詢問：「請告知現在所在地點。」各艦從清晨以來的激戰而到處奔走，可能除了黎明時的天文定位，幾乎無法觀測正午通過子午線，也沒辦法做傍晚的天文觀測。能夠依靠的資訊，就只有根據航跡自繪儀畫的航海圖修正風向、風力、潮汐影響、儀器誤差所得的推測位置。五十鈴號在傳達這項資訊的同時，請求初月號救援千代田號。初月號回答目前要救援僚艦人員，沒有餘力。五十鈴號以燃料不足為由，再度請求，驅逐艦爽快地答應。然後，事情就緊接在「了解」的閃光信號結束後發生。

五十鈴號艦橋上的竹下少尉，在後方南邊的黑暗中，看見耀眼的閃光。亮光一瞬間炫出地平線，然後隔了數十秒，隨著震動空氣的聲響，兩舷冒起了在夜裡也看得見的白色巨大水柱，同時聽見了像遠方雷鳴的爆炸聲。艦橋在一瞬間陷入了亢奮情緒的漩渦，五十鈴號的雷達在二萬四千公尺處偵測到目標，雷達官的叫喊聲傳進艦橋。

「雷達，艦艇三艘。」

艦長立刻回應：「準備接戰，準備夜戰。」全艦接到命令的同時，迅速動作。竹下少尉沒有聽到快步跑過走廊，衝上樓梯，衝下樓梯的腳步聲，但全體人員已經做好戰鬥準備。艦長繼續嚴肅地下達口令：「同時準備進行砲擊、魚雷戰鬥！」

這才是竹下少尉第一次真正在戰場上聽到的口令。但是，五十鈴號被改裝成防空巡洋艦。因此是一艘以十二點七公分高射砲為主砲的輕巡洋艦，和擁有相同口徑主砲的驅逐艦一起，要與敵軍大部隊正面戰鬥，可以明顯看出情況不利日方。五十鈴號艦長聯繫初月號，傳達先暫且離開戰場的計畫，如果這樣依然被逼到絕境，只能以兩艦逼近敵艦，進行魚雷攻擊。

但是五十鈴號還有另一個敵人——燃料不足，而且不可能打贏這個強敵。輪機長用黯淡的表情說：「用全速航行的話，一個小時就沒了。」就算能逃得掉敵人的砲擊，在回到基地之前五十鈴號就動不了了。竹下少尉黯然、無言地凝視著自己生涯的終結。他想著「今天站在這裡持續戰鬥幾個小時了？」這種奇怪的事。他確實撐起筋疲力盡的身體，兩腳也感受著自己的重量。他感覺到疲累，而且還是絕望的疲累。

艦長靜靜地口頭傳達電文，艦橋變得徹底安靜。

「我與敵軍水面部隊交戰中。放棄搜尋千代田號。往西北方退避當中。視野內有一艘友軍驅逐艦。」

杜伯斯少將在下午六點五十一分的時候，在雷達上看見前方十七海里處有兩個敵影，下令開始砲擊。他指示重巡洋艦以距離較遠的敵艦為目標，輕巡則以正在靠近，稍小的艦影為目標。用三十節高速航行的艦艇，其砲煙像是葬禮上飄灑的花瓣，形成漩渦狀，隨風飛舞。艦型不明的敵艦靠近過來，並勇敢地衝進來應戰。

隆隆砲聲在夜晚的海上迴盪，曳光彈劃出白光弧線飛過。杜伯斯艦隊在一面倒的激烈、持續的攻擊中，讓在稍遠處的大型敵艦跑到射程外了。另一艘落後的敵艦，被四周所有方向襲來的砲彈集中攻擊。敵艦周圍的海面，因為掉下來的砲彈揚起像煙霧般的飛沫而翻騰。發射的砲彈很明顯都捕捉到敵軍，揚起了短短的火焰，然而沒有人知道正確的戰果。因為砲火接連不斷地造成眩目的閃光，就算想要確認戰果，也不可能辦到。

敵艦勇敢應戰，行動敏捷。兩次從恰好的位置發射魚雷，逼得杜伯斯為了閃避急速改變航向。儘管敵艦被火焰包覆，仍然全速往北退避並持續開砲。沒有人認為那艘頑強而且不輕易屈服的敵艦，會是小小的驅逐艦。

從砲戰開始，一個小時很快就過去了。儘管該艦陷入爆炸的噴煙與破片飛散中，緊接著又被一枚砲彈擊中，卻依然沒有停止抵抗。航速已經從十七節掉到十節，卻依然不屈服。

用結果論來講，初月號孤艦拚死戰鬥，扮演了誘餌的角色，讓五十鈴號幸運地成功脫離戰場。晚上七點十五分，初月號奮戰的通報送到北上的小澤艦隊主隊。大淀號的電訊室也收到這份電報。

「我與敵水面部隊交戰中。」

大淀號艦橋的氣氛緊繃起來了。在遠方的地平線上，確實能遠遠望到像是砲彈還是炸彈閃光的東西。夜戰的機會來了。

「艦隊——改變方向往左邊一百八十度轉。」

小澤中將的命令嚴肅、強勁。兩艘戰艦、一艘輕巡洋艦、兩艘驅逐艦——大部分都受了傷，可說除了日向號以外，沒有一艘艦能充分戰鬥。小澤司令部認為，追擊過來的是海爾賽特遣艦隊的高速戰艦部隊。就算他們猛衝可能也不過是螳臂擋車。然而，小澤大膽地要死得漂亮，中將站在艦橋，親自督導、鼓勵話報員，彷彿像是回到年輕力壯的驅逐艦艦長時代，聲音宏亮、行動輕快。

然而，因為損傷而踉蹌的艦隊，光是要整好隊形就相當費工，受傷的艦隊無法隨心所欲行動。在阿號作戰大聲激勵幀位百萬大艦隊的小澤中將，現在率領僅有五艘船艦的小船隊，要對抗世界最大、最強的海爾賽艦隊。覺悟到將會全軍覆沒，為了全滅而出擊的艦隊，幸運地接上了生命的細線，卻再度要用自己的手將之切斷，再次朝著全軍覆沒南下。

小澤司令部的全體參謀聚集在艦橋下方的作戰室。不管怎樣，每個男子漢的眉間都顯露出生命只剩二、三個小時的覺悟。在參謀銳利的視線中，小澤緩慢地開口了。每個人都以為這是最後出擊之前的長官訓示。但是，中將說的卻只是一句：「各位，辛苦了。」

就只有這樣。

5

二十點到二十四點

從砲擊開始以來時間經過了約二個小時，然後停止也足足經過了二十分鐘以上。初月號努力到最後，與巨砲為敵戰鬥到底，正要結束她短暫的生命。並非是因為某一枚砲彈造成了致命傷，而是在持續猛烈的攻擊反覆堆疊成山的最後，斷了氣。能夠浮著這麼長的時間，可以說是奇蹟了。驅逐艦忍受到無法再忍受，完成了超過義務的奮戰。

重巡洋艦接近，連續近距離把砲彈打過來，輕巡洋艦聖塔菲號讓照明彈在不知畏懼為何物的敵艦上方炸開。白色冰冷的死亡之光宛如白天的慘劇，照映出被打得幾乎看不出原樣的艦艇上。那一刻，誰也無法置信眼前的景象。那樣勇敢、頑強，堅持打到最後一刻的，竟然是一艘二千四百噸的驅逐艦。火海籠罩著船艦纖細身軀，即使如此，依然不時從火海中亮起開砲的閃光。好幾根大火柱像是海底火山爆發一樣，覆蓋住小艦艇猛噴。

八點五十七分，初月號的蹤影就這樣消失了。一度從海中被救起的瑞鶴號官兵，又再度被拉進海底，四周又恢復了黑暗。報告從靠近的驅逐艦傳來。

「驅逐艦沉沒了。我們完全被騙了。」

杜伯斯少將捏緊電文紙，低聲說了一句：「我的胸口都要裂了。」

過了九點，擬定好進行砲擊、魚雷攻擊的萬全策略，小澤主隊繼續為傷害敵軍特遣艦隊、捨身自我犧牲的死亡南下之行。儘管他們察覺到敵軍潛艦部隊漸漸緊縮包圍網，但依然沒有用之字航行，反而持續直線前進。他們必須要馳援在交戰中的初月號。全艦隊官兵認為事到如今就算來不及，也不能對初月號見死不救，下定決心，急速前往交戰海域。

小澤主隊，在此之後於漆黑的海上跟五十鈴號錯身而過，那也是之後發生的事情。五十鈴號的燃料已經到達極限，這是在砲戰中用全速航行二十多分鐘的後果。問題是，該艦的狀況都已經是如此了，是否還要去沖繩。五十鈴號用閃光信號向小澤報告，包括委託驅逐艦救援千代田號、自己遭到砲擊但逃脫，還有因燃料不足而一路北上的狀況。大淀號回答，艦隊現正急速南下，要與敵軍水面部隊決戰。失去四艘航空母艦主力的小澤艦隊，實際上可以說是潰滅了。這支艦隊有活路嗎？南下的艦艇跟北上的艦艇，各自的苦惱與悲慘看起來像是要永遠持續。

也有人因為「生存的痛苦」跟「死亡的爽快」交替，而要急速劃下休止符。脫隊留在薩馬島的筑摩號巡洋艦，正努力修復中，一時之間恢復到可以自力航行的程度，但要再航行幾百海里之後還存活是不太可能。筑摩號艦長則滿大佐依自己的權責做了決定。他下令官兵轉移到護航的野分號上，依照栗田中將的指示，筑摩號要自沉。不僅因為沒有機會脫離戰場，也為了防止巡洋艦落入敵手，現在需要的正是重大的決心。

對已經送出指示的栗田中將來說，這心情是比自己被刀割還痛苦的命令。受傷脫隊的友軍艦艇，連抵抗的能力都沒有，毫無防護地遭被派來掃蕩戰場的敵軍艦隊消滅。以擔負全軍責任的主將立場來說，這在心理上、責任上都是無法忍受的結果。因此在下午七點零五分左右，在聖貝納迪諾海峽中央附近航行時，他把命令傳達給殘存、漂流中的各艦與為其警戒的驅逐艦。

「盡到最大努力卻自力恢復航行仍沒有希望者，處分艦艇，將官兵收容於警戒艦後，返回科隆灣。」

過了九點三十分，筑摩號遵守這道命令，打開海底門，靜靜地躺到了海底。

⚓

二十分鐘後，同樣的命運也降臨鳥海號巡洋艦，前方機械室因為嚴重受損，束手無策。鳥海號被認定為「沒有希望恢復者」，藤波號驅逐艦完成鳥海號官兵換乘作業後，確認自己發射的魚雷擊中重巡洋艦，重巡洋艦沉入浪間，就立刻離開戰場。

⚓

栗田主隊十五艘船艦，大約在鳥海號開始沉沒的時候，通過聖貝納迪諾海峽，進入錫布延海。天空中布滿一片閃爍的星星，下弦月開始從呂宋島群山中靜靜升起。艦隊不發一語地回頭返回昨天航行過的海面，經過這片武藏號沉沒之海，令官兵們心情鬱悶非常。但是擊沉敵軍航空母艦，打敗美國驅逐艦，就消除了對武藏號的遺憾了嗎？官兵每個人都搞不懂自己的心情，海上一個波浪起伏都沒有，月光把海洋照成白色，地平線一望無際，海洋與天空在同樣的黑暗中分不清界線了。官兵無不嘲諷地設想：到那海天融合的一線為止，都是在敵軍的勢力範圍內。艦隊為了脫離敵軍艦載機的作戰半徑，分秒必爭，一直往西急速航行。官兵想都不去想自己現在活著實際上是多麼幸運。他們是這樣理解的：「今天活，只是為了明日死。」

⚓

在主隊十五艘船艦前方遠處，是讓武藏號的生還者恢復精神、照顧傷患，並前往馬尼拉的清霜號、濱風號兩艘驅逐艦。他們要警戒的目標，只有敵軍潛艦。兩艦面對看不見的敵人，在沉默中繃緊神經。

⚓

在前往汶萊基地的高雄號周圍，長波號與朝霜號依然健在，護衛輪機受損而瘸腳慢吞吞航行的高雄號巡洋艦，基地已經近在眼前了。在朝霜號的一間艙間裡，在油汙海裡游泳獲救的愛宕號高橋少尉身體出現異狀，一直躺著。高雄號的橋本少尉在雷達室，一直跟看不見的敵人搏鬥。他們沒被告知主力部隊打了場有多悲慘的仗。

跟武藏號一起在錫布延海戰鬥負傷的妙高號巡洋艦，往右邊傾斜著，踉蹌地正要進入科隆灣。以機槍群指揮官島田少尉為首的妙高號官兵們，霎時間感應到某種令人喘不過氣來的氣氛。不知何時，敵軍一艘潛艦偷偷靠了過來，並發射了四枚魚雷。島田非常震驚，命運怎麼總是詭異地作弄人。妙高號的損傷，反而救了他們。敵軍潛艦錯誤計算妙高號的慢速，魚雷錯過了無法自由航行的巡洋艦。大膽的島田，記得自己看著四枚魚雷一起從艦首前方劃過離去的情景，心裡覺得：「這些傢伙的技術真爛啊。」

艦首破了大洞的熊野號巡洋艦，在栗田主隊正前方極近處航行。雖然夜晚的黑暗消去了艦影，但如果這是日間航行，熊野號已經到了不知道其他艦艇是否能在地平線上望見熊野號桅杆的距離。艦務官大場少尉想起現在要前往的馬尼拉灣，心中一種感慨油然而生，那就是想都沒想過能活著踏上此處土地的喜悅。

四艘驅逐艦與熊野號一樣，從栗田艦隊後方遠處，持續單艦悄悄經過聖貝納迪諾海峽撤退。受損的早霜號已經進入海峽、救起了鈴谷號生還者的沖波號、看到鳥海號臨終時刻的藤波號、原本擔任筑摩號護衛的野分號，最後一個跟上隊伍。各艦沿著薩馬島東岸，撈起其他各艦的生還者。

早霜號航海官山口少尉在艦橋上，屏息看著艦長與航海長操艦，艦橋上如假人般站立的人影，連一聲咳嗽都沒有。海峽兩岸也連一盞燈光都沒有，早霜號熄掉所有燈火，像在滑行般航行通過。潮流速率八節，這裡是狹窄水道，到處有淺灘，連習慣於在此穿行的船員，都認同此處是惡魔海峽而感到畏懼，早霜號要在羅盤受損的狀況下通過此處。艦長、航海長拚命互相出聲呼應對方的指令，全體官兵都去當瞭望哨，注視著兩岸到最後。

海爾賽在紐澤西號艦橋上，不斷地瞪著南方的天空。以兩艘超高速戰艦為中心的先鋒部隊，已經把艦首朝向聖貝納迪諾海峽加速前進了六個小時，燃燒著或許該稱之為魯莽的鬥志猛衝過來，要在栗田艦隊通過海峽撤退之前捕捉、摧毀。晚上十點，栗田艦隊排成一列通過海峽，於錫布延海重新排成反潛警戒編隊，海爾賽此時已經逼近離海峽入口六十海里的距離。再二個小時，只要再二個小時，他就能在射程內逮到日軍。

然而，他要尋找的敵人，在那個時候位在西方另一邊的海面上，海爾賽上將的高速戰艦部隊，為了尋找敵人北上遠達三百海里，又為了尋找另一組敵人用全速再南下三百海里。但是猛將「公牛」，不想理解這件事情。他不得不空虛地又垂下高高舉起的無用拳頭。

同一時間在恩加尼奧角，因為被海爾賽命令留在戰場，杜伯斯少將的重巡洋艦區隊，成功達成擊沉一艘航空母艦、一艘驅逐艦的戰果。晚上就快要到十點的時候，杜伯斯判斷再追擊下去會有危險，開始掉頭南下。為了尋找敵人而分散的驅逐艦也重新集結，部隊為了要在預訂好的隔天早上跟在南方遠處待命的主力——密茲契中將的特遣艦隊會合，離開這片油汙之海。

在恩加尼奧角，空中與水面的戰鬥就這樣結束了。但並非所有的戰鬥都因此結束。潛艦「狼群」在海底為了等待可能撤退過來的殘存日軍，都磨著利齒，分散於其航線上各處。

⚓

在遠方，終究沒有成為決戰戰場的雷伊泰灣裡，麥克阿瑟、金凱德、奧登道夫、死裡逃生的克利夫頓，全都很想好好睡一覺。但是，就算睡著，還是被慌張的夢魘纏身，立刻就醒了，戰場的夜晚就是這樣。半夜醒過來回想，就會覺得白天激烈悽慘的戰鬥，看起來跟一場夢沒有兩樣。最後沒有成為決戰戰場的雷伊泰灣，包覆著各式各樣人們做的各式各樣的噩夢，現在正沉澱在黑暗底部。

小澤主隊為了救援初月號驅逐艦，用三十節航速持續南下，在十點三十分跟北上過來的若月號驅逐艦會合，接收了有關敵軍兵力陣容的報告。據報敵軍艦隊可能是由兩艘新型戰艦、一艘巡洋艦、一支水雷戰隊組成，小澤艦隊各艦聽後精神為之一振。日軍也是兩艘戰艦、一艘輕巡洋艦，以及包含若月號在內有三艘驅逐艦。情況實在令人難以置信，但原本為了要無謂地同歸於盡的艦隊，竟然得到了可以擊滅敵人的大好機會。他們要發揮自己力量的最大極限，就算是受損的軍艦，也要將其性能活用到最大程度，親手抓住最後的榮耀。日向號的中川少尉突然起了個勁，在他的印象中，從早到晚盡是友軍艦艇沉沒的畫面。他已經被迫看了很多友艦沉沒，這次可以換成目擊敵艦沉沒了。中川：「覺得從很久之前就想要大喊萬歲了。」

伊勢號的標定官高田少尉在標定艦橋，跟下屬們一直緊張地擔心狀況發展。他們覺得這次自己真的有上場的機會了，可以安心地拋棄燙得發紅的陸戰用機槍了。但不時在南方的地平線、黑暗的海上冒出的激烈閃光，究竟是什麼呢？

就這樣，從誘餌艦隊變身成擊滅艦隊的小澤主隊繼續前進。如果戰爭之神有慈悲，希望祂能讓這支艦隊進行拚死一搏的戰鬥。但是他們當作目標的杜伯斯部隊，已經往南掉頭。命運最後像是不容許他們進行夜戰般，支配了菲律賓海域。

晚上十點十分，栗田中將對聯合艦隊司令部發出電報：

「自早上擊破敵軍特遣艦隊以後，前去尋找北方新的敵軍特遣艦隊，但敵軍一面反覆空襲，我一面南下。鑑於陸上航空部隊戰果以及燃料量，沒有實施夜戰的可能性。二〇三〇時經聖貝納迪諾水道前往科隆。」

這封電報，幾乎可說是主將栗田中將的決戰終結宣言，正傳送出去的時候，美軍潛艦仿石鱸號對從潛望鏡捕捉到的目標，做好了魚雷攻擊準備。艦長判斷，目標是艘輕巡洋艦。晚上十一點零五分，艦首三枚魚雷發射出去，就立刻向左轉從艦尾再射四枚過去。這是全效攻擊。從艦長盯著看的潛望鏡裡，映出魚雷命中艦艇的模樣。艦艇中央、艦首與艦橋之間，還有後桅杆後方，合計三枚魚雷打倒了目標。

五分鐘後，在受到月光照射而發出銀色亮光的海上，那艘輕巡洋艦沉沒了，接著恢復無聲無息的寧靜。這是小澤艦隊用單螺旋槳微速，踉蹌著前往基地的多摩號哀傷的末日。跟初月號一樣無人生還，四位海軍兵學校七十三期的年輕少尉派上此艦，最後一個人也沒有回來。

決戰之日——十月二十五日這一天的戰鬥，對日本海軍來說，是個哀傷的結局。

第八章

送葬

十月二十六日至二十八日

山行水漬屍，海行草生屍……

海行かば水漬く屍、山行かば草むす屍……

1

二十六日，天亮・上午

對美國而言，驅逐艦野分號的奮戰與損失是追擊戰的開場。對日本而言，卻是痛苦撤退戰的開始。在野分號收容自沉的筑摩號官兵，沿著呂宋島東岸要前往聖貝納迪諾海峽。用二十節航速往西轉舵要進入海峽時，與以兩艘戰艦為中心的海爾賽前鋒部隊撞個正著。根據美國方面的紀錄，凌晨零點二十八分，美軍在雷達上發現目標，三艘輕巡洋艦與三艘驅逐艦上前，在零點五十四分開始砲擊，凌晨一點三十五分時，海面上已經看不到野分號的蹤跡。砲擊戰進行了足足將近四十分鐘，在此又有跟恩加尼奧角的初月號或多摩號一樣的狀況發生，一艘小小的驅逐艦堅強奮鬥，默默地全軍覆沒。我實在無法忍受再寫筑摩號的生還者也走上同生共死的故事了。

米勒號與歐文號兩艘驅逐艦到達看似是野分號沉沒的海域時，聽見了海面下兩度傳來沉悶的爆炸聲，歐文號立刻發射照明彈，但只有冰冷的海面在發光，沒有生還者。

照明彈熄滅之後，黑暗覆蓋整個戰鬥海域，現場鴉雀無聲。

小澤艦隊最後還是未能發現要擊滅的敵軍艦隊，再度一百八十度掉頭，把航向轉往北方。這也是因為燃料關係，他們不得不撤退。大淀號確實收到栗田中將發出的「沒有實施夜戰可能性」的電報。主力部隊結束作戰，正踏上歸途。現在已經不是問結果好壞的時候，也沒有問戰鬥表現巧拙的必要了。只有「誘餌」的使命有完整達成。小澤殘存艦隊的六艘艦，大淀號、日向號、伊勢號、若月號、霜月號、槙號，心裡帶著這樣的滿足與確信，把艦首轉向了奄美大島方向的基地。

縱橫太平洋的日本海軍，最後機動部隊的四艘航空母艦，都沉到了海底，剩下的艦影，現在也要往月光下的海洋彼端消失。連曾經擁有航艦機動部隊的自豪，都要埋沒到歷史的彼端了。海戰史上小澤艦隊的所有任務，已悉數結束。

說起歷史，從前戰國時代在川中島戰鬥的上杉謙信的軍隊，從上午的攻擊戰轉換到下午的撤退戰的時候，其軍隊勢力也分散成好幾支，然而，這些軍隊在艱苦戰鬥中撐到最後的事實有幸被記錄下來。前往雷伊泰灣的栗田、西村、志摩三支艦隊撤退的情形，也與此有點相似，甚至連鞭聲肅肅夜渡聖貝納迪諾海峽都包含在內。

栗田艦隊主力十五艘艦，包含有些單艦，有些兩三艘的小部隊，總共分成了八隊。志摩艦隊也同樣以此方式分成三隊，主力那智號、足柄號、不知火號、霞號前往科隆灣。收容了最上號官兵的曙號，一直往馬尼拉方向前進。受損的阿武隈號與護航的潮號，為了緊急搶修，臨時停泊在民答那峨島北端的達皮旦，預計天亮出航前往馬尼拉。有關西村艦隊，則只有留下悲傷。主力山城號、扶桑號、山雲號、朝雲號、滿潮號，沉眠蘇里高海峽，其五千多名官兵多達九成九與艦艇走上相同命運。最上號在離開海峽時，也留下少數生還者沉沒了。唯一一艘被留下來的時雨號，彷彿既被敵軍也被友軍遺忘一般，踉蹌地單艦前往汶萊基地。

黑暗深深包覆著這些艦艇與人員，結束值更的官兵睡得東倒西歪。每艘軍艦都充滿屍臭、傳出血腥味。艦上到處有死者，受傷者倒著，需要醫療器材、設備、急救，但在戰場上，連這樣悲痛的希望都無法實現。到情勢好轉為止，每一分每一秒死者數量都將增加。事態什麼時候才會好轉？

在達皮旦，幾乎全員不眠不休投入搶修，但阿武隈號與潮號在無法進行像樣修理的情況下，趁著黎明前的黑暗，出港前往馬尼拉。航速八節，這是受損的輕巡洋艦能開出的最大極速。要是再一次被空中攻擊的話……二十六日的黎明，悄悄地靠過來。黑暗的海洋變成深灰色，再從灰色慢慢轉換成清一色藍色。官兵從來沒有像此刻一樣希望太陽別出來的。他們還身在敵人掌握空權的海域。事態永遠不可能有好轉的一刻。

馬侃中將的第三十八．一特遣支隊與波根少將的第三十八．二特遣支隊，在今天早上天還沒亮的時候，在聖貝納迪諾海峽東北方海面齊聚。艦載機隊在天亮的時候，從九艘航空母艦上起飛，他們很快就一邊把機首朝向西方，一邊等待在夜裡起飛的偵察機傳來發現敵軍的報告。雷伊泰灣海戰第三天的戰鬥正要開始。

在較早時候退避的栗田艦隊主力，在天亮時已經通過錫布延海，朝塔布拉斯海峽南端快速前進。再幾個小時他們就會脫離敵軍的制空範圍。從清晨開始，各艦雷達就捕捉到敵機機影，官兵各就戰鬥位置，在七點五十分偵測到最初的飛機。九分鐘後，羽黑號巡洋艦瞭望哨目視確認敵偵察機。他們悲傷地認為，已經失去了「也許能夠平安回去」的希望。

在朝陽照射下，一百六十架以上艦載機，對廣闊地分散在此海域的栗田艦隊十五艘分散成多個群體持續撤退的軍艦，同時發動攻擊。要選哪個目標，完全是隨飛行員所欲，自由選擇。

第一波三十八架與第二波二十架，從早上八點半開始接連襲擊主力部隊的十五艘船艦，為時四十分鐘。大和號被兩枚炸彈擊中，但損害輕微。第二水雷戰隊旗艦能代號，卻因為被一枚魚雷擊中而陷入無法操控的狀態。戰隊司令官早川幹男少將，立刻將旗艦遷往濱波號驅逐艦。其他艦艇附近，也因為落下許多的近爆彈，紛紛升起高聳水柱。戴著防毒面具的緊急搶修人員，衝進爆炸產生的煙霧裡。矢矧號的大坪少尉受傷了。他傷勢輕微，參加戰鬥要是連一點傷都不曾有過，就「對不起死去的人」，進而更加激起戰鬥的精神。

與其說是負傷者，不如說是死裡逃生了的人。志摩艦隊的阿武隈號與潮號一起從達皮旦出港，用微速前往科隆灣經過三小時之後不久，遭遇激烈空襲。這次空襲的飛機與艦載機不同，是有雙尾翼、四具發動機的美軍陸軍B-24轟炸機。這些轟炸機每六架分成一個編隊，五十幾架輪番投下炸彈。B-24的炸彈遠比艦載機的炸彈巨大。兼任通信官與第一機槍群指揮官的有村少尉，也不知道自己究竟是在何時負傷，傷勢是因為距離很近的近爆彈炸開所造成的。

在像是要直接震撼靈魂的聲響中，艦艇搖晃、水柱林立。有村少尉揮著六尺棒，高喊「開始射擊」的瞬間，他的身軀被砸向那宛如被秋風掃落葉般掃倒的士兵屍體中間，機槍變成廢鐵、冒煙、扭曲。倒下的士兵身上的戰鬥服冒出煙，燒了起來，到處都是呻吟聲——手掌碎裂飛走，頭顱滾來滾去。

有村全身被炸彈的細小破片打中，機槍班兵的血與肉片散亂在他周圍。他用像是飄著紅色霧霾的微弱眼力，重新逐一檢視自己身上的傷勢，確認右小腿下方的傷口最深。有村事後回想，覺得自己「不知道怎麼會那麼堅強……」。他骨頭粉碎了，動脈可能受傷了，血液從被壓壞的右腳噴著流出來。自己的血在鋼鐵地板上堆積成灘。與其說他是無意識地，倒不如說是在渾然忘我的狀況下，用力綁緊大腿，自己做了急救措施。

⚓

艦首受損，單艦踉蹌持續一直撤退至今的熊野號，也遭受敵軍艦載機的攻擊。受傷的重巡洋艦以四架轟炸機、七架魚雷轟炸機、十二架戰鬥機為對手，勇猛戰鬥。但是被擊中一次、近爆彈震撼數次後，終於還是陷入無法航行的狀態了。艦務官大場少尉在炸彈命中、周圍的人被炸飛的時候，奇蹟似地只有他一人保住性命。他當時在左舷的機槍座附近，但不知道為什麼蹲得很低。爆震波一瞬間就把站在他旁邊的士官給炸碎了。許多經歷過的人都說命中時感受到的不是聲響，而是會把一切撕裂、炸飛的震波。然後才是光線、風、破片的出現。大場少尉全身被炸彈碎片打中，噴著血昏倒在甲板上。

他被士兵抬到戰鬥醫務室，階梯跟牆面都染上了新的血跡，還有彈痕跟破片的痕跡。醫官跟醫護兵都看了大場一眼，就知道無從處理他的傷勢。大場只接受了簡單的處置，就被放在角落躺著。渾身是血的陣亡者被安置在隔壁的士兵室。有些人內臟跑了出來，有些骨頭碎了。每個人的臉都被蓋上白布。貼身遺物放在枕邊。有千人針、信、照片、停滯的手錶、帽子……大場會不會加入其中，就看他的精神力量、體力，還有求生意志。大場少尉持續昏睡著。

⚓

早霜號驅逐艦也被打得體無完膚。艦首被魚雷正面命中整個扯掉，但往上扭曲的錨鍊甲板，卻發揮了舷壁的效果。從旁邊看起來，變成是四角形艦首的奇怪艦艇。錨鍊垂頭喪氣、無力地下垂，早霜號用像船錨半垂著海中的樣子應戰，但被許多近爆彈、機槍彈擊中。海水從破洞滲入，燃料槽開始混入海水，煙囪冒出白煙，鍋爐好幾次差點熄火。航海官山口少尉覺得白煙非常不吉利。陽光直射他胸前的望遠鏡，看起來像是在發光。

雖然天空中有破片雲飄來飄去，但是那天戰鬥的海面上，灼熱的太陽照射，透明藍色的海洋反射陽光，光亮刺眼。聯合艦隊最後且決定性的海戰最終章就要開始了。那是一場完美凸顯太平洋戰爭，「海上決戰主力到底是航空母艦航空部隊，水面部隊不過是輔助兵力」特質的戰爭。是一場象徵「不管外表多麼堅毅，沒有飛機伴隨的水面部隊，就只是虛有其表的艦隊」的悽慘戰爭。

太平洋戰爭是航空母艦對航空母艦的戰爭，飛機決定一切。過去海戰史的原則與教訓，視如敝屣似地丟棄。失去制空權，就不可能掌握制海權。壓制天空的一方，也會壓制海洋。雷伊泰灣海戰彷彿為證明此事而開打，然後將要靜靜地閉幕。

2

二十六日，中午

栗田艦隊的能代號巡洋艦沉沒的時候到了。志摩艦隊的足柄號巡洋艦，正好從遠方航行的地平線上隱約看見那個情景。停航的能代號遭到集中攻擊後，大幅度往左傾斜，有一艘驅逐艦注視著這個狀況。

足柄號的安部少尉對戰鬥的慘烈感同身受。他們就在旁邊默默駛過，眼睜睜看著巡洋艦沉沒，連艦上官兵都無法救起。至今的海戰已經證實，多增加一門砲，一把槍的火力，一點用處都沒有。與其說他心情悲壯，倒不如說是悲痛。

能代號在足柄號跟霞號消失於地平線下之後翻覆了。從上甲板被拋出去的水兵，爬上丹紅色的艦體腹部，在隨著航行軌跡波浪晃動的同時，拚命朝警戒中的驅逐艦揮手，時間是上午十一點十三分。

在離得很遠的海域上——能代號翻覆之後十五分鐘的十一點二十八分，阿武隈號發出了棄艦撤離命令。右腳被打碎，全身被破片打中的有村少尉，勉強還保留精神力量。他一面回頭看著要一口氣吞噬一切的火舌，一面擔心能否用幾乎沒有感覺的右腳順利游泳。官兵們開始一個接一個從艦首跳進海裡。有村慢慢地爬了過去，心中那股不願被拋棄的強烈心情，讓他不畏懼海洋。

有村進到水中，確認身體肯定可以用自己的力量浮起來之後，馬上想到要趕快遠離艦艇。然而，就算能夠漂浮，要前進卻非常困難，身負重傷更需要無比的力量。他亂無章法地揮動還安然無恙的手腳，擠出渾身力量，但卻沒有相應的成果。當有村略為感到絕望的時候，他的身體被某個人從後面推，開始往前進。有村看到一個不知道名字的士官身影，只能瞪大眼睛，沒辦法很快地想到要怎麼看待這件事，不知該對他說什麼才好。有村只記得他發現自己在內心奢求士官好好推他一把而感到驚訝。

十二點四十二分，阿武隈號沉沒了。之後，潮號遭到敵機集中火力攻擊。在信號台的通信官森田少尉，看見十二架B－24轟炸機編隊在艦艇後方準備攻擊，覺得：「本艦命運要在此結束了嗎？」而做好了心理準備。他雖然稍微有點埋怨，認為如果昨天不在達皮旦臨時停泊，而直接繼續航行的話，阿武隈號跟潮號可能都會平安無事。但森田卻嚴厲斥責自己怎麼變得那麼軟弱。站在森田旁邊的，是資深軍官筆前大尉。森田想起了攻進蘇里高海峽時，筆前大尉提出的「你有種嗎？」的奇怪問題，又偷偷地摸了自己胯下。這時候也是，有，確實還在。

一會兒工夫，船艦大幅向右傾斜。黑色的東西劈哩啪啦地從敵機機身掉了下來。森田少尉在談笑之間與反覆的實戰中，已確實掌握、記住：當落下的東西看得出是炸彈的形狀時，就不會命中；反而只是黑黑圓圓一團看不出形狀時，往往就是直擊。在敵機丟下炸彈的同時，艦艇往左大幅傾斜，這是躲避炸彈的唯一方法。在敵機就要丟下炸彈前，往右或左大幅轉舵，然後在炸彈落下的瞬間再大幅往反方向轉舵。在信號台的森田用力瞪大眼睛，瞪著黑色物體紛紛落下，炸彈的形狀看起來像黑色的香蕉。在他感覺炸彈不會命中之後，海上馬上就冒起好幾根黑色的水柱，他與資深軍官的戰鬥服被飛沫濺到，被染得漆黑。

敵機反覆攻擊三次就離開了。連一枚炸彈都沒有命中。有二十幾名機槍兵陣亡，但潮號的艦首依然揚起白浪。看著驅逐艦一邊接連不斷地開砲，一邊戰鬥的奮戰情景，阿武隈號的有村少尉在浪間頻頻聲援。當他知道小小的驅逐艦終於擋住攻擊，擊退了敵人的時候，心裡湧起的喜悅，像是要衝上喉嚨直接變成聲音傳出去。看見驅逐艦放下小艇，有村覺得這樣就有救了，然後還產生了虛幻的希望，認為自己快死掉的右腳或許也有機會再度復活。

驅逐艦的任務，一言以蔽之就是忙。跟戰艦或重巡洋艦相比，沒有東西像驅逐艦這麼適合「船」這個詞。驅逐艦負責作戰、護航、救援等所有任務，趕赴所有戰場。沒有其他東西像驅逐艦這樣要求團隊合作，正因如此也沒有其他東西擁有該型艦特有的氣氛——跟公司風氣相比，也應該有稱之為艦風的東西。驅逐艦的成員，與其說是軍人，說是「船員」更合適。他們「有品味、忠誠、靈活、勇敢」。潮號一定也是那樣的驅逐艦之一。戰鬥結束，潮號默默放下小艇，前往救援在海面上露出濃濃憔悴神色的阿武隈號生還者。失去一隻腳的有村少尉，很快就要被森田少尉搭乘的潮號給救了。在兵學校時代連分隊都不同，也許是陌生朋友的兩人，來到遙遠的南方海上，將在同一艘艦上見面，同生共死。

受損的早霜號，也是一艘不會輸給潮號，驅逐艦中的驅逐艦。然而，早霜號現在卻必須放棄當艘驅逐艦。不管輪機官兵再怎麼盡力用全部人力將油料與海水分離，海水還是不停地滲進來，現在只能用微速航行了。用三十五節速度，被飛沫濺濕著高速前進，才是驅逐艦的真本事。變成海上蝸牛的話，就沒什麼好說的了。

艦長不得已，下令暫時到民都洛島南方的塞米拉拉島附近的無人島後面停泊躲避。早霜號緩緩靠近無人島，打算要在該地強迫整理艦內，修理破孔。隨著水深變淺，垂下的船錨勾到海底，難以繼續前進。不得已只好切斷錨鍊，然後解開艦尾供打撈、回收魚雷用的吊架，當作錨的代用品，綁在纜繩前端丟下去。早霜號在距離島嶼七十公尺、水深五公尺的位置找到地點安頓。他們究竟能不能在此安然度過？

在這樣喘口氣時，官兵發現在近海航行的友軍驅逐艦。那是收容了鈴谷號官兵，單艦跟上的沖波號。沖波號也發現早霜號悲慘的樣子，加快速度靠近。早霜號的山口少尉描述當時對沖波號的印象，是「從甲板到砲塔，載滿了近乎裸體的獲救官兵」。

沖波號一接近早霜號，艦長就用擴音器喊：「全體換乘！」

早霜號平山艦長不服輸地回應：「別說蠢話！我還能夠靠自己的動力航行。給我油料。」

兩艘驅逐艦一貼近、並排，加油用的管子就送了過來。就像有生命的身體以輸血管彼此相連，如珍貴友誼的滴滴油料正要被傳輸過去。就在這時候，瞭望哨兵告知敵機來襲。繫留用的大纜立刻被切斷，兩艦轉為開始戰鬥。沖波號積極準備應戰，並往西邊的海上遠去。雙方連依依不捨的空檔都沒有，就倉皇地在戰場上離別。

敵機反覆對停在淺灘的早霜號俯衝轟炸。防空機槍群反擊猛烈，挽救艦艇免於被直接擊中，但近距離爆炸的炸彈翻掘艦艇側面的海底，水柱與珊瑚礁一起飛散，造就了一場對所有人而言都是首次面對的激烈且異樣的戰鬥。

航海官兼機槍群指揮官山口少尉在這場戰鬥中存活下來了，但少尉的恩師，密碼員秋山下士腳掌中彈倒下了。在木曾地方的山裡，集合小學生，在清晨快步攀登小山，教他們手旗通信，說明海洋有多美麗的老師，在那美麗的海洋上激烈的戰鬥中受了重傷。山口少尉趁作戰空檔前去探望時，額頭上滴下油汗的老師，露出寂寞的笑容迎接愛徒。

回到早霜號的甲板上，山口看到士兵把身體伸出艦艇側邊鬧哄哄的樣子，總算想辦法從後面窺視到是怎麼一回事。艦艇下方五公尺，看起來澄澈透明的海底，現出了夢幻到令人無法相信的光景。珊瑚礁海底因為轟炸炸開了白色的研缽狀洞穴，洞穴像是「月球表面的火山口」，通過藍色，不，是接近綠色的水折射而漂動。海上有大量的魚浮上來，士兵呼喊著想要抓那些魚。除了那道聲音之外，什麼都聽不見，安靜到有點陰森。砲聲跟轟鳴聲都消失了，後面山上青翠欲滴的樹海，給山口少尉的心帶來了甜美的感傷。

3

二十六日，傍晚．晚上

黃昏總算到來。除了因為受損而在民都洛島附近島嶼背面休息的早霜號，還有跟在後頭的藤波號兩艘驅逐艦，小澤、栗田、志摩三支艦隊倖存下來的艦艇，幾乎都成功脫離，來到敵機作戰半徑外海域。儘管還有來自潛艦的威脅沒有消退，但慢慢染紅的海洋與天空的藍色溫柔地迎接他們。不，在外語中，船是女性名詞，也許應該寫她們。響個不停的砲聲跟槍聲都停了，沒有必要再用防空砲彈的紅色、藍色、紫色，讓有如不合時節盛開的花一樣的硝煙埋沒天空了。這些艦艇已經不是戰鬥艦艇了。那優美的艦影，不正適合用女性代名詞稱呼嗎？然而，這是一列悲傷的船隊。對生存下來的官兵而言，要說她們是可愛，但也許應該讀作是悲傷。

可愛的艦艇一艘接一艘返回基地。下午四點，高雄號、長波號、朝霜號抵達汶萊。對其乘員與愛宕號、摩耶號的生還者來說，要跟自己的肉體還有鋼鐵做的鬥爭，都暫且結束了。

⚓

緊接著，一直為燃料不足所苦的五十鈴號也抵達沖繩的中城灣，這才是「總算結束了」的心情。五十鈴號平常裝載的燃料約一千噸，而據說當奔波到極限、燃料表顯示為零，幫浦再也抽不到油的時候，這時油槽底下還剩的量約有五十噸。實際上五十鈴號就是勉強用這五十噸油，持續著讓自己生存下來的戰鬥。輪機官兵當然不用說，其他凡是有空的人員都被動員，鑽進漆黑的油槽，一邊被瓦斯嗆著，一邊把積在油槽底部像水坑積水般的燃料給撈出來，然後倒進油料幫浦。就這樣，在到達中城灣的時候，五十鈴號剩下的油量只有十二噸。

看到輪機長放開深鎖很久的眉頭，航海官竹下少尉稍微感受到了一些歸來的喜悅。從海中被救起的千歲號艦長侍從官岩松少尉，伸了很久沒使出全力伸的懶腰。雖然他一直待在下官廳，但是卻一直被五十鈴號的年輕軍官說：「盡量不要妨礙我們。缺人的時候會叫你。」他全身都感受到失去艦艇者的悲哀，不停怨嘆髀肉復生。

殘存的艦艇、受損的艦艇，一艘接一艘進入科隆灣。那智號、足柄號、霞號、不知火號、沖波號、潮號，還有最慢的熊野號也現出了她滿身是傷的身影。

充滿鬥志的阿武隈號通信官有村少尉，躺在變成臨時治療所的潮號士兵室裡。到獲救為止都還有的精神力量徹底消退了，他現在因為傷口的疼痛，完全動彈不得。右腳的傷勢惡化了，在無數重傷者面前，潮號醫護兵身陷汗、血與藥品的臭氣中，除了進行簡單的治療，束手無策。有村看著碎掉的右腳，低聲說：「這樣簡單的治療很危險啊。」但他連說話的意願都沒有，更別說是吃東西，想吃也沒辦法。雖然他拿了分發的飯糰，但是痛到連一粒米都吞不下去。

熊野號的大場少尉一直昏睡，他在生死之間徘徊。現在除了不要打擾他以外，也沒有別的辦法。對大場而言，生跟死也許是同一件事。但是，因為活著才能思考「死」，必須要嚴格的區別死亡與屍體。不論有沒有意識，他的精神與肉體一直在思考生與死，然後為了要獲得能夠針對死思考的「生」，而持續在努力戰鬥。他並非死者。

夜幕低垂。南十字星蒼白地閃爍，死者正要下葬。栗田艦隊各艦根據各自艦長判斷，在南海上吹響莊嚴的水葬號角。在後桅杆飄揚的軍艦旗也緩緩地半降了下來。掛著半旗，默默地拖著長長的油汙尾巴前進的艦隊，本身就已經是壯觀的棺材。

戰艦大和號的二十九位陣亡者，以演習用砲彈作為壓重物，用毛毯慎重包覆，放在後甲板。遺髮、指甲，還有手錶等陣亡者手邊的東西，被當作遺物留下。值更人員以外官兵，穿著戰鬥服裝列隊。以副艦長為首，各分隊代表、分隊長、分隊軍官低頭默念，為光榮陣亡的戰友祈求冥福。主砲第三分隊長，長船少佐誦經的聲音，隨著海風間斷地流傳。助理槍砲官市川少尉認為，那聲音像在傾訴、哭泣，一直不絕於耳。

⚓

矢矧號有三十五名陣亡者。其中，伊藤比良雄中尉是比機槍群指揮官大坪少尉大一屆的學長，成了唯一殉職的軍官。艦上準備了工作科官兵為他做的精美棺材，裡面放了中尉生前非常喜歡的香菸，還有他倒下為止依然握著的指揮棒。棺材被用純白的布包著，上面寫著黑色大字——「故伊藤大尉之靈」。大坪少尉看著那些文字，又想起要是自己死了，就會追晉中尉這種陳規。「立正！」的喇叭聲嘹亮地響徹後甲板。這也是獻給盡了自己的義務，光榮陣亡的人的祈禱聲吧。大尉的棺材被丟進冒著泡沫的海中，雖然裝了充分的重錘，卻沒有輕易沉入，像是對分離依依不捨一樣，還在白色的航行軌跡浪間漂浮了一段時間，這情景在夜裡看，也非常鮮明。艦艇靜靜地在水葬的海上航行。

海行水漬屍
山行草生屍

羽黑號的長谷川少尉，身為艦務官，必須主持水葬儀式。羽黑號有五十五名戰死官兵。收集破碎的身體、失去主人的手腳、確認姓名與單位，就花了超過半天時間。戰鬥到底的羽黑號，已經缺乏陣亡者應受禮儀用的砲彈。長谷川不得已只好讓遺體抱著空彈殼，慎重地用毛毯包住。死者隔著某種間隔，被吸進翻騰的波浪、湧起的浪頭裡。儀隊士兵獻上的鳴槍禮，響著令人強烈感觸的乾燥聲。同時，信號手吹奏號角。

大君身邊死
義無反顧，
……

歌聲在眼淚中響起。撕裂天地的轟鳴聲，現在也消逝了。灰色、呈現人形的海軍毛毯搖搖晃晃地直立著，在五天戰鬥期間，不分晝夜掛在後桅杆軍艦旗的飄動聲成為背景，加之在悲傷曲調送行下，他們往無限的深淵中沉去。

4

二十七日

「機槍班集合，到前甲板！」

從十月二十七日清晨開始，早霜號的傳令兵傳達艦長命令。拖著受傷的腳站上台的艦長平山中佐，對精神抖擻排好隊的機槍兵說：「至今為止，因為本艦也在動，所以你們射的子彈命中率也不好，但是今天本艦也停了。好好瞄準，展現你們平常練出來的技術。我會從上面看得很清楚喔！」

「只留下機槍班，其他人全部移動到背後的無人島上去。」

捷一號作戰本身的戰鬥結束了。然而，早霜號的戰鬥還沒有。留在艦上的各機槍群指揮官與士官，分發到印尼泗水土產的雪茄。航海官兼前方機槍群指揮官山口少尉記得，「雪茄只有氣味，完全不好抽。」如果認為這個不好抽的雪茄也是最後的戰鬥的一部分，就會深受感動。山口用力吐出煙，突然想起昨天跟旗艦司令白石大佐和艦長在官廳討論的對話。

司令說：「大家都努力戰鬥了。我艦已經不能航行了，再繼續留在本艦上，只會損失有能力的官兵。登岸到島上怎麼樣？」

在短暫的沉默之後，艦長堅定地斷言：「我並非不能理解司令您的想法，但我艦還有戰鬥能力。帝國海軍的艦艇裡，沒有把還能戰鬥的艦艇拋棄過的前例。我不能拋棄本艦，請讓我再做更多。」

山口覺得，就這樣決定了。因為這一句話，他覺得勇氣強勁地湧起，心裡反而感到安詳。

太陽在地平線上升起的同時，敵機也如同預期現身。十幾架飛機組成的編隊，像是瞧不起緊貼在島嶼背面的驅逐艦，緩緩地在上空盤旋。然後一架接一架依序開始俯衝，敵人像是要來挑戰一場單機對單艦，動真格的比賽似地洋洋得意混著珊瑚礁碎片的水柱，再度覆蓋受損的艦艇，機槍頑強地抵抗，沒有炸彈直接擊中。在看到數架敵機因漏油而撤退的時候，山口少尉在心裡暗呼：「好啊！」

每波攻擊之間會間隔幾小時，總共持續了數次。雖然接連有機槍班人員負傷、陣亡，但是立刻得到補充。連水雷科分隊都來參加戰鬥了。山口少尉雖然也負傷，但元氣依然旺盛。

⚓

兩艘驅逐艦看到如此持續奮戰的早霜號，緊急趕來救援。一艘是收容了鳥海號官兵，在撤退途中的藤波號。還有暫時退避到科隆灣，在那裡等待下一道命令的不知火號。兩艦一邊用閃光信號聯絡，一邊接近過來。然而，厄運緊接著來襲。敵軍的大編隊身影，出現在東邊天空。三艦聯手迎擊，但是僅有三艘驅逐艦的抵抗，在用正面進攻戰法攻擊的大編隊面前，實在靠不住。

藤波號與不知火號都在早霜號眼前發生大火，在持續往西退避的同時進行防禦戰鬥，雖然勇敢善戰，但他們的末日都急速地到來了。藤波號在地平線上爆炸沉沒，接著不知火號也在民都洛島背面的海域，忍著遺憾的眼淚，沉到沒有任何人看見的海裡。

⚓

在艦上跟在島上的早霜號官兵，都陷入相同的絕望情緒中。然而，他們無暇陷入陰鬱情感的漩渦裡，必須派遣動力小艇前去救援人員。從被救的突然變成救人的，既是所謂命運，也是戰場上的諷刺。

山口少尉提出希望指揮小艇，但艦長用「在空襲中，機槍指揮官留下」為由，不予許可。山口記得目睹前去救援的動力小艇在途中被空襲，一個待救者都沒救到就無功而返的情景，山口悔恨地咬牙切齒，認為如果是他去的話……

不只是藤波號跟不知火號沒救了，早霜號自己也因為多次遭近爆彈轟炸，導致破洞變大，浸水情況更加嚴重。二十七日傍晚，艦尾已經浸入水中。若是拋開官兵對早霜號的眷戀而客觀地判斷狀況的話，必須說早霜號早已經沉沒了。

5

二十八日

為期三天三夜的戰鬥結束了。現在儘管敵機通過上空，對沉了一半的早霜號，連看都不看一眼。小澤艦隊在奄美大島跟五十鈴號會合，讓驅逐艦救起來的落海者跟各艦的負傷者，換乘到日向號與伊勢號，踏上返回「懷念的日本內地」之路。航向四十五度方向，航速二十二節。深藍色的海洋今天也像鏡子般安靜平緩。

栗田艦隊穿過圍繞南沙群島，敵軍潛艦也無法進出的「危險地帶」中間，繞道南中國海，一心將艦首朝向汶萊基地。仔細一想，六天前，讓必勝的旭日旗隨著早晨的風勢飄揚，壯盛軍容壓倒海洋的艦隊，曾是有七艘戰艦、十一艘重巡洋艦、二艘輕巡洋艦、十五艘驅逐艦，合計三十五艘的大艦隊。如今剩下四艘戰艦、二艘重巡洋艦、一艘輕巡洋艦、六艘驅逐艦共十三艘，而且還每一艘都受到程度不一的損傷。大和號吞入五千噸以上的海水，前甲板幾乎浸到水面附近，長門號的舷側破了大洞，邊激烈地揚起飛沫邊往前推進。利根號右舷傾斜，矢矧號也像往前倒一樣弄沉了艦首。

然而不管艦艇形狀被打得再破爛，年輕官兵的士氣依然英氣風發。沒有受到嚴重損傷的榛名號通信官榊原少尉，做好心理準備要再戰一次，磯風號通信官越智少尉，也毫無敗北的真實感受。他們覺得，能夠追逐敵軍特遣艦隊進行有模有樣的海戰，是大大的喜悅，沒有一刻比此時更以海軍兵學校所學令人感到自豪。在越智眼裡，南方海上的太陽看起來很強烈，又亮又大，而且色彩像是要融化、掉落，讓人覺得那正是湧出來的偉大戰鬥精神。

羽黑號艦上，因為副艦長的命令，正在進行為了提振士氣的軍官聯合午餐會的準備工作。艦務官長谷川少尉在官廳一邊準備座位，一邊想著有沒有辦法清除滲進官廳內的屍臭味。他想到水上飛機飛行員曾經告訴他，這種時候香水很好用。長谷川回憶道，他大感佩服，覺得真不愧是飛行員，知道奇妙的事情真多。他四處奔走，蒐集艦內所有的香水。在官廳噴灑香水，沉醉在香水的芳香裡，然後覺得給奮勇戰鬥的羽黑號化妝、穿上盛裝，實在意義深遠，並且陶醉在自己的行動中。

當艦長與副艦長進到官廳，都同樣露出奇怪的表情。然而，屍臭味確實消失了。男人的感傷溶進香水的氣味，在到剛才為止還是治療室的官廳裡，進餐在不發一語中持續著。要鼓舞士氣的午餐，卻往往變成沉悶的盛宴，這也是沒辦法的事。有幾個在汶萊出擊前一天晚上，大聲歡唱、精力旺盛地手舞足蹈的人們，已經去了永遠的彼岸。在出擊之際，許多戰士唱了：1

再會吧拉包爾
直到我們再相見
短暫的離別，眼淚快落下
……

然而，現在並非短暫離別。永遠的離別、生與死，分隔了官兵之間。是為了什麼讓許多人死去，還有受傷呢？這道哀傷、痛苦的問題，讓活著的人心懷鬱念，幾張令人惦念的臉孔浮現、又消失了。

十月二十八日晚上八點半，栗田艦隊主力在汶萊灣下錨。以為沒辦法再回來了，官兵在看到安靜的海灣風景時，心裡首度流露哀傷之情，「沒有死得及時」的情緒猛烈地湧上心頭。

羽黑號艦長杉浦嘉十大佐，像在慰勞受傷的座艦般溫柔地操艦，同時靠近預定的錨泊地點。利根號像是垂著一邊肩膀，跟在後頭。兩位艦長的命令與操艦指令聲，響徹廣闊的海灣內，然後回歸平靜。利根號緊靠到羽黑號下錨地點旁，肩對肩般看齊、下錨。戰鬥到最後，從十艘到最後僅剩兩艘的重巡洋艦，艦橋燈光在夜晚的黑暗中，為各自的人員心裡注入了溫暖。

杉浦艦長與黛艦長，分別從各自的艦橋探出半身，在黑暗中默默互相凝視片刻，之後兩人擺出像要握手的姿勢，把手伸得長長的。雖然不可能搆得到，但兩個男人恍如緊緊握到對方手掌、握了拳，大力往上、往下揮。從兩人的口中發出了聲音，那不是「喔」的低沉吼聲，也不是叫喊。長谷川少尉看見杉浦艦長用充滿力量的口氣說：「真的很好……」然後就再也說不出話來了。他想，艦長是想說繼續活下來能見到彼此真的很好？還是想要相互稱讚真的打得很好？杉浦艦長在說不出話的狀況下，靜靜地行舉手禮，黛艦長也回了禮。他們貼在戰鬥帽帽緣的手，不會輕易放下。男人與男人的心靈交流，就這樣持續著，毫不在意周圍的眼光。

羽黑號與利根號，一起進逼到雷伊泰灣口，衝進距離敵艦一萬公尺內，還成功讓敵人全軍覆沒。不，他們應該不是在道述這樣的功勳。恐怕是更加真摯地彼此祝賀「生還的喜悅」。這才是只有用盡全

1　譯注：取自《拉包爾小調》。

部力量，對炸彈、魚雷、槍擊不以為意，面對義務只是筆直地猛烈衝刺、攻擊、有勇氣的男人會知道的喜悅。

在長谷川眼中，這就是所謂真正的男人的友情。

這時候，在塞米拉拉島附近，在無人島背面棲身、戰鬥到底，為戰役最後結彩的早霜號起火了。從輪機室燒起來的火勢，包住全艦。要是以往，官兵會在島上編組救火班，試圖派遣人員前往滅火；但現在已經不可能那樣做了。倖存者已經全體登岸到島上。從船艦流出來的油汙也起了火，早霜號漂浮在鮮紅色的火海中，黑影像在哭喊一般打滾。眼看火焰就要把鐵甲艦艇熔化、燒光，在深夜的黑暗中，永遠、永遠地繼續燃燒……

結語

已故伊藤正德在他的著作《聯合艦隊的末日》（『連合艦隊の最後』，文藝春秋，一九五六年）中寫道：「在本次作戰中，損失的軍艦數量有：三艘戰艦、四艘航空母艦、九艘重巡洋艦、十三艘驅逐艦、五艘潛艦——合計三十四艘。

日本給敵人造成的損失，卻不過只是四艘小型船艦。……帝國海軍究竟是否這麼弱呢？不，筆者不這麼認為。根本原因，要歸因於打算以自損為目標的作戰計畫本身……因為這道作戰命令，是在指示『艦隊的葬身之處』。讓大艦隊赤身裸體航行前進，前往一千海里遠的敵地，最後命令艦隊攻進港灣裡。所以這道命令，從一開始就是徹底破壞了戰略常識訂立的自殺式作戰計畫……」

如果真是如此，那為什麼沒有依照作戰計畫攻進港灣呢？

總之，史上最大的海戰結束了，生存下來的各艦被賦與新的任務，直到躺進深深海底，她們依然要繼續果敢戰鬥。然而，從大局來看，聯合艦隊在栗田艦隊掉頭時就已殞命，艦隊的有形戰力已經毀滅了。這場海戰，既是告別了雄偉無比的大艦巨砲或艦隊決戰思想，也是點綴「日本帝國」最終章的宏偉送葬曲。

以下我們試著談談海戰留下的巨大疑問、演奏送葬曲的殘存艦艇、對海戰投入了所有青春熱情的年輕軍官吧。

(一)通訊問題

A. 瑞鶴號航艦的發報機

雷伊泰灣海戰的關鍵，在於小澤艦隊要把海爾賽艦隊誘離到北方海域，栗田艦隊趁隙攻進沒有重兵防守的雷伊泰灣。如同前文已經寫到，這距離成功只差臨門一腳了。小澤艦隊成功引誘海爾賽，為栗田艦隊攻進空蕩蕩的雷伊泰灣行動，做好了絕佳準備。然而，小澤治三郎發出的誘餌作戰成功電報，卻沒有送到栗田健男手上，於是沒有「眼睛」的栗田長官，認為自己周圍一直被海爾賽擁有三個支隊（由艦隊型航空母艦組成的）大規模兵力的艦隊包圍。

狀況也如同栗田司令部的參謀長小柳富次所說：「若是明確知道敵軍特遣艦隊不在南方，理所當然會攻進雷伊泰灣。」小澤長官的這些電報，如果有送到，栗田司令部就不會堅信眼前所見的護航航空母艦是更具威力的艦隊型航空母艦，也不會被所謂發現幻影敵軍特遣艦隊的電報迷惑，而會依照計畫斷然攻進雷伊泰灣，然後驚天動地的大砲擊滅戰將會撼動雷伊泰灣，染紅海洋。

為什麼小澤長官的電報，沒有送到栗田長官手上呢？

在探究這件事之前，為了釐清關鍵，要試著從小澤長官發送給栗田長官的電報為切入點（每一份都發給了在日本本土的聯合艦隊司令長官，以及捷一號作戰總司令栗田長官）。被認為問題所在的幾封關鍵電報，包括下列八份：

（a）十月二十四日，通知開始對敵軍特遣艦隊進行空中攻擊；

（b）通知派遣以伊勢號、日向號航空戰艦為核心的前鋒部隊；

（c）通知敵軍偵察機出現在小澤艦隊上空，遭美軍海爾賽發現行蹤；

（d）通知隔天二十五日早上，再度遭到敵軍艦載機貼近偵察，海爾賽攻擊將近；

（e）通知八十架敵軍艦載機來襲，正在交戰中；

（f）通知瑞鶴號航艦被魚雷擊中；

（g）通知小澤司令部換乘到大淀號巡洋艦，作戰還在繼續進行中；

（h）通知遭到百架敵機攻擊，秋月號驅逐艦沉沒、多摩號巡洋艦掉隊。

其中（e）與（f）在發訊前後，作為小澤旗艦的瑞鶴號航艦已經沉沒，因此無法確認是否成功發出。所以實際上剩下六份電報。然而即使只從這六份看，也可以充分看出小澤艦隊的誘餌作戰成功達成。換句話說，海爾賽特遣艦隊是被小澤艦隊吸引到北方，敵軍主力不在南方了。

如果能看出這個狀況，栗田長官應該也就能解開，當他的部隊在令人難以置信的情況下，平穩通過聖貝納迪諾海峽前後所發生的那些謎團了。也不會在長達一個半小時的時間裡，從頭到尾誤判二十五日早上意外遇到的克利夫頓·史普雷格的護航航空母艦區隊，是艦隊型航空母艦支隊——也就是屬於海爾賽主力的其中一個支隊。還有，也不會如同一開始說的，誤以為被海爾賽所屬的三個支隊三面包圍的情況了。

在此回到主題。為什麼電報沒有送到栗田長官手上呢？

一般認為，是基於瑞鶴號（小澤艦隊旗艦）的發報機故障，這是至今的共識。

第一個把這件事寫書出版的，可能是菲爾德的《捷號行動：雷伊泰灣的日本艦隊》（*The Japanese at Leyte Gulf: The Sho Operation*，日文版一九四七年出版）。他是美國海軍少校，曾參加雷伊泰灣海戰，在終戰後第三個月，擔任美國戰略轟炸調查團之一員來到日本。與聯合艦隊豐田副武司令長官以下相關將領、參謀見面，進行訊問、調查後，將其成果彙整成書。

他在書中寫道：「……橫跨這個廣闊戰場的高複雜性作戰計畫，其成功與否，主要繫於各部隊是否在適當的時機行動，而這也繫於情資是否在各部隊之間迅速、正確地傳遞。小澤艦隊通知開始進行空中攻擊的緊急電報——也就是小澤捕捉到海爾賽的第一份電報，是發送給聯合艦隊的豐田與中央部隊的栗田。很明顯的是，由於瑞鶴號的發報機故障，而沒有送到任何一方。」

「明顯」這詞的旁邊劃了線，但這是英文apparently的翻譯，在一般情況下，是作為「不用實際去查，在邏輯上就理所當然應該是那樣」的意思所用的詞。

這個說法，首先是因為直接的負責人，通訊長高木中佐陣亡，而另一方面，要接收電報的栗田艦隊司令部，則是作證說誰都沒有看到那份電報。就美國的判斷來說，當然只能認定是瑞鶴號的發報機故障，是故美方用了「明顯」這個詞。

這項推論，受到在之後出版的豐田長官的談話筆記《最後的帝國海軍》（『最後の帝国海軍——軍令部総長の証言』，一九五〇年出版）、小柳參謀長的回憶錄《栗田艦隊》（『栗田艦隊』，一九五六年出版）、尼米茲司令的回憶錄《尼米茲的太平洋海戰史》（*Triumph in the Pacific: The Navy's Struggle Against Japan*，日文版一九六〇年出版）接受，或是肯定。在伊藤正德的《聯合艦隊的末日》中，則認為是「發報機的低效率」所導致的。換言之，這個情況至今都被認為是小澤艦隊單方面的原因，所以電報沒送到栗田艦隊手上。

然而，這項說法是錯誤的。

前述的（a）電報（發送時間為十一點三十八分），大和號在十二點四十一分收到。

大和也有收到（b）。

東京有收到（c），但大和號沒有。

（d）也一樣，東京有收到，大和號沒有收到。

大和號有收到（g），時間是十二點十五分。

大和號也有收到（h），時間是二點三十分。

這些「有收到」、「沒有收到」，是指有沒有記錄在參加戰鬥的各船艦與部隊在戰鬥結束後，全都要提交，叫做「戰鬥詳報」的詳盡報告裡。

各艦在戰鬥中要委派人負責記錄，在**艦橋**逐一寫下艦艇的戰鬥行動。電報傳送，接收的情況也要寫。在戰鬥之後把紀錄加以整理，在艦上油印，按照編制層級送達、提交。這是包含戰鬥中，艦上或周邊發生的事項、射擊、魚雷攻擊、戰果、損傷、燃料、彈藥消耗、通訊、從戰鬥中所得到的教訓、意見等一切事宜，往往厚達五十到一百頁左右的扎實資料，這就是「戰鬥詳報」。因為戰敗而散失的這些資料，在防衛廳戰史室的努力下，[1]漸漸被找回。其中還有在日本全被燒毀，一本不剩，由美國海軍從沉沒的日本艦艇打撈起來，在戰後交還日本，並由戰史室珍藏的。大和號的「戰鬥詳報」有關電報發送、接收紀錄中，有登載（a）、（b）、（g）、（h），同樣在東京通訊隊的紀錄中，也有記錄收到（a）、（b）、（c）、（d）、（f）、（h）。

也就是說，瑞鶴號的發報機**沒有故障**。

B. 司令部的證詞

那麼，為什麼

（1）大和號收到的（a）、（b）、（g）、（h），為何沒有送到栗田長官手上？

（2）大和號收到（a）、（b）、（g）、（h），卻沒有收到重要的（c）、（d）？

接下來我們就聚焦在這兩個問題上。

究竟日本海軍是把電報加密，還是用暗碼謄寫？總之原則上是不准用明碼發電報的。也就是說收到的電報，要全部解碼為明碼的內容。就算是熟練的密碼員，解密也要花上十到三十分鐘。解碼的電報，重新寫成一般的文字，要經過通訊長、通訊參謀的查核再送到艦橋的作業流程。一般是由電訊傳遞員拿到艦橋，緊急狀況時由電訊室打電話給艦橋，或用傳聲管傳達內容，之後再為了確認電報內文，重新送紙本過去。電報紙上，已經印上要送交的對象，看過的人要在自己的位置簽名，總之是不會發生漏送的情況。

然而，以小柳參謀長為首，倖存的栗田艦隊司令部參謀，都在戰史室作證說沒有看到這些電報。

為什麼呢？

根據戰史室的研究，在旗艦愛宕號重巡洋艦沉沒時，大部分隸屬於栗田艦隊司令部的電訊員，被驅逐艦朝霜號救起，他們在沒有機會與大和號會合的情況下，就回到汶萊了。因此大和號的電訊室，在大和號本身與宇垣纏中將的第一戰隊司令部，再加上艦隊司令部通訊的負擔，負責艦隊司令部的電訊員數量只剩下編制規定的半數，工作完全超過負荷。因此就算收到電報，是不是可能會因而忘了解密，漏送到艦橋呢？

而且（a）、（b）、（c）正好是在錫布延海戰、大和號正遭受美軍飛機猛烈空襲時發送的。也可能是被戰鬥中的混亂纏身，發生漏接電訊，或是沒有傳達給司令部的情況。

C. 巨大謎團

就算公認戰史室已經對以上問題，竭盡所能找出答案，總覺得還是有不清晰的部分，或是說跟事實對照後仍有不清楚的地方。艦隊司令部的電訊員跟密碼員的人數，就算減少到在愛宕號時的一半以下，

1 譯注：全稱日本防衛廳防衛研修所戰史室，二〇〇七年改制為防衛省防衛研究所戰史部。

大和號原本就有宇垣中將的第一戰隊司令部在。戰隊司令部的電訊員，加上半數艦隊司令部電訊員的加入，如果沒有墨守陳規、不知變通的情況發生，不可能效率會變差到導致漏接電訊、忘記解碼、漏送等事宜。「因為戰鬥中的混亂而漏送」的解釋，反而太過牽強了不是嗎？

大和號的艦橋、電訊室、天線並沒有被炸彈擊中。如果在那樣的戰鬥中產生混亂，被混亂纏住，而發生漏送重要電報的情況，就表示以戰鬥為任務的海軍，而且是戰艦大和號的戰鬥力（通訊也是構成戰鬥力的重要元素）實在太弱了。

假如是這樣，造成這個現象的原因，只能說是個謎了。戰史室也說是「巨大的謎」。小澤艦隊的山野井通訊參謀也說：「一般來講有點無法想像這情況，也就是說，是有發生什麼嚴重的事情嗎？」這個謎，以人類的智慧是真的無法破解的嗎？

D. 戰鬥詳報

再補充說明。

前文寫過日本海軍的通訊，以全部加密，或是用密語寫，總之就是不以明碼通訊文用電波傳送為原則，但為了達成這種一百分主義，反而造就了一種壞處。就是那份電報不解碼的話，就無法知道內容是有多重要、有多緊急。

例如除了可以用等級是ＵＮＡ（最緊急）、ＫＩＮＮ（緊急）、發訊者是誰、受訊者是誰等資訊來估測，其他不解碼就無從得知，因此如果碰上重要電報的時候，就可能發生延宕。若「只用估測」來決定解碼的優先順序，也會有嚴重疏失發生的機會。

但是，如果認為電報解碼後，漏發給自己的部隊、自己艦艇的話，那就不值得一談了。只要沒有被砲彈、魚雷、炸彈直接擊中或是艦艇沉沒，從常識判斷，應該不可能會發生這種失誤。假設不可能發生，卻依然發生了，但如果沒有重要的旁證資料舉證的話，儘管不情願，也只能說不知為何會導致這樣的謎團。戰後經過了長達二十幾年，當事者的記憶變得不清楚了也很自然，勉強要讓說法連貫，甚至有可能背離真相。

對（2）提到大和號收到（a）、（b）、（g）、（h），卻沒有收到（c）、（d）的情形，也可以採取同樣的看法。總之就是發生了不可能會發生的事，這是個奇怪的謎。

我想補充的是，「戰鬥詳報」本身，是在戰鬥結束後，「整理」記錄後所寫成的東西。這也就意味著在寫戰鬥詳報時，理所當然有進行選擇、取捨。（c）、（d）真的漏接了嗎？是記載遺漏嗎？到今天依然無法取得資料加以證明，調查變得極端困難。是故，這個現象也包含在那個謎的範圍裡頭。

E. 栗田健男中將的證詞

在戰後的昭和二十四年（一九四九年）十二月，栗田健男前中將向美軍遠東總司令部的戰史組說了後來被披露、很有意思的證詞。

「小澤艦隊正在牽制敵軍全部高速航空母艦部隊的情資，我連一丁點都沒有耳聞。我到現在還明確記得，我在二十五日晚上，部隊要進入聖貝納迪諾海峽前，看到了報告小澤艦隊戰況的電報。我當時覺得小澤艦隊奮戰的成果得來不易，但是如今為時已晚。」

這樣的話，小柳參謀長等人在戰後頻頻主張的瑞鶴號通訊器材故障的定論，到底是怎麼回事？他們是明明知道實情，卻為了替自己找藉口而故意掩飾嗎？

栗田還這樣說：「根據大和號的戰鬥詳報，十二點跟下午二點過後收到小澤艦隊的電報，但我沒有在部隊中止攻進雷伊泰灣的前後時間點，聽過這些電報內容的記憶。」

這段證詞，可能是在說前面的（g）、（h）的電報吧。尤其是（g）很重要。因為發出時間正緊接在決定要掉頭前，而大和號收到了電報。但，總指揮官栗田中將卻不知情。至少在這個時間點上，大和號是宇垣中將的第一戰隊旗艦，也同時是栗田中將的第二艦隊旗艦。明明是這樣，大和號的戰鬥詳報，卻不是第二艦隊的戰鬥詳報？從作戰前後開始，第一戰隊司令部與第二艦隊司令部，也一直被說未必相處融洽。如此看來，戰鬥詳報之謎更為啟人疑竇。

（二）小澤艦隊

A. 日向號艦長野村留吉少將的戰鬥日誌最終章

「十月二十九日（星期日），敵軍潛艦昨晚好像追丟了我們一樣，從昨夜以來，雷達、聲納都沒有任何相關的情資，六點，航向三百二十度方向，直接前往九州北岸的沖島水道。在天亮同時接受友軍航空部隊的反潛警戒。過去二十天，目送軍容壯盛的機動部隊主隊出擊的他們，現在迎接本隊兩艘戰艦、一艘輕巡洋艦、三艘驅逐艦，會有什麼感覺呢？

十二點三十分，平安進入沖島水道。伊勢號、霜月號、槙號因維修安排先走。傍晚開始，烏雲滿天，不時下著細雨，但是從十二日晚上有月光，能見度未必不好。二十一點，進入懷念的久田子水道（作者注：進入吳港的關口）。二十二點三十分，進入燈火管制下的吳軍港，在二十六號浮標的繫留後結束了。……全部航程約三千四百海里，想起來，我的下屬努力奮戰，我軍軍艦日向號努力奮戰，這份感謝、這份喜悅要如何言喻……」

B. 小澤中將戰鬥報告的結尾

「本艦隊擔任游擊部隊，為達成目的，阻止敵軍南進，已盡能力所及的最大努力。然而，不得已，損失了極大量軍艦這一點令人遺憾。」

C. 五十鈴號航海官竹下哲夫少尉的手記

「我記得，一碰到故國山河，我先是覺得『很好，這次又沒死成』而深感慚愧。另一方面，又有『下次一定要死成』的高漲情緒。但是，阿兵哥很老實。我記得有士兵全身上下都是活著的喜悅，過來對我說：『航海官，五十鈴號沒沉，太好了。』」

D. 不可思議的靈異事件

昭和十九年（一九四四年）十月，在福島縣相馬市某處工廠，女子挺身隊成員因為集體發生全身浮腫的怪病，瑞鶴號航海官近松正雄少尉的父親前往診治，而在當地住宿一晚。就寢中，父親做了夢。夢見近松穿著白色的夏季軍服向父親走了過來，對他敬禮。父親覺得很怪，便問「現在怎樣啦，放假嗎？」但近松沒有回答，再次敬禮，消失離去。在同一時間，父親長年愛用的懷錶，就放在枕頭附近的狀態下，發條自然地鬆了。據說父親猛然感覺一定是近松發生了異狀。

那天正是近松在菲律賓外海的太平洋上漂流、做著白日夢，對雙親與故鄉表達悲壯的訣別，並祈求「天若有慈悲，就替我傳達吧」的時候。近松是在全體救援行動就快要結束的最後一刻才獲救，這也許是「奇蹟」吧。

E. 小澤艦隊倖存艦艇之後狀況

日向號、伊勢號、大淀號：都在吳軍港遭到空襲，嚴重損毀觸底或翻覆（一九四五年七月）。

五十鈴號：遭潛艦攻擊、沉沒（一九四五年四月）。

槙號：終戰時無傷殘存。

若月號：在奧爾莫克灣空襲中沉沒（一九四四年十一月）。

霜月號：遭潛艦攻擊、沉沒（一九四四年十一月）。

（三）志摩艦隊

A. 在馬尼拉

霞號與志摩艦隊各艦一起進入馬尼拉灣，機槍群指揮官加藤新少尉在此見到的，是擱淺的船隻悲涼淒慘的隊伍。然後，他偶然在此也見到了雖是同一艦隊，卻分離失散的阿武隈號的軍官們。頭上包著白色繃帶的同期伊規須太郎少尉在裡面，這兩位年輕軍官間的彼此對話：

「唷，怎麼啦？」

「慘到不行，沉啦。」

「該死。」

「我在後面的高射砲，但現在想起來還是很恐怖啊。聽好了，炸彈像下雨一樣掉下來，好像還弄到魚雷殉爆。之後我就不知道了，回過神的時候我已經在海中要拚死浮起來划水掙扎啦。幸好被爆震波吹走，所以得救了。我不要再上軍艦了，開飛機比較好啊，把心一橫，就能死成了。」

不想再搭軍艦，似乎是沉沒艦艇官兵共通的想法。然後，很奇怪地，在雷伊泰灣海戰之後，失去艦艇的年輕官兵，深深感受到敗北的感覺，沒沉艦艇的官兵，卻很奇怪地有勝利之感。

B. 有村政男的腳

在科隆灣度過二、三天後，阿武隈號通信官有村少尉被送上前來迎接的醫院船，送往馬尼拉的海軍醫院，昭和十九年（一九四四年）年末送回本土，在目黑區的海軍醫院將右小腿截肢。有村活了下來，但最後他的腳還是沒能復活。

C. 志摩艦隊倖存艦艇之後狀況

那智號、曙號：在馬尼拉灣大空襲中沉沒（一九四五年一月）。

足柄號：遭潛艦攻擊、沉沒（一九四五年一月）。

潮號：終戰時無傷殘存。

霞號：參加菊水作戰（大和特攻），前往沖繩途中遭空襲沉沒（一九四五年四月）。

（四）西村艦隊

A. 倖存艦艇之後狀況

在全軍覆沒的西村艦隊裡，獨自生存下來的驅逐艦時雨號，被認為是不管在多困難的戰鬥中都能生存、歸來、武運奇佳的艦艇，幸運到人稱「吳的雪風，佐世保的時雨」。

（五）栗田艦隊

A. 愛宕號的天皇、皇后玉照

奪走了高橋準少尉同期同學久島守少尉生命的愛宕號，艦上的天皇、皇后玉照，在浪間漂流時被人撈起，連同朝霜號一起回到了汶萊灣。之後，可能是因為命運的安排吧，跟久島少尉立下「重要關頭」約定的高橋少尉，最後負責執行把玉照送回吳港的任務，平安回到日本。高橋準到今天都還認為，是久島少尉在天之靈保佑他到最後。

B. 武藏號的戰鬥詳報

武藏號的戰鬥詳報由生還官兵負責彙整。根據望月幹男少尉的記憶，武藏號是被二十七枚魚雷、十六枚一百公斤炸彈擊中沉沒的。這份戰鬥詳報，後來由望月少尉親自帶回日本，送到聯合艦隊司令部。

C. 大場三郎少尉的傷勢

在抵達馬尼拉之前，全身被破片打中的熊野號巡洋艦大場少尉依然持續昏睡，是他的年輕身軀救了他。大場從馬尼拉搭乘醫院船冰川丸回到日本，住進橫須賀的海軍醫院，在那裡移除全身上下的破片後，身體立刻恢復元氣。大場三郎現在深有感慨地說：「這就是年輕啊。」

D. 宇垣纏中將的俳句

鷹停桅頂的勝利之戰

以此句開場的捷一號作戰，最後以徹底敗戰收場，在艦隊主力於戰役後前往汶萊基地的十月二十七日，宇垣纏中將在他的日記《戰藻錄》寫了下列三句：

持續進行水葬的航線與戰鬥痕跡

今夜又有許多水葬，烏雲遮月

夜浪白白包住水漬屍

帶著真心的哀傷，隨著文字傳遞了過來。

E. 早霜號的戰鬥

十月二十九日早上，前一晚的火勢依然持續猛烈燃燒著早霜號驅逐艦。隔天早上，露出了艦體紅色生鏽的鋼鐵赤裸肌膚，讓官兵不忍卒睹。儘管後部擱淺沉沒，早霜號依然漂浮著，但已經沒有戰鬥力。全體官兵不得已，只好上岸到後方的無人島。然後以通信官山口裕一郎少尉帶頭，把機密圖書、機密海圖等重要文件花二天燒毀的行動為契機，全員轉為陸戰隊員，在島上展開秩序良好的生活。

光是描寫這段島上生活，就是一篇故事。據說山口少尉深感，不論在艦上或島上，軍官們的堅韌鬥志，以及不讓前輩的光榮蒙羞的責任感，再加上士官、士兵們的技能、學習態度，以及真誠向上之心都支撐著海軍。

當日本的水上飛機飛到無人島上方發現他們，已經是上岸約十天之後的事情。他們請降落在水上的這架水上飛機傳話：「司令白石大佐以下一百五十人當中，有負傷者五十人，人在島上，有二個月分糧食。」然後，救援船在之後十天來了。

然而，官兵雖然撤離了，但不能拋棄還半浮著的早霜號。在等待從馬尼拉運來炸藥，破壞艦艇重要部位以令其自沉為止之前，委派資深軍官田中義一大尉擔任指揮官，帶領三十人留在島上，守望著早霜號。命運把至今為止都一起戰鬥的官兵們分為兩途，讓人還沒有清楚意識到的時候，就已經分成生與死的兩邊去了。

山口少尉提出，自己身為通信官，理所當然應該要留下，但擔任司令部侍從官的同期阿部啓一少尉，卻直接接下他的位置。

「你受傷了，先回去吧。我會留下來。」

早霜號官兵留下十五把步槍、五把手槍等武器給三十名弟兄，就這樣分別搭乘兩艘動力帆船，一週後抵達馬尼拉灣。受傷的山口少尉直接被送往醫院，他在很久之後才聽說留在島上三十人的消息。山口少尉的手記這樣寫：「在很久之後，聽說有當時留下的醫護士官，講了在馬尼拉發生的事情。留下來的三十人，之後分別搭乘兩艘小艇去民都洛島。但在途中，資深軍官的小組就聯絡不上阿部少尉負責的小組，好像失蹤了。

我認為阿部少尉可能是在跟登陸的美軍或是游擊隊苦戰後陣亡了，一心為他祈求冥福。我輕易地接受了阿部的好意，跟他道別說：『那，我先回囉。』結果卻是……想到離開島上的時候，他從早霜號甲板上揮著帽子的景象，我內心充斥著做了對不起他的事，而感到抱歉的心情。」

山口少尉的恩師，秋山下士抵達馬尼拉為止，都還平安。在當地的海軍醫院，被醫院船送返日本的山口，與留在馬尼拉的恩師分別，那次成了最後的離別。山口抵達九州別府的海軍醫院時，聽到的新聞內容是「美軍登陸民都洛島聖荷西」。麥克阿瑟的軍隊橫掃菲律賓戰役，馬尼拉在昭和二十年（一九四五年）二月三日淪陷。戰後，山口裕一郎沒能再見到恩師。

F. 栗田艦隊倖存艦艇之後狀況

大和號、矢矧號、朝霜號、磯風號、濱風號：在菊水作戰（大和特攻）中出擊，前往沖繩途中遭空襲沉沒（一九四五年四月）。

長門號：終戰時輕度受損殘存。

金剛號：被潛艦用四枚魚雷擊中、沉沒（一九四四年十一月）。

榛名號：在吳軍港空襲時嚴重受損、觸底（一九四五年七月）。

高雄號：在新加坡實里達港遭英國小型潛艇攻擊，在無法行動的狀態下迎接終戰（一九四五年七月）。

妙高號：遭潛艦攻擊、嚴重受損（一九四四年十二月），在無法行動的狀態下在新加坡迎接終戰。

羽黑號：在檳城外海遭航母艦載機及五艘驅逐艦攻擊、沉沒（一九四五年五月）。

熊野號：因空襲在科隆灣沉沒（一九四四年十一月）。

利根號：在吳軍港空襲中嚴重受損、觸底（一九四五年七月）。

秋霜號、沖波號：在馬尼拉空襲中沉沒（一九四四年十一月）。
岸波號：遭潛艦魚雷攻擊、沉沒（一九四四年十二月）。
長波號、濱波號、島風號：在奧爾莫克灣空襲時沉沒（一九四四年十一月）。
浦風號：遭潛艦魚雷攻擊、沉沒（一九四四年十一月）。
清霜號：遭美軍魚雷艇攻擊，及陸軍飛機空襲、沉沒（一九四四年十一月）。
雪風號：如同「吳的雪風」名號，在大和特攻時也出擊，並且生還，終戰時沒有受損而殘存。號稱太平洋戰爭中唯一一艘具有好武運的艦艇。

（六）海軍兵學校第七十三期

A. 生與死

就像看前文也都知道，直接參加雷伊泰灣海戰的六十艘船艦中，只有僅僅三艘驅逐艦在終戰時沒有受損殘存下來。可以藉此狀況了解，聯合艦隊是戰到最後一艦、最後一兵了。在雷伊泰灣海戰倖存下來，卻死在之後戰鬥中的最低階軍官——少尉的數量，也是多得數不完。將死在海戰中的人，跟死在之後戰鬥中的人數合計，七十三期參加雷伊泰灣海戰者，有九十六人陣亡。

眼光放寬點看，海軍兵學校第七十三期九百零一名畢業生中，派艦的、飛行任務的，合計有多達三百零三人，每三人中就有一人陣亡。他們都在年紀輕輕的二十歲就陣亡了。

B. 活下來的人

這是現在，倖存在世的他們所說，或是寫下的一些話。

「我活下來了，你卻死了。這之間什麼必然性都沒有，有的只不過是偶然分隔了生死。因為這個偶然，我們到今天都還活著。總覺得很對不起死掉的你……」

「與艦同生，與艦共死。在軍艦旗下有生的價值，也有死的價值。為什麼在這個戰後人生裡，沒有辦法用跟那時一模一樣的真摯方式過活呢？我現在的人生裡面，沒有屬於我人生的『軍艦旗』可以讓我在它底下，既能為之生，也能為之死啊。」

「就算戰敗而死，人總是在訴說著什麼事……在和平的時代，都無法說不會發生讓人陷入戰場生死關頭的極限狀態。在那個狀態下，要如何行動，同時也是要如何生存的問題。思想也就是在那之間蘊生。今日試著再度重新回味陣亡者的死亡，其中一項意義，也可能是在於此。活下來，人生了不起也不過是一百年，跟宛如巨人邁開大步離去的時間洪流相比，不過是一瞬間的幻影。那麼，用了解自己為其而死的價值所在，爽快地死的樣子，從死後世界對人世講這件事，不也是一種活的方式嗎？」

「漂亮地死就是好好地活。漂亮地卻沒死成的男人，只能在傾聽著漂亮地死掉的傢伙們聲音的同時，心不在焉地活……」

「與無法逃避的死亡對決——這就是對單一個人而言的戰爭本質，除此之外什麼都不是。那個時候的絕望感，當時的……不，現在的為政者會知道嗎？」

寫給決定版的後記

本書最初是在昭和四十五年（一九七〇年）八月，由Orion出版社以《全軍突擊　雷伊泰灣海戰》為題出版。之後昭和五十九年（一九八四年）六月，於朝日Sonorama出版社的「航空戰史文庫」系列，改名為《雷伊泰灣海戰》，以上下二卷方式將本書收入。不論是哪個版本，都是與前大本營參謀、海軍中佐吉田俊雄先生掛名共同作者的形式問世。然而，這些現在都已經絕版了，在舊書店也不太找得到。

ＰＨＰ研究所的大久保龍也、福島廣司與西村映子等人，還有其他幾位編輯讀了本書，說出「就這樣令其永眠實在可惜」這樣讓我感到欣喜的話，還強烈建議我要再次出版。因為是距離三十年前所寫的書，再重讀發現有滿多自己覺得不好意思的地方。我沒有扭曲事實下筆，但是到處有玩弄文字、華麗做作的地方。想起執筆當時，記得除了想要寫一部波瀾壯闊的海戰戰記，心裡還偷偷懷抱著要試圖寫出日本稀少的海洋文學，這種不自量力的遠大意圖。因為這樣，用字也自然地緊張起來了吧。我一再試著重讀，心裡也相當猶豫，這有一部分也是出於對自己舊作品的嫌惡。但最後我還是答應了，這當中也曾自省過，覺得我現在的文章也不是什麼大不了的東西，拿不上檯面。

雖然極為失禮，我在取得吉田俊雄先生允許的情況下，把他所寫的前半戰史部分（海戰之前的冗長作戰計畫）給省略了。最大的理由是，超過五百頁的書，並不受現在的讀者大眾歡迎了。還有，跟三十年前最初出版時的情況不同，到雷伊泰灣海戰前的戰史，已經有相當多人知曉了。反倒是沒有詳細描寫海戰本身的紀錄。出版社判斷讀者的期望就在於此，而我也被出版社的想法給打動。我要對吉田先生深表歉意，並感謝他的同意。

最初版的〈後記〉裡，我曾寫道，在日本及美國至今出版過有關雷伊泰灣海戰為主題的書籍，盡是以栗田艦隊（薩馬島海戰）、小澤艦隊（恩加尼奧角海戰）、西村艦隊與志摩艦隊（蘇里高海峽海戰），以及神風特攻隊的戰鬥方式區分、彙整這場戰役，其呈現方式在很大程度上讓讀者不易掌握戰役的全貌。儘管本書理所當然，也是作為與雷伊泰灣海戰有關的一本書，但本書的特色是試著把所有部隊各自的動向，宛如兵棋推演一般，在圖紙上一分一秒記錄下來，然後做俯瞰式的描述。點出在這場戰役中出現的錯誤、誤判、幸運、厄運、遲疑，如何對其他的戰鬥產生作用，如何影響整體作戰。

另外，聯合艦隊幾乎所有的艦艇都參加了這場海戰。前後四天的作戰結果，是三艘戰艦、四艘航空母艦、六艘重巡洋艦、四艘輕巡洋艦、十一艘驅逐艦沉沒，所剩不多的飛機，被擊落一百架以上，七千四百七十五名官兵陣亡，聯合艦隊因此喪失組織戰鬥力，實質上宣告毀滅。藉由一艘艘艦艇的行動，應該能清楚呈現雷伊泰灣海戰是一場多麼悲慘的戰役。就算不可能個別一艘艘描寫戰鬥過程，本書還是盡可能地追蹤、調查各艦的行動。相較之下，日軍對美軍造成的傷害，就算加上飛機的攻擊與神風特攻衝撞達成的戰果，也僅止於擊沉三艘航空母艦、三艘驅逐艦。這場海戰也可以說是點綴大日本帝國最終章節的雄偉送葬曲。

在彙整本書時，我訪問了海軍兵學校七十三期的各位，現在想起來，還是覺得給他們添了很大的麻煩。我已經跟他們完全沒有聯絡很長一段時間了，在那次訪問之後已經過了三十年，不知他們是否還硬朗？我在這裡本來只想寫下他們的名字，但比起只寫名字，作為一份紀錄，我也想寫下這些人在三十年前接受我的採訪時，他們當時的職位。戰後日本，就是因為這些曾通過生死關頭的人的努力而建立起來的，不是嗎？（由五十音順列）

安部時寬（村樫石灰工業東京營業所長）、阿部勇（英和精工社長）、有村政男（富士銀行本店調查部調查役）、池田清（東北大學法學部教授）、石塚司農夫（順天堂大學事務長）、市川通雄（三鷹市立第二中學教職）、岩松重裕（日本郵船經理部副部長）、越智弘美（日本航空航運基準課長）、大坪寅郎（海上自衛隊補給統制隊企畫室長，[1]一等海佐）、大場三郎（自雇，牛乳販售店）、加藤新（自雇，陶器販售）、兒島誠保（大森藥品社長）、榊原梧朗（三井物產總務課長）、島田八郎（東京豐田柴油車取締役、客車部部長）、高田芳春（日本水產拖網課長）、高地一夫（日本航空工務本部管理部次長）、高橋準（東亞燃料工業人事課長）、竹下哲夫（自雇，牙科醫院）、近松正雄（自雇，內科醫院）、中川五郎（舊姓黑田，ＫＫ柳善社長）、馴田幸穗（古鷹商會社長）、長谷川保雄（長谷川纖維工業社長）、橋本文作（早稻田大學工學部教授）、峯真佐雄（住友電木東京營業部長）、望月幹男（千代田火災海上保險人事課長）、森田衛（海上自衛隊望月號護衛艦艦長，一等海佐）、森脇輝雄（栗田工業，大阪

1 一九九八年已改制為海上自衛隊補給本部。

支店）、山口裕一郎（三重縣立水產大學，講師）。

另外，我也想起了，當年採訪過程中，我拜訪了當時還健壯的小澤治三郎、志摩清英、栗田健男、小柳富次、寺崎隆治等舊海軍將領時，聽到許多事。我還強烈地記得，小澤先生幾乎什麼都沒說。面對我不停的追問，他只說了一句：「有遵守命令的人，只有西村君啊。」我也跟栗田先生，還有也是我的老師的伊藤正德見了面。栗田先生對於在即將到達雷伊泰灣的時候掉頭這件事，幾乎沒有辯解，只淡淡地談了事實，尤其是缺乏通訊的情況，但到最後他透露：「總之就是累到底了。」令我印象深刻。我也沒有忘記還有從利根號艦長黛治夫、小澤艦隊參謀大前敏一、秋月號艦長緒方友兄、雪風號艦長寺內正道等前戰將口中，聽到了珍貴的實戰經驗談。我還記得也給防衛廳戰史室添了麻煩。我也在聖地牙哥軍港採訪了海戰中的美方指揮官——克利夫頓．史普雷格將軍珍貴的經驗談。

對至今所有逝者，致上深厚謝意。

還有，書中使用的時間統一為當地時間，與日本內地約有一小時誤差。

一九九九年十月

半藤一利

參考文獻（不照順序）

◀書籍（日文）

防衛庁戦史室編《沖縄方面海軍作戦》、同《沖縄方面陸軍作戦》、同《マリアナ沖海戦》、同《捷号作戦(1)》、米海軍省《米国海軍作戦年史》、《大東亜戦争写真史》、《秘密兵器の全貌》、《航空技術の全貌》、福井静夫《日本の軍艦》、伊藤正徳《帝国陸軍の最後》、同《連合艦隊の最後》、同《連合艦隊の栄光》。高木惣吉《私観・太平洋戦争》、同《山本五十六と米内光政》、同《太平洋海戦史》、毎日新聞編《太平洋戦争秘史》、猪口力平・中島正《神風特別攻撃隊》、大井篤《海上護衛戦》、横山保《ああ零戦一代》、源田実《海軍航空隊始末記》、宇垣纏《戦藻録》、富永謙吾《大本営発表》、草鹿竜之介《連合艦隊》、堀越二郎・奥宮正武《零戦》、同《提督小沢治三郎伝》、寺崎隆治《海軍魂》、児島襄《悲劇の提督》、木村八郎《日本海軍・特攻篇》、池田清《日本の海軍》、豊田副武《最後の帝国海軍》、小柳富次《栗田艦隊》、同《日本海軍の回想とアメリカ戦史の批判》、服部卓四郎《大東亜戦争全史》、吉田俊雄《沖縄》、同《あ号作戦》、同《連合艦隊》、同《軍艦十二隻の悲劇》、反町栄一《人間・山本五十六》、富岡定俊《開戦と終戦》、吉村昭《戦艦武蔵》、佐藤太郎《戦艦武蔵の最後》、中島誠《決戦レイテ湾》、渡辺清《戦艦武蔵の最後》、松本喜太郎《戦艦大和・武蔵＝設計と建造》、海上自衛隊《太平洋戦争日本海軍戦史》、日比慰霊会《比島戦記》。

▼書籍（已翻譯為日文出版）

《米国戦略爆撃調査団訊問記録》、A・キング《キング元帥報告書》、C・W・ニミッツ他《ニミッツの太平洋海戦史》、グリーンフィールド《歴史的決断》、C・ウィロビー《マッカーサー戦記》、R・C・エンソー《第二次大戦史》、H・ボールドウィン《海戦》、同《勝利と敗北》、J・A・フィールド《レイテ沖の日米大決戦》、D・マッカーサー《マッカーサー回想記》、マーシャル《マーシャル報告書》、《第二次大戦米国海軍作戦年誌》。

▼書籍（英文）

S. E. Morison “Leyte”. “The Two Ocean War”.
C. V. Woodward “The Battle for Leyte Gulf”.
W. F. Halsey & J. B. Bryan III “Admiral Halsey’s Story”.
Y. Kuwahara & G. T. Allred “Kamikaze”.
W. Karig, W. Kelly “The Battle Report”.

◀雑誌報導、手記等（日文）

野村留吉《比島沖海戦中の戦闘日誌》、村松豊秋《戦艦長門血戦記》、池田武邦《軽巡・矢矧奮戦記》、吉田俊雄《栗田提督突入せず！》、池田清《巡洋艦・摩耶二十年後の追悼》、同《レイテ海戦覚書》、井上団平《パラワン水道に散った摩耶悲運の奮戦》、寺岡正雄《鈴谷誕生からブルネイ沖まで》、今官一《戦艦長門抄》、市川通雄《私は断末魔の大和に乗っていた》、秋山一《五十鈴の戦い》。長谷川桂《遂にレイテ突入せず》、黒田吉郎《翼なき航空戦艦・伊勢巨砲に生きる》、小野田政《忘れ得ぬ戦場》、宇都宮道春《水雷屋に徹したパラワン沖払暁戦》、志摩清英《第二次遊撃部隊スリガオに突入ならず》、水野弥三《怒りと炎の中に消えたオトリ艦隊》、白石恒夫《秋霜に流した鮮血》、《羽黒戦闘詳録》、《榛名戦闘詳報》、読売新聞連載《昭和史の天皇＝捷一号作戦》、海軍兵学校第七十三期生会報《海軍兵学校1〜10》、そのほか《特集文藝春秋》、《丸》等。

◀雑誌報導等（英文）

The Battle Report of USS SUWANNEE

The Battle Report of USS KITKUN BAY

The Battle Report of USS LOUISVILLE

人名

Arleigh Burke　伯克少將
Bladen D. Clagget　克拉葛特中校
Chester W. Nimitz　尼米茲上將
Clifton Sprague　克利夫頓・史普雷格少將
David H. McClintock　麥克林托克中校
Ernest E. Evans　伊凡斯中校
Felix B. Stump　菲力克斯・史登普少將
Frederick Sherman　薛曼少將
Gerald Bogan　波根少將
James A. Fields, Jr　菲爾德少校
Jesse B. Coward　柯華德上校
Jesse B. Oldendorf　奧登道夫少將
John McCain, Sr.　馬侃中將
Laurance T. DuBose　杜伯斯少將
Marc Mitscher　密茲契中將
Ralph Davison　戴維森少將
Reid P. Fiala　菲亞拉中校
Thomas C. Kinkaid　金凱德中將
Thomas L. Sprague　湯瑪士・史普雷格少將
Walter V. R. Vieweg　維威格上校
William Halsey, Jr.　海爾賽上將
Willis Augustus Lee　威利斯・李中將

艦名

USS Albert W. Grant，DD-649
格蘭特號驅逐艦
USS Birmingham，CL-62　伯明罕號輕巡洋艦
USS Chicago，CA-29　芝加哥號重巡洋艦
USS Dace，SS-247　鰷魚號潛艦
USS Darter，SS-227　海鯽號潛艦
USS Dennis，DE-405　丹尼斯號護航驅逐艦
USS Enterprise，CV-6　企業號航空母艦
USS Essex，CV-9　艾賽克斯號航空母艦
USS Fanshaw Bay，CVE-70
範肖灣號護航航艦
USS Gambier Bay，CVE-73
甘比爾灣號護航航艦
USS Hancock，CV-19　漢考克號航空母艦
USS Heermann，DD-532　赫爾曼號驅逐艦
USS Hoel，DD-533　霍爾號驅逐艦
USS Hornet，CV-12　大黃蜂號航空母艦
USS Independence，CVL-22
獨立號輕型航空母艦
USS Jallao，SS-368　仿石鱸號潛艦
USS Johnston，DD-557　驅逐艦約翰斯頓號
USS Kalinin Bay，CVE-68
加里寧灣號護航航艦
USS Kitkun Bay，CVE-71
基昆灣號護航航空母艦
USS Langley，CVL-27　蘭利號輕型航空母艦
USS Lexington，CV-16　列星頓號航空母艦
USS Louisville，CA-28　路易維爾號重巡洋艦
USS Miller，DD-535　米勒號驅逐艦
USS Mobile，CL-63　莫比爾號輕巡洋艦
USS Nashville，CL-43　納許維爾號輕巡洋艦
USS New Jersey，BB-62　紐澤西號
USS Owen，DD-536　歐文號驅逐艦
USS Petrof Bay，CVE-80
彼德羅夫灣號護航航空母艦
USS Princeton，CVL-23
普林斯頓號輕型航空母艦
USS Raymond，DE-341　雷蒙德號護航驅逐艦
USS Remey，DD- 688　雷米號驅逐艦
USS Reno，CL-96　雷諾號輕巡洋艦
USS Samuel B. Roberts，DE-413
羅伯茲號護航驅逐艦
USS Sangamon，CVE-26
桑加蒙號護航航空母艦
USS Santa Fe，CL-60　聖達菲號輕巡洋艦
USS Santee，CVE-29　桑提號護航航空母艦
USS St. Lo，CVE-63　聖羅號護航航空母艦
USS Suwannee，CVE-27
史瓦尼號護航航空母艦
USS Tang，SS-306　刺尾魚號潛艦
USS Wasp，CV-18　胡蜂號航空母艦
USS White Plains，CVE-66　白原號護航航艦

Crossing the T　T字狀況
Zigzag　之字航行

中英譯名對照

戰役

Battle of the Philippine Sea
　　馬里亞納海戰，美軍名為菲律賓海海戰
Formosa Air Battle
　　台灣航空戰，日本名為台灣沖航空戰
The Battle of Cape Engaño　恩加尼奧角海戰
Battle of Samar　薩馬島海戰
Battle of the Sibuyan Sea　錫布延海戰
Battle of Surigao Strait　蘇里高海戰

地名

Cape Engaño　恩加尼奧角
Cebu　宿霧
Celebes Sea　西里伯斯海
Colon Bay　科隆灣
Dapitan　達皮旦
Davao　達沃
Dulag　杜拉格
Hibuson Island　希布森島
Leyte　雷伊泰島
Lingga Roads　林加泊地
Mabalacat　馬巴拉卡特
Mindanao Sea　民答那峨海
Mindoro Island　民都洛島
Mindoro Strait　民都洛海峽
Morotai Island　摩羅泰島
Mount Halcon　哈爾康峰
Negros Island　內格羅斯島
Ormoc Bay　奧爾莫克灣
Palawan Passage　巴拉望水道
Panaon Island　帕納翁島
Rennell Island　拉納爾島
Saipan　塞班島
Samar　薩馬島
San Benardino Strait　聖貝納迪諾海峽
Santa Isabel Island　伊莎貝爾島
Semirara Island　塞米拉拉島
Sibuyan Sea　錫布延海
Sulu Sea　蘇祿海
Suluan Island　蘇魯安島
Surigao Strait　蘇里高海峽
Tabuas Island　塔布拉斯
Tabuas Strait　塔布拉斯海峽
Tacloban　獨魯萬
Tawi-Tawi　塔威塔威
Tuguegarao　土格加勞
Ulithi Atoll　烏利西環礁
Vella Lavella　維拉拉維拉島
Yap Island　雅浦島

部隊番號

Task Force 34　第三十四特遣艦隊
Task Force 38　第三十八特遣艦隊
Task Group 38.1　第三十八・一特遣支隊
Task Group 38.2　第三十八・二特遣支隊
Task Group 38.3　第三十八・三特遣支隊
Task Group 38.4　第三十八・四特遣支隊
Task Group 77.4 (Escort Carrier Group)
　　第七十七・四護航航空母艦部隊
Task Unit 77.4.1 "Taffy 1"　第七十七・四・一
　　特遣區隊，代號塔菲一號
Task Unit 77.4.2 "Taffy 2"　第七十七・四・二
　　特遣區隊，代號塔菲二號
Task Unit 77.4.3 "Taffy 3"　第七十七・四・三
　　特遣區隊，代號塔菲三號
Destroyer Squadron 54　第五十四驅逐艦戰隊
Cruiser Division 13　第十三巡洋艦區隊
General Headquarters/US Far East Command,
　　Military History Section
　　美國遠東總司令部戰史組

另眼看歷史 Another History 50

燃燒的海洋：雷伊泰灣海戰與日本帝國的末日【日本「終戰」80年修訂版】
レイテ沖海戦

作　　者　半藤一利
譯　　者　許哲睿
特約編輯　陳建安
責任編輯　區肇威（初版）、許月苓（二版）
校　　對　魏秋綢
排　　版　張彩梅
封面設計　兒日

副總編輯　邱建智
行銷總監　蔡慧華
出　　版　八旗文化／遠足文化事業股份有限公司
發　　行　遠足文化事業股份有限公司（讀書共和國出版集團）
地　　址　新北市新店區民權路108-2號9樓
電　　話　02-22181417
傳　　真　02-22188057
客服專線　0800-221029
信　　箱　gusa0601@gmail.com
Facebook　facebook.com/gusapublishing
Blog　gusapublishing.blogspot.com
法律顧問　華洋法律事務所／蘇文生律師

印　　刷　中原造像股份有限公司
定　　價　550元
初版一刷　2018年9月
二版一刷　2025年8月
ISBN　978-626-7509-56-2（紙本）、978-626-7509-54-8（PDF）、978-626-7509-53-1（EPUB）

國家圖書館出版品預行編目（CIP）資料

燃燒的海洋：雷伊泰灣海戰與日本帝國的末日／半藤一利著；許哲睿譯. -- 二版. -- 新北市：八旗文化, 遠足文化事業股份有限公司發行, 2025.08
面；　公分. --（另眼看歷史 Another History；49）
譯自：レイテ沖海戦
ISBN 978-626-7509-56-2（平裝）

1. CST: 第二次世界大戰　2. CST: 海戰史

712.844　　114008174